제2차 세계대전 이야기: 전장의 눈물, 운명의 날

역사 딥 다이브: 아는 역사, 아직 모르는 이야기

제2차 세계대전 이야기

전장의 눈물, 운명의 날

김휘찬 지음

작가의 말

 늦더위가 기승을 부리던 1945년 9월 2일, 도쿄만 한 편에 정박해 있던 미 해군의 거대한 전함엔 시끌벅적한 분위기가 가득했습니다. 맥아더 Douglas MacArthur를 비롯한 연합국의 여러 장성들은 기대감에 한껏 부풀어 있었죠. 길고도 짧았던 기다림 끝에, 제시간에 맞춰 전함에 도착한 '손님'들이 하나둘씩 탑승하기 시작했습니다. 탑승을 마친 뒤 여기저기 두리번거리는 손님들의 표정에는 긴장한 기색이 역력했어요. 이 일본인 손님들은 일본 정부의 공식적인 항복 조인식에 서명하기 위해 참석한 대표단이었습니다.
 잠시 후, 패전국인 일본 제국의 대표로 외무대신 시게미쓰 마모루重光葵가 서명을 위해 앞으로 걸어 나왔습니다. 그는 패전국의 모습을 상징하듯 절뚝이는 발걸음으로 서명 테이블로 향했습니다. 1932년 훙커우 공원虹口公園에서 있었던 윤봉길 의사의 의거로, 오른쪽 다리가 절단되어 의족을 착용한 까닭이었죠. 우리에겐 아무 상관이 없는 일인 듯싶지만, 이처럼 제2차 세계대전의 대미를 장식하는 장면에서도 우리나라 독립운동의 흔적을 찾아볼 수 있습니다. 그런 드라마틱한 장면을 마지막으로, 길고도 참혹했던 제2차 세계대전은 막을 내리게 됩니다. 알게 모르게, 우리에게 그만큼이나 중요하고도 많은 역사적 과제를 남기면서 말이죠.
 제2차 세계대전이라고 하면 여러분은 어떤 것들을 떠올리시게 되나요? 대부분은 빠르게 내달리는 전차, 화려한 기동을 선보이는 전투기, 육중한 전함과 항공모함, 바닷속의 은밀한 잠수함 등 다양한 무기들이 격돌하는 장면일 테죠. 그런 '이미지'들은 영화나 게임 등에서 많이 묘사되면서, 우리에게도 어느덧 친숙한(?) 모습으로 자리 잡았습니다. 하지만 그런 이미지가 우리에게 친숙한 것과는 달리, 막상 제2차 세계대전을 알기에는 그 엄청난 범위와 깊이에 당혹스럽기도 한데요. 또 얼마나 많은 전투와 전선이 있었으며 전 세계의 다양한 인명과 지명은 또 얼마나 어려운지, 제2차 세계대전에 입문하기엔 그 장벽이 너무나도 높은 것이 현실입니다.

그럼에도 우리는 제2차 세계대전을 알아야만 합니다. 어째서일까요? 제2차 세계대전은 이전까지의 인류 역사와는 완전히 다른 세계를 만들어 냈으며, 알게 모르게 우리가 살고 있는 현재의 국제무대를 형성해 낸 장본인이기 때문이죠. 멀게는 UN의 탄생과 미국의 대두, 가깝게는 우리나라의 해방과 분단, 최근 일본의 재무장화와 평화헌법 개정 이슈 등, 현재 우리를 둘러싸고 있는 다양한 역사적 배경들과 정치 지형을 만들어 냈습니다. 그렇기에 제2차 세계대전이 지금의 우리에게 던지는 의미는 결코 적지 않습니다.

하지만 그 중요성에도 불구하고, 단번에 입문하여 이해하기에 제2차 세계대전은 많은 이들에게 지금까지 고통을 안겨주고 있는 전쟁사 중 하나입니다. 제가 전쟁사를 교육하는 육군 장교로 복무하던 시절, 주변에서 가장 많이 들었던 질문 중 하나는 '제2차 세계대전은 대체 어디서부터 공부해야 하느냐'는 것이었어요. 대부분은 복잡한 인명과 지명에 금방 흥미를 잃거나, 그 방대한 양과 깊이에 지쳐 시작하기조차 꺼렸죠. 저는 그처럼 '제2차 세계대전을 처음부터 찬찬히 누가 설명 좀 해줬으면 좋겠다!'라는 이야기를 수도 없이 들어왔습니다. 이 책은 제가 가장 많이 받았던 바로 그 질문에서부터 시작되었습니다.

책의 방향성이 분명했던 만큼, 집필하는 데의 고민도 명확했습니다. '역사적 사실'과 '독자의 재미' 사이에서 어떻게 균형을 맞추면 좋을지, 스토리텔링 방식이라면 어떤 화자를 중심으로 이야기를 풀어나가야 할지 숱하게 고민했어요. 제2차 세계대전에 입문하는 독자들의 부담을 덜어드리기 위해, 전쟁의 도화선에 불을 지핀 '제1차 세계대전 패전 이후의 독일'에서부터 이야기를 전개해, 점차 전 세계로 전쟁이 퍼져나가는 방식을 택했습니다. 이후 독일의 전쟁 수행 시점에 맞추어 일본의 개전 내용을 중간에 넣는 방식을 통해, 유럽 전선과 태평양 전선의 시기를 비교하실 수 있도록 이야기의 흐름도 정렬했고요.

여러분은 이 책을 통해, 거대한 흐름 속에서 벌어진 제2차 세계대전의 그날들을 간접적으로 체험하실 수 있습니다. 각국의 승패와 운명을 갈라놓았던 전장의 하이라이트 한가운데서, 그날의 눈물과 운명을 마주하시게 될 겁니다. 울창한 아르덴 숲을 돌파해 6주 만에 프랑스를 전장에서 이탈시킨 '프랑스 침공', 히틀러의 마수에 맞서 유럽 최후의 보루였던 영국이 펼친 '영국 본토 항공전', 300만 대군을 동원한 독일의 대규모 소련 침공 작전인 '바르바로사 작전', 혹한의 설원 속에서 치열하고도 참혹했던 지옥이 펼쳐진 '스탈린그라드 전투', 태평양 전쟁의 운명을 갈랐던 항공모함 간의 치열한 진검승부인 '미드웨이 해전', 서유럽 해방을 위한 연합군의 '노르망디 상륙작전', 그리고 이 모든 것을 종결한 히로시마와 나가사키의 원자폭탄 투하에 이르기까지. 그처럼 이 책은 거대한 제2차 세계대전의 참혹했던 전장의 모습과, 그 운명을 결정지었던 전투 속 그날들의 이야기를 모두 담아냈습니다.

    이제 대서양의 차가운 바닷속에서부터, 드넓은 러시아의 해바라기밭, 작열하는 태양 아래의 사막과 뜨거운 남태평양의 군도 속 전쟁 이야기로 여러분을 초대합니다.

김휘찬

Contents

4   작가의 말

10   프롤로그. 독일의 혼란과 히틀러의 등장 —
독일, 패전 이후 혼란을 마주하다

1부: 개전 — 두 번째 세계대전, 시작되다

20   1장. 뮌헨 협정 — 두 번째 세계대전으로 가는 길
29   2장. 다시 시작된 '세계 전쟁' — 폴란드의 운명과 유럽의 향방
37   3장. 베저위붕 작전 개시 — 독일의 덴마크, 노르웨이 침공
45   4장. 독일 기갑부대의 전격전 — 프랑스와의 진검승부
61   5장. 영국 본토 항공전 — 처절하게 벌어진 공중전
71   6장. 사막의 여우 등장 — 북아프리카 사막에서의 혈전
84   7장. 독일 해군의 자존심 — 전함 비스마르크 출격
98   8장. 바다의 늑대들 — 공포의 유보트가 나타나다
107 9장. 바르바로사 작전 개시 — 300만 대군의 기습
116 10장. 지구의 반대편에서 — 일본의 팽창과 폭주
125 11장. 진주만 기습 — 잠자는 사자를 건드리다

134	12장. 모스크바 공방전 — 눈보라 속의 혈전
142	13장. 스탈린그라드 전투 — 지옥도가 펼쳐진 도시
155	14장. 미드웨이 해전 — 항공모함끼리의 진검승부
167	15장. 쿠르스크 전투 — 사상 최대의 전차전
179	16장. 되짚어 보는 전반전 — 전쟁의 향방, 그리고 전세 역전

2부: 반격 — 승리와 패배, 그 사이에서

188	17장. 디데이 — 노르망디 상륙작전 개시
200	18장. 바그라티온 작전 — 소련의 복수가 시작되다
207	19장. 레이테만 해전 — 일본 해군의 최후 결전
220	20장. 마켓 가든 작전 — 연합군의 방심이 불러온 실패
229	21장. 아르덴 대공세 개시 — 히틀러의 마지막 도박
237	22장. 유럽 전선의 최종장 — 베를린 전투로 가는 길
243	23장. 미국의 결정타 — 이오지마, 오키나와의 대혈투
251	24장. 베를린 공방전 — 히틀러의 마지막 발악
261	25장. 맨해튼 프로젝트 — 8월의 히로시마와 나가사키
272	26장. 마지막 쿠데타 — 일본 제국 최후의 날

279	에필로그. 다시 시작되는 또 다른 전쟁

283	참고 문헌
285	사진 출처

프롤로그

독일의 혼란과 히틀러의 등장—
독일, 패전 이후 혼란을 마주하다

"이것은 평화가 아니라 20년간의 휴전일 뿐이다."

프랑스군 원수 페르디낭 포슈(Ferdinand Foch), 베르사유 조약을 본 뒤

제1차 세계대전이 끝난 후, 유럽 대륙은 그 충격에서 벗어나지 못한 상태였습니다. 제1차 세계대전은 '거대한 전쟁 The Great War' 혹은 '모든 것을 끝내기 위한 전쟁'이라고도 불렸는데, 그 규모와 방식, 성격에서 여태까지의 전쟁과는 완전히 달랐기 때문이죠. 전장의 기사도 정신은 사라지고, 기관총, 독가스, 항공기, 전차, 철조망 등이 등장하면서 완전한 '총력전'이 벌어졌습니다. 그리고 그 총력전이 보여준 엄청난 살상력은 전쟁의 사상자를 전혀 다른 차원으로 증가시켰어요. 인류 역사상 처음이었고 마지막이었어야 할 참혹했던 전쟁, 그것이 바로 제1차 세계대전이었습니다.

제1차 세계대전의 대립 구도를 간결하게나마 살펴볼까요? 한편으론 전 세계에 펼쳐진 드넓은 식민지를 바탕으로 하는 열강 영국과 프랑스, 그리고 동쪽의 대국인 러시아 제국과 바다 건너 엄청난 잠재력을 지닌 강국 미국으로 이뤄진 협상국 Entente Powers 세력이 있었습니다. 또 다른 한편으론 유럽 중앙의 강국인 독일 제국과 전통의 강호 오스트리아-헝가리 제국, 오스만 제국으로 이뤄진 동맹국 Central Powers 세력이 있었고요. 그 두 세력이 벌

인 정면충돌의 결과가 바로 제1차 세계대전입니다.1

아시다시피 제1차 세계대전은 영국과 프랑스, 미국을 위시한 협상국의 승리로 끝났습니다. 제1차 세계대전의 승전국 중에는 전쟁 도중 전향한 이탈리아, 그리고 지구 반대편에서 '영국-일본 동맹'을 바탕으로 참전한 일본도 있었죠. 이 '협상국'은 제1차 세계대전에서 승리한 후 각종 이권을 나누는 데 혈안이었어요.

그러나 패배한 '동맹국'들의 사정은 달랐는데요. 독일은 황실이 무너진 뒤 공화국이 설립된 것으로도 모자라, 국가 정체성의 기반인 동프로이센 지역을 폴란드에 빼앗기게 되었습니다. 다민족 국가였던 오스트리아-헝가리 제국은 국가를 형성하고 있던 여러 민족들이 각기 다른 나라로 독립해 나가며, 국가 자체가 공중분해되었고요. 게다가 오스만 제국 또한 멸망하고 터키 건국의 길로 들어서는, 그야말로 패전국들의 연속 붕괴가 일어났습니다. 독일을 위시한 패전국들의 국내 정치적·경제적 혼란은 당연히 엄청났을 테죠. 제1차 세계대전 이후 독일에 만연했던 국민적 불만은 그처럼 극도로 불안정한 국내의 정치 상황, 그리고 패전국에 대한 승전국의 요구에서 비롯되었습니다.

전쟁이 끝났으니, 이제 남은 것은 전후戰後의 교통 정리였어요. 영국과 프랑스는 패전국인 독일에 어마어마한 양의 전쟁 배상금을 요구하는 것과 함께, 그 유명한 '베르사유 조약Treaty of Versailles'2을 통해 독일의 군사력을 제한했습니다. 독일이 다시는 군사 강국으로 발돋움해 또 다른 전쟁을 일으키지 못하게 하려는 의도였죠. 이미 제1차 세계대전 말기부터 협상국의 해상 봉쇄로

---

1 보통 제1차 세계대전에서는 '협상국'과 '동맹국'으로, 제2차 세계대전에서는 '연합국(Allied Powers: 영국, 프랑스, 미국, 소련)'과 '추축국(Axis Powers: 독일, 이탈리아, 일본)'으로 양대 진영을 구분한다.

경제적 어려움을 겪고 있던 독일로서는, 엄청난 전쟁 배상금이 감당하기 힘든 문제 중 하나였고, 그로 인해 독일 국내는 정치적·경제적 혼란을 겪고 맙니다.

경제사의 인플레이션 부분을 공부하노라면 항상 등장하는 초인플레이션, 그것이 바로 독일 바이마르 공화국 Weimarer Republik 3 시기였던 이때 일어난 사건입니다. 배상금을 지급하는 것과 동시에 주춤해진 경제에 동력을 불어넣기 위해, 독일은 수많은 화폐를 찍어냈습니다. 하지만 실물경제의 실태를 파악하지 못하고 유통되는 화폐의 수량만 늘어나게 되자, 자연스럽게 인플레이션이 오게 되었던 것이죠. 과장된 측면도 다소 있겠지만, '이발소 한 번 가려면 손수레에 돈을 싣고 가야 한다'라는 웃지 못할 이야기가 나돌 정도였답니다.

경제적 문제와 더불어 정치적 문제도 발목을 잡았어요. 전후 독일에 들어선 바이마르 공화국은 제대로 된 통치력을 발휘하지 못하고 있었을뿐더러, 좌익과 우익의 대립마저 점차 격화되어 갔습니다. 좌익은 사회주의 사상을 퍼뜨리며 사회주의 정부 수립을 위한 운동을 개시했고, 제1차 세계대전의 참전 용사들이 주를 이룬 우익 성향의 집단인 '자유 군단 Freikorps'과 심심치 않게 교전을 벌이면서 갈등의 양상은 점차 심각해졌죠. 이를 진압해야 할 독일 정부의 행정력도 미약하기 그지없었는데요. 어느 한 지방에서 소요 사태가 발생하면 해당 지역에 주둔한 군부대에 '부탁'을

---

2 제1차 세계대전의 패배 이후 독일의 책임을 물어 1919년 체결된 조약. 독일의 무장해제와 전쟁 배상금 지급, 주변 각국에 영토를 할양하는 내용이 포함되어 독일에 가혹한 전쟁 책임을 물었다.

3 제1차 세계대전 패배 이후 독일에 성립된 공화국 체제. 세계대전의 패배 이후 혼란스러운 국내 문제를 효과적으로 해결하지 못하고, 결국 1933년 히틀러의 집권으로 명목상 최후를 맞았다.

해야 할 정도였다고 하니, 당시의 시대상이 얼마나 혼란했는지 알 수 있습니다.

그런 상황에서, 우익을 중심으로 한 가지 논리가 퍼져나가게 됩니다. 바로 '배후중상설背後重傷說' 혹은 '등 뒤의 칼 Stab in the back Myth'이라는 것이었죠. 쉽게 말하자면, 제1차 세계대전에서의 패배는 독일 군대 때문이 아니라 국내의 배신자들로 인한 것이라는 주장이었어요. 실제로 제1차 세계대전에서 협상국 군대는 독일 내부로 진격해 들어오지 못했는데, 이는 독일 본토가 전쟁으로부터 아무런 피해 없이 비교적 고스란히 보존되었다는 뜻이었죠. 온 국토가 유린당하고 최후까지 소련군과 혈전을 벌인 '베를린 전투'가 있었던 제2차 세계대전과는 정말 다른 양상이었어요. 그리하여 독일 국민 사이에서는 '등 뒤의 칼' 이론이 스멀스멀 고개를 들게 되었습니다. 다시 말해, '우리의 용맹한 군대는 아직 최전선에서 적과 결전 중이고, 우리 본토에 적이 쳐들어온 것도 아닌데 항복을 하다니! 유대인들과 공산주의자 같은 배신자들이 우리 뒤에서 칼을 꽂은 게 분명해!'라는 생각이 독일 국민들 사이에 만연해진 것이었죠. 그런 불만들 속에서, 다양하고 극단적인 정치적 움직임이 나타나기 시작했습니다.

그리고 한 남자가 독일 남부의 뮌헨 München 지역에서 혜성처럼 등장합니다. 이 남자는 제1차 세계대전 당시 서부전선의 최전선에서 열심히 싸웠으며, 심지어 적군의 독가스 공격으로 시력을 잃을 뻔한 사람이었습니다. 그는 상관으로부터 한 가지 임무를 부여받게 되는데요. 그 임무란 바로 '독일 노동자당 Deutsche Arbeiterpartei'이라는 정치 단체의 집회에 참석해서, 그 단체를 감시한 뒤 결과를 보고하는 것이었어요.

상관의 지시를 받은 남자는 그 정치 단체의 주요 집회 장소인 어느 허름한 술집으로 향합니다. 그런데 막상 감시를 해야 하는 정치 집회에서, 오히려 그 남자는 깊은 인상을 받습니다. 쓸데없는 이야기들과 탁상공론이 오가는 논의들은, 직접 현장에서 전쟁을 겪은 그에게 비겁한 이상주의자들의 속 빈 강정 같은 이야기들로 다가왔죠. 남자의 불만은 그가 연단에 올라서서 자신의 이야기를 시작함으로써 완성되기에 이릅니다.

뮌헨의 어느 허름한 술집에서, 남자는 성토합니다. 이 혼란은 우리 조국 내부에 암약하고 있는 두 세력 때문에 벌어진 일이라고 소리 높여 외칩니다. 그 두 세력이란 바로 유대인과 공산주의자 들이었죠. 그들이 우리의 일자리를 빼앗고 노조를 결성하면서 우리 사회를 좀먹고 있다는 남자의 이야기는, 폭발 직전이던 일반 국민의 분노 배출구를 마련해 줌으로써 부정적 의미에서의 단결력을 이끌어 냅니다. 남자의 연설에 대한 소문은 삽시간에 퍼져 나갔고, 그가 등장한다는 날이면 뮌헨의 맥주 홀은 금방 인파로 가득 차게 되었어요.

그런 과정을 통해, 당 내부에서 남자가 지닌 권력은 점차 막강해졌습니다. 급기야는 혼자서 당을 좌지우지할 수 있는 영향력을 갖게 되었죠. 창설 멤버도 아닌 그가 초창기 주요 멤버들을 모두 제치고 올라서게 된 것입니다. 그는 곧 당명마저 바꿉니다. '국가사회주의 독일 노동자당 Nationalsozialistische Deutsche Arbeiterpartei, 즉 '나치당'의 출현이었죠. 그리고 이 남자의 이름이 바로 '아돌프 히틀러 Adolf Hitler'입니다.

히틀러는 자신의 친위부대이자 정치 깡패인 '돌격대 Sturm-abteilung, SA'를 창설하고 권력의 기반을 넓혀갔으며, 계속해서 뮌헨 지역에서의 영향력을 키워나갔어요. 자신의 세력을 이끌고 로마로 진군해 권력을 쟁취한 이탈리아 무솔리니의 모습에서 영감을 얻은 히틀러는, 자신의 정치 세력을 이끌고 뮌헨에서 폭동을 일으켜 정권을 탈취할 과감한 계획을 세우기에 이릅니다.

하지만 그러한 히틀러의 폭동 계획은 뮌헨 군사령부의 재빠른 진압 작전 돌입, 그리고 나치당 수뇌부의 좌충우돌과 우유부단함이 맞물리면서 결국 실패하고 맙니다. 나치당을 진압하기 위한 정부군의 사격으로 시위대는 수 명의 사상자를 내었고, 히틀러도 어깨가 탈골된 채로 도주했다가 체포되어, 정권 탈취는커녕 오히려 반역죄로 재판에 서게 되는 상황에까지 내몰리고야 말죠.

그러나 오히려 히틀러는 그 재판을 통해 일약 '전국구 스타'가 되는데요. 재판을 받는 내내 당당한 태도를 유지했고, 자신의 특기인 연설 능력을 통해 왜곡되었을지언정 확신에 찬 논리들을 쏟아내어 심지어 판사마저도 그에게 감화될 정도였다는군요. 간략히 말해, 도탄에 빠진 조국을 위해 답답한 마음에 그런 일을 벌인 것이라는 둥, 조국을 진짜로 걱정하고 위하는 것이 누구냐는 둥 뜬구름 잡는 이야기를 늘어놓은 것이죠. 물론 반역이라는 죄질을 고려했을 때 징역을 피할 수는 없었지만, 감옥에서도 최상의 대우를 받는 등 히틀러에게 나쁜 일만은 아니었어요. 오히려 전국구 대스타로 자신의 이름을 독일에 알리는 데 성공했다고 볼 수 있습니다.

겨우 6개월이 지난 후, 바이에른 Bayern 주정부는 여러 우려에도 불구하고 히틀러를 석방하는 대형 사고(!)를 치고야 맙니다. 놀랍게도, 이미 나치당이 와해되었을 것이라는 이유에서였는데요. 결국 히틀러는 그렇게 출소했고, 나치당은 그가 수감된 동안 약해진 것은 사실이지만 완전히 와해된 것은 아니었습니다. 히틀러는 그 사건으로 큰 교훈을 얻게 되죠. 그 교훈이란 바로 더 큰 정치 무대에서 놀기 위해서는 '합법적'이고 '공식적인 절차'를 통해 정권을 장악해야 한다는 것이었습니다.

그러나 지방의 작은 세력이던 나치당으로서는 합법적인 방법으로 정권을 잡는 것이 하루아침에 기대할 수 있는 일이 아니었어요. 새로운 돌파구가 필요한 상황이었던 거죠. 그래서 히틀러는 대공황으로 말미암은 경제 상황과 혼란스러운 국내 정국을 교묘히 이용함과 동시에, 극우 세력과 중도 우파 세력까지 끌어들여 그 세를 점차 불려나갔습니다.

그러한 정치 공세와 프로파간다가 성공하며, 1930년 총선에서 히틀러의 나치당은 무려 20퍼센트에 가까운 의석을 가져갈 정도로 급격히 성장할 수 있었어요. 1932년 대통령 선거에서 히틀러는 36퍼센트의 득표율로 최종 2위의 성적을 거둔 데 이어, 총선에서 나치당도 37퍼센트의 득표율로 원내 제1당에 등극합니다. 급기야 1933년, 히틀러는 힌덴부르크 Paul von Hindenburg 대통령에 의해 내각의 총리로 임명되면서, 합법적이자 정상적으로 집권하는 데 성공하게 되죠.

이후 독일 국회의사당 방화 사건이 일어나 정국은 더더욱 혼란에 빠집니다. 히틀러와 나치당이 그 방화 사건의 주범을 공산주의자들이라고 몰아가면서, 여론마저 점차 나치당 쪽으로 기울게 되죠. 그처럼 우파 세력과의 협조를 통해 과반수 의석을 확보한 히틀러와 나치당은, 그 유명한 '수권법 Ermächtigungsgesetz'을 통과시킴으로써 의회의 입법권을 행정부에 부여, 의회 민주주의의 기틀을 완전히 파괴하고 독재국가의 길로 들어서게 됩니다.

이제, 독일은 나치당과 히틀러의 손아귀에 들어왔습니다. 히틀러는 부르짖었죠. 다시는 독일의 역사에 '항복'이라는 단어는 없을 것이라고. 제1차 세계대전이 끝난 지 20년도 채 되지 않아, 유럽에는 다시 전운이 감돌기 시작한 겁니다.

도르트문트(Dortmund)에서 열린 나치당의 집회에서, 아돌프 히틀러가 군인들에게 연설하고 있다.

1부

개전 — 두 번째 세계대전, 시작되다

1장
뮌헨 협정 — 두 번째 세계대전으로 가는 길

"저는 이것이 우리 시대를 위한 평화라고 믿습니다.
안녕히 주무십시오."

영국 총리 네빌 체임벌린, 뮌헨 협정 체결 후

히틀러는 정권을 잡은 후에도 다양한 행보를 보이면서 자신의 존재감을 과시했습니다. 군중의 심리를 파악하고, 특히나 자신의 주특기인 사람 혼을 쏙 빼놓는 연설을 통해 사람들을 열광시켰죠. 히틀러가 총리로 취임한 후 그의 지지율은 계속해서 상승했고, 더불어 나치당의 지지율도 급속도로 올라가기 시작했어요. 게다가 행정부에 입법 권한을 부여하는 수권법의 존재는 히틀러의 독재 기반을 닦는 데 일조했습니다.

그처럼 빠르게 독재로의 길을 굳힌 히틀러와 나치는 이제 모든 것을 통제하기 시작합니다. 의회에서 야당의 존재는 유명무실해졌으며, 심지어 집권을 위해 잠시나마 손을 잡았던 사회주의 세력도 모두 일망타진되었습니다. 하지만 아무것도 두려울 게 없었던 히틀러에게도 아직 껄끄러운 존재가 남아있었으니, 바로 나치의 정치 깡패이자 무력 집단인 '돌격대'였죠. 퇴역 군인인 에른스트 룀 Ernst Röhm이 이끄는 그 무력 집단은, 나치당의 당군 黨軍이자 무장력으로서 존재하는 대규모 군사 집단이었어요.

물론 그들은 정식 군인이 아니었습니다. 독일의 정규 군인이 아닌, 단지 퇴역 군인들을 중심으로 뭉친 '어깨들'이라고 표현하는 편이 더 적합할 것 같군요. 그들은 그야말로 '정치 깡패'의 역할을 충실히 수행했는데, 다른 정당의 집회에 가서 간판을 부수고 집회를 해산시키거나 공산주의자들의 소굴을 습격하여 몽둥이찜질을 선사해 주는 것이 주요 임무였습니다. 특히나 초기 사회주의적 성격을 지닌, 이른바 사회 혁명을 위한 무장력으로서 '인민군人民軍'의 성격을 강하게 띠고 있었어요.

　하지만 그러한 사회 혁명적 성격을 띤 돌격대는 히틀러의 노선과 최종적으로 맞지 않았습니다. 히틀러와의 반목과 대립은 피할 수 없는 숙명이었죠. 또한 수십만에 달하는 돌격대의 머릿수와 그 폭력성은 히틀러로서도 감당하기 어려운 것이었는데요. 합법적으로 정권을 잡은 히틀러에게 기존 정치 깡패의 방식은 오히려 정적들에게 빌미를 주거나, 자신의 정당성을 구축하는 데 방해가 되었기 때문이죠. 게다가 돌격대의 사회주의적 성격은 히틀러 정권을 뒷받침하는 다른 우익 세력들, 특히 자본가 세력에게도 큰 부담과 반발을 가져왔습니다.

　그 와중에 돌격대는 점차 자신들의 규모와 위용을 등에 업고, '정권을 잡은 김에 다시 한번 혁명을 일으켜 자본가를 때려잡고 모두 국유화를 하자!'라는 주장까지 하기에 이르렀어요. 그런 돌격대의 과격한 행보는 독일의 정식 군대인 정규군에게도 매우 못마땅한 것이었죠. 돌격대는 정규군을 '프로이센 귀족과 자본가의 군대', 즉 사회 혁명의 대상으로 바라보았고, 그와 반대로 정규군은 돌격대를 군인 출신의 단순한 무장 집단으로 여겼기에 양측의 갈등은 해결될 기미조차 보이지 않았습니다.

　그런데 여기서 한 가지 궁금한 점이 생길 법도 한데요. 어째서 한 국가의 정식 군대인 '독일군'이 단순한 무장 집단에 불과한 돌격대를 진압하지 않았을까요? 히틀러와 독일 군부는 당연히 그들을 진압하고 싶었을지도 모르겠습니다. 그러나 문제는 독일 정규군이 제1차 세계대전에서 패한 후, 비무장 상태와 다름없이 껍데기만 남은 집단이 되어버렸다는 것이었어요. 그에 반해 나치 돌격대는 무려 300만 명의 가입자를 배경으로 한 어마어마한 규모를 자랑할 만큼 성장해 있었죠. 게다가 돌격대의 지도자 에른스트 룀은 '사실 우리 돌격대가 독일의 군대 아닌가? 남아있는 정규군을 우리 돌격대로 편입시키고 정식 군대가 되자!'라는 주장까지 하면서, 독일군 수뇌부를 경악게 했습니다.

 그렇듯 복잡하고 껄끄러운 상황이 이어지던 1934년 6월 30일, 히틀러는 룀을 포함한 돌격대의 주요 지휘부를 순식간에 체포하여 일망타진합니다. 회의가 있을 예정이니 돌격대 주요 지휘관들은 모두 모여있으라고 지시를 내린 뒤, 그 장소를 순식간에 덮쳐버린 것이죠. 돌격대 수뇌부를 체포하기 위해, 향후 인류 역사에서 그 유래를 찾아볼 수 없는 범죄 집단으로 악명을 떨치게 될 '친위대 Schutzstaffel, SS' 두 개 중대가 현장에 급파되었습니다. 친위대는 돌격대의 주요 인사를 모두 체포했고, 애초부터 체계적으로 뭉쳐있지 못했던 돌격대는 그 과정에서 구심점을 잃고 순식간에 몰락하게 됩니다. 감옥에 갇힌 에른스트 룀은 히틀러와 대면하길 원했지만, 그에게 돌아온 것은 자결용 권총이었죠. 룀은 계속해서 자결하기를 거부하다가, 결국 사살되고 맙니다.

 '장검의 밤 Nacht der Langen Messer'이라 불리는 이 돌격대 숙청 사건으로, 돌격대는 물론이거니와 나치당 내부의 좌익 계열을 포함해, 히틀러에게 반기를 들거나 반대를 표할 만한 세력은 모두 제거되었습니다. 또한 히틀러를 견제하던 슈트라서나 폰 파펜,

슐라이허 등의 인물들도 모두 권력을 잃고 숙청되었죠. 그렇게 나치당은 히틀러 개인을 숭배하는 일인의 당으로 굳어지게 된 겁니다.

이제 적어도 물리적으로나 정치적으로 히틀러를 견제할 만한 세력은 찾아볼 수 없게 되었습니다. 또한 장검의 밤 사건 이후, 숙청을 주도했던 친위대의 수장인 하인리히 힘러 Heinrich Himmler와 공군 에이스 출신인 헤르만 괴링 Hermann Göring이 중심 세력으로 부상하며 권력을 휘두르기 시작했어요. 그렇게 기반을 다진 히틀러는 가장 먼저 제1차 세계대전의 멍에인 베르사유 조약을 부정했습니다. 히틀러는 베르사유 조약의 파기, 그리고 그 파기를 통해서 독일 국방군 Wehrmacht이 다시 유럽의 강군으로 재무장할 것임을 온 유럽에 천명했죠.

제1차 세계대전 종전 이후, 연합군은 프랑스와 독일의 접경 지역, 정확히는 프랑스 국경에 인접한 독일 영토인 라인란트 Rheinland 지역을 비무장지대로 규정했습니다. 쉽게 말해, 프랑스 국경에 인접한 독일 영토에는 독일군이 주둔할 수 없다는 뜻이었어요. 혹여나 독일이 다시 전쟁을 일으킨다고 해도, 국경에서 바로 기습당하는 것을 막기 위해 만들어 둔 일종의 안전장치인 셈이었죠. 그러나 1936년 독일군이 기존의 약속을 파기하고 그 지역에 진주·주둔함으로써, 라인란트의 비무장화는 끝나버리고 말았습니다. 이제 독일군은 프랑스의 국경에 근접하여 주둔할 수 있게 된 겁니다.

그렇듯 히틀러의 나치 독일이 무모한 폭주에 가까운 도발을 연이어 일삼는 데 반해, 영국과 프랑스는 비교적 미온적인 태도를 보였습니다. 물론 외교적으로 유감을 표명하거나 반발하는 등의 표면상 움직임은 있었지만, 물리력을 동원하는 등의 실질적 조치는 취하지 못했어요. 프랑스의 경우는 더욱 심했는데, 이는 프랑스가 제1차 세계대전에서 끔찍한 수의 사상자를 냈다는 점에 기인했습니다. 너무 많은 젊은이가 전사하며 국가 전체의 인구 구조가 바뀔 만큼의 타격을 받아, 무조건적인 반전사상이 뿌리 깊었다는 점도 작용했을 테죠.

그러한 미온적인 연합군의 태도에 자신감을 얻은 히틀러는 멈추지 않고, 안슐루스 Anschluss라는 이름으로 잘 알려진 오스트리아와의 합병을 추진합니다. 같은 독일어권 국가이므로 오스트리아가 독일의 한 부분으로 합병되어야 한다는 논리였죠. 오스트리아 내부의 미미한 반발 및 영국과 프랑스의 반대에도 불구하고 히틀러의 외교적 도박은 계속되었고, 결국 오스트리아는 독일 제3제국 Drittes Reich 4에 합병됩니다. 당시 거의 강요하다시피 추진된 오스트리아의 주민투표에서 절대다수의 주민들이 합병에 찬성표를 던졌어요. 그처럼 지속된 외교적 승리로, 독일 국내에서 히틀러는 승승장구할 수 있었습니다.

오스트리아를 합병하는 데 성공한 히틀러는 이제 체코슬로바키아를 향한 마수를 드러냅니다. 독일과 국경을 접한 체코슬로바키아의 주데텐란트 Sudetenland 지역에 살고 있는 독일 국민을 보호한다는 명분으로, 그 지역이 체코슬로바키아가 아닌 독일에 귀속되어야 한다는 생떼를 쓴 것이죠. 히틀러의 그런 주장에 당사국인 체코슬로바키아는 물론이거니와 영국과 프랑스가 즉각 반발했고, 독일 또한 물러서지 않으면서 양측의 갈등은 폭발 직전까지 이르게 됩니다. 또한 주데텐란트 지역에 있는 독일인들이 시위 및 각종 소요를 일으키면서, 주데텐란트 사태는 점차 격화되

---

4 1933년부터 1945년까지 히틀러와 나치당이 통치한 독일을 일컫는다. 나치가 자신들의 정권이 신성 로마 제국과 독일 제국의 후계자임을 주장하며 사용한 선전적 명칭이다.

었습니다.

　물론 당사국인 체코슬로바키아도 가만히 있진 않았습니다. 주데텐란트 지역을 비롯한 국경 지역에 병력을 급히 파견하고, 동맹이던 프랑스에 만일의 사태에 대비한 지원을 요청했죠. 동맹으로서 체코슬로바키아를 지켜야 할 의무가 있던 프랑스는 체코슬로바키아를 안심시키면서, 영국에는 '독일과 전쟁 발발 시의 참전 여부'를 문의했어요. 그러나 제1차 세계대전 이후 계속되던 국방 예산 감소와 파운드화의 약세 등 국내 문제를 해결하는 데 골머리를 앓던 영국은 소극적인 반응을 보였죠. 물론 독일에 제동을 걸어야 한다는 당위성에는 동의했지만, 지금 당장 대륙의 전쟁에 적극적으로 뛰어들 순 없다는 입장이었습니다.

　지금의 우리들이 바라보기에, 영국의 그런 소극적 대응이 매우 답답한 건 사실이에요. 그러나 조금만 그 내면을 살펴본다면, 영국의 태도에 어느 정도 이해되는 부분도 없진 않습니다. 영국이 당장 전쟁을 벌이기엔, 경제와 국방, 두 부문 모두에서 준비가 미흡한 게 사실이었기 때문입니다. 영국이 아무 이유 없이 독일에 유화책을 편 건 아니라는 말이죠. 즉 영국이 전면전을 각오하면서 독일을 군사적으로 단숨에 제압할 수 있는 여건을 갖추지 못했다는 뜻입니다. 하지만 그런 사정을 참작하더라도, 영국의 그처럼 모호한 외교적 방책들이 독일의 폭주를 막아내지 못했다는 아쉬움은 남습니다. 바로 이런 데 역사의 묘미가 있는 건 아닐까요.

　그런 영국의 입장과는 다르게, 당장 영토를 빼앗기게 생긴 체코슬로바키아는 다급해졌습니다. 위기 상황을 맞아 효과적인 공동 대응을 위해 함께 방책을 수립해야 할 동맹들이, 각자의 견해 차이만을 확인하면서 미적지근한 행동을 반복했기 때문인데요. 믿었던 동맹국 프랑스는 '영국이 참전하지 않으면 우리도 좀 곤

란하다'라는 뉘앙스를 풍기면서 체코슬로바키아의 속을 뒤집었습니다. 영국과 프랑스의 그러한 외교적 태도는 체코슬로바키아를 아연실색하게 만들었죠. 그러나 체코슬로바키아의 진짜 수난은 이제부터 시작이었습니다.

그 상황을 타개하기 위해, 영국은 한 가지 방책을 생각해 냅니다. 독일을 '어떻게' 막아낼지를 고민하는 게 아니라, 아예 그런 상황이 오지 않게 만들어 버리는 것이었죠. 영국과 프랑스는 이제 독일이 아닌 체코슬로바키아를 설득(!)하기 시작합니다. 모든 것이 간단했습니다. 체코슬로바키아가 주데텐란트 지역만 독일에 얌전하게 넘겨주면, 유럽에서 또 다른 전쟁이 일어나는 것을 막는 동시에 영국-프랑스 동맹을 지켜낼 뿐만 아니라, 영국과 프랑스가 동맹을 배신한 것도 아니니 외교적 위신까지 챙길 수 있다는 속셈이었어요.

속이 뒤집힐 대로 뒤집어졌으나 실리적으로도 외교적으로도 다른 대안이 없었던 체코슬로바키아는 결국 주데텐란트 지역을 모두 포기하고, 9월 21일 독일에 해당 지역 모두를 할양하기로 결정합니다. 이후 할양의 방법과 시기에 대해 논의하며 히틀러가 고집을 부리는 바람에 사태가 심각해지는 듯싶었으나, 이탈리아의 무솔리니가 중재에 나서면서 일촉즉발의 사태는 피할 수 있었죠. 그렇게 성사된 것이 바로 1938년 9월 29일의 '뮌헨 협정 Munich Agreement'입니다.

체코슬로바키아는 자신의 영토와 주권이 달린 문제였음에도 불구하고, 직접 참석할 수 없었던 뮌헨 회담의 결과를 받아들여야만 했습니다. 수백만의 인구, 독일을 막기 위해 건설했던 견고한 요새, 중공업 단지가 즐비한 알짜배기 영토인 주데텐란트 지역을 독일에 할양해야만 했던 것이죠. 그뿐 아니라 루마니아와 헝가리, 폴란드에 나머지 지역까지 조금씩 할양해 주면서, 순식간에 국력이 쪼그라들게 되었습니다. 그리고 이 모든 일에 대한 보상은 영국과 프랑스의 '독립 보장'이라는 허황한 약속뿐이었어요.

뮌헨 회담을 성공적(?)으로 마친 영국의 네빌 체임벌린 Neville Chamberlain 총리는 우레와 같은 박수갈채와 함께 기자들의 스포트라이트를 받았습니다. 히틀러와의 약속이 담긴 서명 문서를 들고 자신감에 찬 당당한 목소리로 이렇게 말했죠.

"독일에서 명예로운 평화를 들고 돌아왔습니다. 저는 이것이 우리 시대의 평화 Peace for Our Time 라고 생각합니다."

히틀러의 고집과 예측 불가능한 변덕, 그리고 영국-프랑스 동맹의 미온적이고 소극적인 태도가 빚어낸 독일의 외교적 도박은 성공을 거두었습니다. 이제 히틀러는 독일 국민에게 최고의 인기를 누렸고, 그의 도박적인 성향과 변덕에 불만을 품고 있던 독일 군부마저 점차 자신들의 목소리를 내는 데 주저하게 되었죠. 실제로 히틀러의 외교적 도박들이 전쟁으로 이어질 기미가 보였을 때, 군부 내부에서는 전쟁 준비 미흡에 따른 걱정들이 수면 위로 올라오기도 했었거든요. 그러나 히틀러의 인기는 그 모든 것을 잠재웠습니다.

이제 독일의 독재자는 자신감에 넘쳐흘렀습니다. 그에게는 아직도 많은 지역들이 독일에 복속되어야 하는 곳으로 남아있었죠. 그리고 다음 목표는 독일의 정신적 고향이자 제1차 세계대전 이후 폴란드에 할양된 동프로이센 지역이었어요. 히틀러는 폴란드의 항구도시인 단치히 Danzig 를 지목합니다. 단치히가 독일에 할양되지 않는다면, 즉각적인 군사 행동을 개시하겠다며 엄포를 놓았죠. 폴란드는 당연하게도 즉각 거절했고, 영국과 프랑스도 이번만큼은 절대 물러설 수 없었어요. 독일이 또 다른 돌발 행동을 한다면, 이번에야말로 영국과 프랑스도 전쟁을 불사할 각오를 보여줄 수밖에 없었습니다.

폭발 직전의 긴장 상태가 지속되던 1939년 9월 1일, 독일 군대가 폴란드 국경을 일제히 넘고 맙니다. 그렇게, 지옥 같았던 두 번째 세계대전이 시작되었습니다.

1938년 9월 30일, 영국 헤스턴(Heston) 공항.
뮌헨에서 돌아온 영국 총리 체임벌린이 히틀러와의 협정문을 손에 들고
'우리 시대의 평화'라며 기자들에게 보이고 있다.

2장

다시 시작된 '세계 전쟁' — 폴란드의 운명과 유럽의 향방

"내가 결코 알지 못하는 단 하나의 단어는 바로 '항복'입니다."
아돌프 히틀러, 폴란드 침공을 알리는 개전 연설에서

독일군의 대대적인 폴란드 침공이 있기 바로 전날인 1939년 8월 31일 야심한 시각. 독일과 폴란드의 국경 지대에 있는 작은 도시 글라이비츠Gleiwitz는, 폴란드군의 기습 공격을 받아 아비규환이 되고 맙니다. 기습을 시도한 그 '폴란드 군인들'은 라디오 방송국을 점거한 뒤 직원들을 모두 체포했고, 강제로 직원을 동원하여 방송을 시작했죠. 현재 처해있는 엄중한 안보 상황에 대한 독일의 책임을 물으면서, 독일을 향한 폴란드 정부의 선전포고를 담은 내용이었어요. 그 방송이 끝난 후, 소동을 일으킨 폴란드군은 유령처럼 사라졌습니다. 그들이 남기고 간 유일한 흔적은 폴란드 군복을 입고 있는 몇 구의 시신뿐이었죠.

전쟁이 끝난 뒤 밝혀진 바에 따르면, 그들은 독일 친위대 소속의 특수부대로서 폴란드 군복을 입고 폴란드군으로 위장한 뒤 가짜 선전포고문을 낭독한 것이었습니다. 즉 폴란드 침공을 위한 독일의 교란작전이자, 명분 만들기를 위한 명백한 조작이었던 것이죠. 현장에 남아있던 폴란드 군복을 입은 시신들은, 그 특수부대가 폴란드 군복을 입힌 채로 살해한 수용소의 수감자들이었고요. 당연하게도 이는 폴란드군에 의한 작전이었음을 주장하기 위해, 독일이 만들어 낸 거짓 증거들 가운데 하나였습니다.

다음 날인 9월 1일 새벽 4시를 조금 넘긴 시각, 독일은 폴란드를 향해 공격을 개시합니다. 제1차 세계대전에서 패한 이후, 독일에 남아있던 몇 안 되는 구식 전함인 '슐레스비히-홀슈타인 Schleswig-Holstein'이 폴란드군의 베스테르플라테 Westerplatte 요새를 향해 함포사격을 시작한 것이죠. 제1차 세계대전 당시에도 구닥다리 전함으로 분류되었을 정도로 구식이었던 이 전함은, 이제 제2차 세계대전의 일선에 동원되어 첫 포문을 열게 되는 아이러니한 역사적 순간을 맞게 되었습니다. 그 포문은 향후 6년간 계속해서 이어질 수많은 포성의 시작에 불과했어요. 그 구식 전함은 수십 년의 세월을 뛰어넘어, 다시 전쟁의 최전선으로 보내지게 된 것이었죠. 이렇듯 제2차 세계대전의 첫 포탄은 독일 육해공군 중 최약체였던 독일 해군에 의해서 발사되었습니다. 그 포탄으로 시작된 제2차 세계대전의 첫 전투가 바로 베스테르플라테 전투였고요.

사실 전함 슐레스비히-홀슈타인은 친선을 목적으로, 단치히에 입항한 상태로 대기 중이었습니다. 즉각 베스테르플라테 요새를 공격하기 위한 준비를 모두 마친, 중대 규모의 공격대도 탑승한 채로 말이죠. 그들은 8월 26일, 전함의 함포사격 엄호 아래 상륙하여 요새를 점령하고, 단치히 진출을 위한 교두보 확보의 막중한 임무를 띠고 있는 부대였어요. 그러나 8월 25일, 상황이 심상치 않다고 느낀 영국이 독일의 폭주를 제어하기 위해 폴란드와 군사동맹을 체결하자, 작전은 잠시 연기되었습니다.

그러한 영국의 외교적 노력(물론 큰 효과를 거두진 못했지만)과 폴란드의 강력했던 항전 의지에도 불구하고, 독일의 움직임은 점차 노골적으로 변해갔어요. 8월 26일, 정박해 있던 슐레스비히-홀슈타인은 항구를 벗어나 이동하기 시작했고, 강 상류를 향해 거슬러 올라갔습니다. 폴란드도 잔뜩 긴장한 상태로 이를 예의주시하고 있었고요. 항구에서 벗어난 슐레스비히-홀슈타인은 특별한 군사 행동 없이 며칠을 보냈습니다. 그야말로 폭풍 전야였죠.

드디어 운명의 1939년 9월 1일 새벽 4시 47분, 석탄의 힘으로 움직이는 이 구시대의 전함은 새로운 전쟁을 위한 포문을 열었습니다. 베스테르플라테 요새 앞바다 500m까지 접근한 슐레스비히-홀슈타인은, 자신의 11인치 28cm 주포를 이용해 무지막지한 포격을 감행합니다. 통상 당시의 전함들이 육군보다 훨씬 큰 구경의 주포로 무장했음을 고려하면, 그 파괴력과 충격은 어마어마했을 텐데요. 그러한 전함의 엄호사격 아래, 독일군의 상륙부대도 움직이기 시작했습니다. 그들의 임무는 베스테르플라테 요새를 점거함으로써, 단치히 항구의 도입부를 열어젖히는 것이었죠.

독일군의 선제 포격을 받은 폴란드군은 즉각 본국에 전쟁이 발발했음을 보고하고, 방어 태세에 들어갑니다. 베스테르플라테 요새를 지키던 폴란드군은 절대적인 열세에도 불구하고 격렬하게 저항했고, 다른 전선의 폴란드군이 돌파당하는 와중에도 홀로 고립되어 전투를 이어나갔죠. 200여 명의 폴란드군이 주둔한 그 요새는 3,000명이 넘는 독일군을 맞아 일주일간의 방어전을 펼쳤습니다. 협소한 반도라는 지형적 이점과 더불어, 폴란드군이 지닌 저항 정신 덕에 가능한 일이었을 겁니다.

약 일주일의 시간이 지난 후, 탄약과 보급품이 고갈된 폴란드군은 마침내 독일군에게 항복하고 맙니다. 독일군은 그러한 폴란드군의 용기에 감명받아, 그들이 복장을 갖추고 행진하며 항복할 수 있도록 배려했죠. 마치 나폴레옹 시대의 낭만적인 전쟁을 보는 것처럼, 폴란드군은 자신들의 군모를 착용하고 무장도 해제하지 않은 채, 위풍당당한 모습으로 요새 밖으로 나와 정식으로 항복했습니다. 전쟁 초반, 아직은 이전 시대의 기사도가 얼핏 살아있는 듯 보였습니다.

그러나 소규모의 분전에도 불구하고, 폴란드군은 모든 전선에서 무너지고 있었어요. 독일군의 강력한 공세와 급강하폭격으로, 폴란드군은 매우 어려운 상황이었습니다. 하지만 독일도 탄약 보급 문제에서 골치를 앓고 있었는데요. 오죽하면 '탄약 상관'이라는 직책이 새로 생겨날 정도로, 탄약 문제에 집착하고 예민하게 대응했죠. 그럼에도 전황은 독일군에 유리하게 흘러가고 있었습니다. 폴란드의 항전은 아무 의미 없는 발악과도 같아 보였어요.

9월 14일, 독일군은 드디어 폴란드의 수도 바르샤바의 외곽에 도달합니다. 이후 독일군은 바르샤바를 포위하고, 자신들의 강력한 공군력을 이용해 어마어마한 폭격을 가하기 시작했죠. 소규모의 폴란드 공군이 나름대로 분투하며 선전했지만, 전쟁의 커다란 흐름을 바꿀 순 없었어요. '루프트바페Luftwaffe'로 불리는 독일 공군은 이미 스페인 내전5에서 얻은 많은 교훈과 경험, 그리고 기체의 우수성을 바탕으로 폴란드 영공을 지배하고 있었습니다. Bf 109 Messerschmitt Bf 109는 독일군의 주력 전투기로서, 특유의 운동성과 우수한 신뢰성을 기반으로 하늘을 군림했습니다. 이후 영국의 스핏파이어라는 호적수를 만나 영국 상공에서 겨뤄보

---

5 1936년부터 1939년까지 스페인에서 벌어진 내전. 독일은 프랑코(Francisco Franco)를 지원하기 위해 루프트바페 소속 콘도르 군단(Legion Condor)을 파견했고, 그로써 독일 공군이 실전 경험을 쌓고 전술·전략적 교훈을 얻는 계기가 되었다.

기 전까지, 그야말로 공포의 대상이었죠.

그러나 더욱 커다란 폭풍이 몰려왔습니다. 9월 17일, 폴란드의 동부전선에서 약 60만 명의 소련 군대가 물밀듯이 밀려온 겁니다. 독일과 맺은 불가침 조약에서 함께 확인한 폴란드 분할을 실현하기 위한 공세였죠. 폴란드군은 끝까지 저항했지만, 결국 9월 21일을 기점으로 동부전선에서의 조직적인 저항을 모두 포기하고 후퇴하기 시작합니다. 독일군의 빠른 진격 때문에 지연전도 실패한 상황에서, 이는 폴란드의 몰락을 의미하는 것이었어요. 그렇게 폴란드는 9월이 채 가기도 전, 약 3주 만에 몰락하고 말았습니다.

그러나 폴란드의 그러한 저항이 전혀 무의미한 일은 아니었는데요. 영국과 프랑스는 체코슬로바키아에서의 일, 즉 뮌헨 협정에서의 굴욕을 다시금 반복하고 싶지 않았습니다. 더욱이 영국과 프랑스 역시 이제는 전쟁을 피하고 싶어도 피할 수 없는 상황까지 치달아버렸습니다. 국내외적으로 자신들의 위신을 지켜야 하는 상황에서, 체코슬로바키아를 버렸을 때 국제사회의 싸늘했던 시선은 당시 세계질서를 주름잡는 그들에게 굉장한 부담이 아닐 수 없었기 때문이죠. 그러한 배경에서, 영국과 프랑스는 독일이 폴란드를 침공했을 때 '독일의 즉각적인 군사 행동 중지'라는 내용의 최후통첩을 독일에 보낸 터였고, 독일이 이를 무시하자 결국 선전포고함으로써 전쟁의 불씨는 더욱 타오르기 시작했습니다.

히틀러와 군 수뇌부는 영국과 프랑스의 선전포고에 당혹감을 감추지 못했습니다. 동쪽의 폴란드를 아직 확실하게 제압하지 못한 상태에서, 서쪽에서 국경을 맞대고 있는 연합국의 선전포고는 독일 수뇌부에 어마어마한 충격을 주기에 충분했죠. 히틀러는 뮌헨 회담에서처럼, 독일이 폴란드를 침공해도 영국과 프랑스가 아무런 대응을 하지 못하리라 예상했었거든요. 그 청천벽력 같은 소식을 들은 히틀러는 망연자실한 채로, 외무 장관 요아힘 폰 리벤트로프 Joachim von Ribbentrop에게 '이제 어떻게 할 건가?'라고 담담히 물었습니다. 그러나 리벤트로프는 충혈된 눈으로 아무 말도 하지 못했죠. 그렇듯 영국과 프랑스의 선전포고는 독일에 엄청난 충격을 주었습니다.

독일은 장기전을 치를 준비가 전혀 되어있지 않은 상태였어요. 특히나 동부와 서부의 양쪽에 대한 양면 전쟁을 수행할 만한 본격적인 전쟁경제 체제로의 전환이 늦어지고 있었고, 탄약 준비 상태가 매우 미흡했죠. 역사에 '만약'이라는 것은 없지만, 만약 그 때 프랑스와 영국이 국경을 넘어 독일을 향해 총력전을 펼쳤다면, 아마 제2차 세계대전은 그쯤에서 종결되었을지 모른다는 의견도 심심치 않게 제시됩니다. 물론 그로부터 오랜 시간이 지난 현재의 우리들이 여러 가지 정보들을 취합했을 때의 결론이긴 하지만요.

그러나 우리의 기대와 달리, 영국과 프랑스는 독일의 폴란드 침공에도 적극적으로 조치하지 않았습니다. 소규모의 프랑스군이 국경을 넘어 독일 영토 내부로 잠시 공격을 시도했다가, 다시 프랑스 국경을 넘어 돌아가 마지노선 Maginot Line 6에 틀어박힌 것이 전부였죠. 프랑스 국경에 배치된 독일군은 제대로 된 전투를 치를 만한 준비가 되어있지 않았기에, 그러한 프랑스군의 소극적인 행동은 독일이 볼 때 실로 천운에 가까운 일이었어요. 이후 독일이 프랑스 침공 작전을 펼치기 전, 즉 1940년 5월 10일까지의 약

---

6   독일의 침공을 막기 위해, 프랑스가 독일과의 국경 지대에 건설한 대규모 방어시설과 요새. 건설을 주도한 마지노 장관의 이름에서 따온 방어선으로, 콘크리트로 타설된 정교한 지하 시설을 포함했다.

8개월 동안 양측은 서로 대치만 하고 교전은 하지 않는, 전쟁이지만 전쟁을 하지 않는 '가짜 전쟁 Phoney War'이라고 불리는 시간을 보내게 됩니다.

당시 국경 지대의 독일군은 '공격받지 않는 한 독일군은 먼저 공격하지 않습니다!'라는 팻말을 크게 내걸거나, 군악대가 나와서 신나는 노래를 연주하는 등, 국경 지역에는 나름대로 부드러운(?) 분위기가 감돌았습니다. 물론 나치의 선전 장관 괴벨스 Joseph Goebbels가 영국군과 프랑스군 사이를 이간질하는 내용의 전단을 뿌리는 등 그 심리전은 더욱 심화되었지만요. 어쨌든 겉으로 보이는 전선의 모습은 매우 편안하기 그지없었습니다.

그러나 이는 아주 잠깐의 숨 고르기 시간에 불과했습니다. 그리고 양측 모두는 그 사실을 아주 잘 알고 있었죠. 독일은 장기전을 치를 준비가 되어있지 않았어요. 제1차 세계대전의 경험으로 미루어 보아, 해상을 장악한 영국은 다시금 독일의 해상 교역을 차단할 게 뻔했기에, 자원 조달과 이를 위한 항구의 안정적 확보가 무엇보다도 중요했습니다.

독일은 이제 새로운 수를 준비합니다. 과연 그것은 무엇일까요? 영국과 프랑스는 이를 막아내기 위해 어떻게 대응할까요?

1939년 9월 1일, 독일과 폴란드 사이의 국경선 바리케이드를 치우고 있는 독일 병사들의 모습. 제2차 세계대전의 시작을 알리는 대표적인 사진이다.

3장
베저위붕 작전 개시 — 독일의 덴마크, 노르웨이 침공

"어떤 대가를 치르더라도, 아무리 길고 험난하더라도
승리해야 합니다. 승리 없이는 생존도 없기 때문입니다."

윈스턴 처칠, 1940년 4월 영국 하원 연설에서

앞에서 살펴본 것처럼, 독일의 폴란드 침공에 발맞추어 소련 또한 폴란드를 침공했습니다. 그런데 어째서 소련은 갑자기 폴란드를 침공했던 걸까요? 그리고 왜 폴란드를 독일군과 '사이좋게' 나누게 된 것일까요? 이를 알기 위해서는 잠시 시계를 앞으로 돌려, 폴란드 침공 이전의 상황으로 돌아가 봐야 합니다.

사실 소련은 연합국과 마찬가지로, 독일의 팽창을 매우 부정적으로 바라보고 있던 주요 국가 중 하나였어요. 그러나 체코슬로바키아에 대한 독일의 주데텐란트 병합 사건에서 연합국이 보여준 콩가루 집안의 면모는, 소련이 연합국에 대한 신뢰를 저버리기에 충분했습니다. 이는 소련의 독재자 이오시프 스탈린 Joseph Stalin의 의심 많은 성격과 시너지(?)를 발휘해, '우리와 독일 사이의 전쟁을 바라고서, 서방 연합국이 일부러 우릴 부추기는 건 아닌가?' 하는 소련의 의심을 불러일으켰죠.

그 결과 소련은 1939년 8월 23일, 독일과의 상호 불가침 조약을 체결하면서 전 세계를 충격에 빠트립니다. 물과 기름 같았던 독일과 소련이 불가침 조약을 맺음으로써, 독일은 향후 전쟁 수행에 방해가 될 수 있었던 잠재적 적국인 소련과의 대결에서 잠시 숨 고르기를 할 수 있었어요. 또한 그 불가침 조약에는, 독일과 소련이 폴란드를 비롯한 주변의 다른 국가들을 어떻게 분배해서 이득을 취할 것인가에 대해 합의한 비밀 조항이 포함되어 있었죠. 바로 그런 배경에서 독일은 폴란드를 침공했고, 소련도 그에 동조하면서 폴란드를 침공했습니다. 엎친 데 덮친 격으로, 졸지에 샌드위치 신세가 되어버린 폴란드는 더 이상 버텨내지 못하고 무너져 버리게 된 것이죠. 그렇기에 이 '독소 불가침 조약'은 제2차 세계대전의 시작을 알리는 조약문으로도 그 의미가 매우 크다고 할 수 있습니다.

다시 이야기를 돌려, 폴란드가 패배한 후의 시점으로 돌아가 볼까요? 폴란드를 항복시킨 독일은 가슴을 쓸어내렸습니다. 독일군의 주력이 폴란드를 침공하는 동안, 서부전선에서 영국과 프랑스가 적극적인 군사 행동을 보이지 않았기 때문인데요. 만일 그 타이밍을 노려 연합군이 서부전선을 돌파한다면, 독일군은 전투 준비를 갖추지 못한 2선급 예비부대로 그들을 막아내야 할 판국이었거든요. 그러나 독일에는 다행스럽게도 그처럼 '가짜 전쟁'의 시기가 찾아오면서, 전쟁은 아주 잠시나마 소강상태에 이르게 되었습니다.

폴란드를 굴복시킨 독일은 다시 군대를 서부전선으로 돌려 프랑스와의 국경 지대에 방비를 서두르는 한편, 향후 전쟁의 장기화에 대한 방책도 고심하지 않을 수 없었습니다. 독일이 애초에 연합국과의 개전開戰 시기를 1944년으로 예상하고 그에 따라 준비한 것을 고려하면, 1939년 이제 막 세계대전에 뛰어든 독일의 체제가 얼마나 취약했을지 알 수 있죠. 그래서 개전 당시 독일 육군 사단의 전투력을 분석해 보았을 때, '히틀러가 세계를 정복하려는 야욕으로 전쟁을 일으켰다'라는 세간의 이야기에 고개를 갸우뚱할 수밖에 없기도 하고요. 간단히 말해, 개전 당시 독일은 '세계대전'에 대한 준비가 완벽하게 되어있지 않았다는 뜻입니다.

그런 상황에서 독일은 프랑스 침공 계획을 입안하는 한편, 덴마크와 노르웨이를 향한 공격 작전도 수립하기 시작합니다. 그때 진행된 것이 바로 노르웨이와 덴마크 공격 작전, '베저위붕 작전 Unternehmen Weserübung'입니다. 앞서 살펴본 것처럼, 독일은 애초에 장기전이나 전면전을 벌일 만한 준비가 제대로 되어있지 않았죠. 그런 상황에서 제1차 세계대전의 쓰라린 경험, 즉 연합군의 강력한 해상 봉쇄로 말미암아 전쟁 막바지에 최후의 총공세를 펼친 뒤 혼자 나자빠져 버린 경제의 취약성에 대한 재검토가 필요했어요.

이를 위해 독일은 두 가지 방안에 대해 고심하게 됩니다. 첫째는 새로운 해상 루트의 개척 및 확대의 필요성이었고, 둘째로는 필수 자원(주요 무기 체계를 개발·생산하는 데 필요한 철광석 등)의 수입 루트 확보 문제였어요. 이 두 가지를 해결해야만, 향후 연합국과의 전쟁에서 어느 정도의 장기전을 기대할 수 있었던 것이죠. 이 문제를 해결하기 위해, 독일은 노르웨이를 점령하고자 했습니다. 여기서 '자원의 확보'는 노르웨이의 철광석 등 자원을 뜻하겠으나, 새로운 '해상 루트'라는 것은 과연 무엇일까요?

전통적인 개념의 '해상 봉쇄'로 볼 때, 영국 해군의 독일에 대한 조치는 의외로 간단했습니다. 가장 큰 이유는 아무래도 봉쇄의 범위가 매우 좁았기 때문인데요. 독일 해군이 북해를 돌아 대서양으로 나올 수 있는 지정학적 '입구'는 결국 덴마크 근처의 독일 항구인 키일 Kiel이나 빌헬름스하펜 Wilhelmshaven 등의 해군기지로,

영국은 그 좁은 구역에 대한 감시를 집중하기만 하면 독일의 해상 활동을 쉽게 막아낼 수 있었죠. 따라서 독일로서는 어떻게 해서든지 해상 루트를 더 넓혀야 하는 숙명이 있었습니다. 즉 스칸디나비아 지역의 자원과 새로운 해상 루트의 확보라는 배경 속에서, 독일은 덴마크와 노르웨이를 침공하기로 결정한 겁니다.

사실, 노르웨이의 중요성에 대해서는 영국도 모르는 바가 아니었어요. 널리 알려진 사실은 아니나, 그 중요성을 너무 잘 알고 있던 나머지 영국도 노르웨이를 향한 침공 작전을 계획(!)했었죠. 물론 영국의 침공은 노르웨이에 대한 침탈보다는 독일이 점령하기 전에 자신들이 선수를 친다는 성격이 강했지만, 군사적 침공에 누가 더 낫다고 의미를 부여할 순 없을 것 같군요. 어찌 되었든, 그렇게 독일의 새로운 군사작전이 닻을 올립니다.

1940년 4월 3일 야심한 시각, 독일 해군의 주요 함선들이 밤바다를 가르며 항구를 떠나기 시작했습니다. 노르웨이를 향한 해상 공격과 상륙작전을 주도할 해군의 주력함대였죠. 뒤이어 4월 9일에는 덴마크를 상대로 최후통첩을 전달했고, 이를 조율하는 과정에서 양측의 소규모 교전이 있었으나 결국 덴마크는 독일의 요구에 굴복하고 맙니다. 6시간의 미약한 항전 끝에, 덴마크는 독일의 발아래 떨어지게 되었습니다.

덴마크를 가볍게 점령한 것과는 달리, 노르웨이 공략에서 독일은 큰 문제에 직면합니다. 노르웨이를 공략하기 위해서는 영국 해군이 주름잡고 있는 바다를 건너야 했기 때문인데요. 만일 상황을 알게 된 영국의 강력한 해군이 달려온다면, 독일군은 병력을 상륙시켜 보기도 전에 바다 위에서 전멸할 수도 있었습니다. 게다가 영국 또한 바보는 아니라서, 독일 해군의 주요 함정들이 모두 항구를 떠났다는 사실을 이미 알고 있었어요. 그러나 독일로서는 불행 중 다행으로, 영국은 독일 함대의 목표가 노르웨이 침공이 아닌 북해를 향한 돌파 작전으로 오판합니다. 그리하여 노르웨이가 아닌 영국의 인근 북해로 함대를 집결시키는 치명적인 실수를 저지르고 말죠.

독일 해군에게는 절호의 기회가 찾아온 겁니다. 독일 해군의 함선들은 거친 바다를 내달리며, 노르웨이를 향해 전속력으로 항진하기 시작했습니다. 가장 먼 노르웨이의 전략적 주요 항구인 '나르비크Narvik'를 향해서는 특별히 두 척의 전함이 출발했는데요. '못생긴 자매들 ugly sisters'로 알려진 독일 순양전함 KMS 샤른호르스트 KMS Scharnhorst 와 KMS 그나이제나우 KMS Gneisenau 가 선봉을 맡아 출격한 것이죠. 또한 다양한 순양함과 구축함 들도 그들을 호위하고 나섰습니다. 각각의 함대에는 상륙작전을 펼칠 육군 병력이 후속되고 있었고요.

그에 대항해 영국 해군의 항공기들도 출격하여, 독일 함대에 대한 정찰과 공격을 이어나갔습니다. 시간이 지나면서 점차 독일군의 작전 목표가 노르웨이라는 것이 명확해지자, 영국 해군은 다시 작전을 변경하죠. 해상 정찰의 범위를 좁히기보다, 독일 함대를 찾아 격멸하는 것이었어요. 영국 전함 HMS 리나운 HMS Renown 을 선두로 하는 영국 해군의 적극적인 행동으로, 양측 함대의 해상전이 벌어지게 되었습니다.

이미 상륙부대를 해안에 투입한 뒤 행동의 자유를 얻은 독일 전함 샤른호르스트와 그나이제나우는, 영국 해군의 관심을 끌기 위해 더 적극적으로 움직이기 시작했습니다. 이윽고 영국 해군 전함 리나운과 마주한 그들은 2 대 1의 유리한 상황을 이용해 선제공격을 하기로 결정합니다. 하지만 전함 간의 교전은 리나운이 첫 번째 포탄을 사격함으로써 시작되었죠. 양측은 서로 몇 번의 명중탄을 주고받으며 교전을 벌이지만, 결착은 짓지 못합니다. 그러나 여러 방면으로 보아, 양측의 첫 번째 해전은 영국 해군의 아슬아슬한 판정승이었습니다.

　사실 영국 해군보다 전력이 미약했던 독일 해군에게, 그처럼 아슬아슬한 판정패는 그리 나쁜 것만은 아니었어요. 그러나 다른 곳에서의 해전 결과는 그렇지 못했습니다. 나르비크 인근에서 벌어진 소규모 해전에서 독일 해군은 자신들이 보유한 구축함을 절반 가까이 잃고 말았고, 이는 차후 작전에 지대한 영향을 미쳤는데요. 아무리 강력한 대형 전함들이 살아있다고 해도, 이를 호위하고 보조해 줄 구축함이 없다면 해상 작전을 펼치는 데 어려움이 있기 때문이었죠.

　설상가상으로, 독일 해군에겐 더 큰 재앙이 기다리고 있었습니다. 독일 해군의 아트미랄 히퍼 Admiral Hipper급 신형 중순양함 KMS 블뤼허 KMS Blücher가 상륙작전을 펼칠 육군 병력을 태우고 작전을 수행하던 중, 노르웨이군이 운용하던 구형 해안포와 어뢰의 공격을 받아 완전히 전복되며 침몰하고 만 겁니다. 어이없게도, 새로 건조된 지 6개월밖에 되지 않은 따끈따끈한 신형 중순양함을 아무런 성과 없이 잃어버리다니. 독일 해군으로서는 굉장히 뼈아픈 실책이었죠. 게다가 블뤼허에 탑승해 있던 육군 병력마저 엄청난 피해를 보면서, 독일 해군의 전체 작전에 큰 차질을 빚게 되었습니다.

　하지만 그렇게 악재만이 겹치던 독일 해군에게도 한 가지 좋은 소식이 들려왔습니다. 바로 샤른호르스트와 그나이제나우가 영국의 항공모함(!) 'HMS 글로리어스 HMS Glorious'를 발견하여 격침했다는 것이었죠. 이는 영국 해군에게, 역사상 전함에 의해 격침된 최초의 항공모함이라는 오점을 남긴 큰 사건이었습니다.

수백 킬로미터 밖에서 항공기를 날리는 방식의 공격력을 갖춘 항공모함이, 겨우 수십 킬로미터 안에서 전함의 포사격에 격침된 이 사건은 영국 해군의 체면을 구기기에 충분했죠. 그렇게 서로에게 장군 멍군을 주고받으며, 노르웨이를 두고 벌이는 영국과 독일의 해상 전투는 계속되었습니다.

미약한 독일 해군의 눈물겨운 분투와 함께, 노르웨이에 상륙한 독일 육군은 계속해서 파상 공세를 진행합니다. 그리고 노르웨이를 구하기 위해 다급하게 달려온 영국군을 격파하면서, 전선을 돌파해 나가기 시작하죠. 게다가 노르웨이의 하늘을 평정하고 공습을 펼치던 강력한 독일 공군의 파괴력에, 영국군은 더 이상 견디지 못하게 되었습니다.

그러나 영국군도 가만히 있지만은 않았습니다. 5월 10일, 독일군이 점령한 주요 항구도시인 나르비크에 역습을 실시해 독일군을 몰아낸 것이죠. 그로 인해 독일 해군은 해당 지역의 제해권을 유지하는 데 어려움을 겪게 되었고요. 전열을 가다듬은 영국군에게 아직 희망이 있었습니다. 그러나 바다 건너에서 충격적인 소식이 전해졌고, 이는 노르웨이에서 성공적인 방어전을 펼치고 있던 영국군에게 엄청난 충격을 안겨주었습니다.

영국군이 나르비크를 탈환한 1940년 5월 10일, 독일군의 주력이 국경선을 넘어 일제히 프랑스를 침공하기 시작했다는 소식이 들려온 겁니다.

노르웨이의 눈 덮인 산길에서 행군하고 있는 독일군의 모습.
노르웨이 중부의 바그(Bagn) 지역으로 추정된다.

독일 해군 중순양함 블뤼허가 노르웨이군의 반격으로
오슬로 인근 해역에서 전복되고 있다.

4장
독일 기갑부대의 전격전—프랑스와의 진검승부

"나에게 공세의 성공은 거의 기적이나 다름없다."
하인츠 구데리안 장군, 프랑스군 전선을 돌파한 뒤

1940년 5월 10일 새벽, 깊은 어둠의 고요를 틈탄 다수의 그림자가 일제히 풀숲에서 나와 약속된 지점으로 이동하기 시작했습니다. 이윽고 새벽하늘을 가르는 날카로운 호루라기 소리가 울려 퍼지자, 그 그림자들은 수백 수천 개로 늘어나며 일제히 앞으로 달려 나갔습니다. 독일군의 대대적인 프랑스 침공이 시작된 겁니다.

거듭 말씀드리지만, 독일군에게 제2차 세계대전은 너무 이른 시점에 시작된 전쟁이었어요. 독일군은 1944년경을 개전 시기로 예상하고 전쟁에 대비했죠. 그런 이유로 1940년의 독일군은 전쟁 준비를 위한 장비는 물론이고, 부대의 편성과 훈련 등 모든 부분에서 매우 부족한 상태였습니다.

그럼에도 독일군이 기대를 거는 것이 있었는데, 바로 독일이 새롭게 준비한 침공 작전 계획이었어요. 명석한 장군이었던 에리히 폰 만슈타인 Erich von Manstein의 계획과 기동전의 전문가인 하인츠 구데리안 Heinz Guderian의 동의가 만들어 낸, 기갑부대의 집중 운용이 담긴 과감한 작전이었죠. 물론 그 파격적인 작전 계획은 군 수뇌부의 보수적인 장군들에겐 매우 부담스러운 것이었지만, 갖은 고비를 넘기면서 채택되기에 이릅니다. 새롭고 독창적인 그 작전 계획의 자세한 내용은 무엇이었을까요? 그리고 (당시 기준으로) 얼마나 과감한 것이었을까요? 그 내용을 알기 위해서는 먼저 지난 전쟁인 제1차 세계대전, 그중에서도 서부전선의 특징을 짚고 넘어가야만 합니다.

바로 지난 전쟁이었던 제1차 세계대전, 그중에서도 특히 서부전선의 전장은 매우 참혹한 것이었습니다. 물론 이 세상에 참혹하지 않은 전장이 어디 있겠습니까마는, 그 가운데서도 서부전선은 서로의 참호를 뚫지 못한 채, 기관총과 철조망으로 이루어진 지옥과도 같은 풍경을 향해 정면 돌격해야 하는 끔찍한 현장이었죠. 그 참호를 뚫기 위해 지금껏 인류가 경험하지 못한 대규모의 포격과 독가스, 전차戰車 같은 새로운 무기와 전술이 등장했고, 그로 인해 전장의 모습은 참혹함을 더해갔습니다. 양측은 모두 서로의 참호를 돌파하기 위해 상대방의 기관총 진지로 번갈아가며 돌격했고, 그야말로 살육의 장이 전개되는 것을 반복할 뿐이었습니다.

그처럼 기관총과 철조망으로 다져진 단단한 적의 참호 진지를 뚫어내기 위해, 다양한 방법들이 시도되었습니다. 먼저 강력한 포병 사격을 통해 적의 참호 진지를 두들기고, 장갑으로 보호받는 전차와 함께 보병대가 투입되었는데요. 이때 보병들은 전적으로 전차에 목숨을 맡긴 채 전진하여 적의 참호에 도달한 후, 근접전을 벌이면서 참호를 소탕해야 했어요. 바람의 방향을 잘 이용해, 상대방의 참호로 살포하는 독가스도 매우 효과적이었죠.

그렇게 다양한 방식들로 적의 첫 번째 참호를 돌파하는 일은 사실 그다지 어렵지 않았습니다. 진짜 큰 문제는 적의 참호가 두 겹, 많게는 세 겹으로 이루어져 있다는 것이었어요. 첫 번째 참호를 돌파한다고 하더라도, 뒤에 있는 두 번째, 세 번째 참호가 아군의 지속적인 공격을 방해했습니다. 아무리 포병의 사격이 강력하고 잘 훈련된 보병이 침투에 성공한다 해도, 사람이 걷는 것보다 빠르게 전진할 수 없는 보병의 느린 속도로 적의 전선을 깊숙하게 돌파하기란 어려운 일이었죠. 제1차 세계대전의 길고도 지루한 참호전은 바로 그런 어려움에서 기인한 결과였습니다.

제1차 세계대전이 남긴 그 교훈을 바탕으로, 독일군은 새로운 방법의 기동전을 준비합니다. 보병의 발걸음으로는 상상도 할 수 없는 빠른 속력의 기갑부대를 양성해서, 강력한 전차의 충격력으로 적의 방어선을 돌파한 뒤 빠른 기동력을 이용해 적의 종심縱深: 깊은 후방 지대으로 깊숙이 계속해서 진격한다는 과감한 계획이었죠. 물론 당시 다른 강대국들도 전차를 다수 운용했지만, 제1차 세계대전의 방식에서 크게 벗어나지 못하고 있었습니다. 전통적인 육군 강국이던 프랑스도 전차를 각 보병부대에 분산 배치해, 보병의 참호 돌파를 지원하는 방식을 고수하고 있었고요. 따라서 독일의 '전차만으로 이뤄진 기갑부대의 집중 운용'이라는 개념은 당시로서는 획기적인 군사적 모험이었어요.

독일군은 거기서 그치지 않고, 기갑부대의 빠른 속도에 발맞추어 화력지원을 하기 위해 급강하폭격기인 슈투카 Ju 87를 활용하는 합동작전合同作戰7의 개념도 적용합니다. 이는 전차가 지닌 빠른 기동 속도에서 기인하는데요. 전진하는 보병의 속도에 포병이 발맞추어 함께 전진하면서 화력지원을 하던 예전과 달리, 이젠 전차의 속도를 포병이 따라잡을 수 없게 되었거든요. 그래서 '이동식 포대'의 개념으로 급강하폭격기를 운용하게 된 겁니다.

7   육군, 해군, 공군 등 각기 다른 군종이 서로 함께 작전을 펴는 것을 가리키는 군사용어.

즉 날아다니는 공중의 포대 역할이 바로 독일 공군이 맡은 주요 임무였습니다. 전차가 기동하면서 화력지원이 필요할 때, 급강하 폭격기가 지원해 주는 방식이었죠.

독일군 급강하폭격기인 Ju 87, 통칭 슈투카는 사이렌을 장착해 급강하할 때 일부러 굉음을 발생시켰습니다. 적군은 그 사이렌 소리에 압도되어 혼비백산하기도 했죠. 이 사이렌 소리는 2017년 개봉한 영화 「덩케르크」에서 매우 인상적으로 연출되어, 보는 이들에게 엄청난 공포를 선사하기도 했습니다.

그렇듯 독일군이 계획한 작전의 중점은 연합군의 전선을 전체적으로 천천히 밀고 들어가는 게 아니었습니다. 결정적인 한 지점에서 전차를 집중 운용하여 돌파구를 만든 후, 그 돌파구에 기동력 있는 기갑부대를 계속 투입해 적의 중심부로 뚫고 나가는 것이었죠. 그렇게 된다면 제1차 세계대전에서처럼 참혹하게 모든 전선에서 피를 흘릴 필요도 없었어요. 적군이 아무리 전선의 모든 곳을 방비한다고 해도, 가장 취약한 부분에 기동력 있는 전차들이 쏟아져 들어가 적의 중심부에 위치한 통신시설과 보급시설 등을 타격하거나, 적의 주력 부대를 포위하여 섬멸하면 한 번에 전세를 뒤집을 수도 있기 때문이었습니다. 독일군의 그처럼 빠른 기동력의 작전술은 블리츠크리그Blitzkrieg, 즉 '전격전 Lightning War'이라는 이름으로 잘 알려져 있는데요. 이름 그대로, 번개 같은 속도의 작전이라는 뜻입니다.

하지만 그런 대규모의 기갑부대가 아무리 위력적이라고 해도, 사전에 그 사실을 적에게 들킨다면 아무런 효과를 기대할 수 없겠죠. 그래서 독일군은 그러한 기갑부대와 함께 아르덴Ardennes 산림지대를 이용해 기습 효과를 더하기로 합니다. 프랑스군의 강력한 방어선인 마지노선과 연합군의 주력 부대 사이에 있는, 울창한 산림지대인 아르덴 숲을 돌파해 적을 갈라놓을 수 있기 때문이었어요. 즉 대규모 전차부대가 기동할 수 없는 지형에 다수의 전차부대를 투입한다는 것으로, 상대방의 허를 찌르는 작전이었죠.

하지만 실제로 그런 전격전이 있었는지를 두고, 최근 학계에서는 조금 다른 해석을 내놓고 있습니다. 정말 독일군이 전격전이라는 개념을 고안해 냈으며 그것을 프랑스와의 전쟁에서 활용해 승리한 것인지, 전격전의 실체에 대한 근본적인 질문이 나오고 있는 것이죠. 독일군의 기갑부대 집중 운용으로 기습을 당한 프랑스가 6주 만에 무너지며 패배한 것은 역사적 사실이지만, 독일이 전격전이라는 개념을 만들어 완벽히 시행했다는 분석에는 회의적이라는 뜻입니다.

실제로, 독일군이 전격전이라는 비장의 카드를 만들어 철저하게 준비했다면 도저히 나올 수 없었던 장면들이 전장에선 자주 나타났습니다. 울창한 산림지대에 기갑부대를 잔뜩 밀어 넣은 독일군은, 극심한 교통정체에 시달리는 등 산적한 문제와 맞닥뜨리게 되거든요. 그래서 최근 역사학계의 주류는, 독일군의 기갑부대 집중 운용 과정에서 발생한 여러 우연적 상황들이 겹쳐 프랑스의 전설적인(?) 패배를 가져왔고, 이후에 그 승리가 전격전이라는 개념으로 체계화되었다고 해석합니다. 전격전은 처음부터 완벽하게 계획되고 실행된 전술이라기보다, 실제 전장에서의 우연과 즉흥적 대응이 만들어 낸 결과물이라는 시각이 점차 설득력을 얻고 있는 것이죠.

그렇다면 이와 반대로 프랑스의 방비는 어땠을까요? 세간에 알려진 것처럼, 프랑스도 아르덴 숲에 대한 방비를 전혀 하지 않은 것은 아니었습니다. 물론 대다수는 '아르덴 숲은 천연의 대전차 방어벽'이라는 프랑스 수뇌부의 의견을 따랐지만, 내부에서 올라오는 보고서 가운데 몇몇은 그와는 전혀 다른 내용을 담고 있었어요. 프랑스 육군의 내부 보고서에는 이미 '독일군 기갑부대가 아르덴 숲을 통과한다면, 70시간 만에 뫼즈강Meuse에 도착할 것으로 예상된다'는 예리한 분석이 있었던 것이죠. 실제로는 독일군이 68시간 만에 도달하는 데 성공했다는 점에서, 그 분석은 매우 의미심장합니다.

하지만 사전에 그런 분석이 있었음에도, 결과적으로 프랑스는 아르덴에 제대로 된 방어 진지를 구축하지 못했습니다. 지형이 협소해 '어차피 독일군이 오지도 못할 지역에 괜히 돈을 들여 방어선을 구축한다'라는 등 내부의 반대 목소리도 높았거든요. 그렇듯 아르덴 숲의 울창함은 독일군뿐만 아니라 프랑스군에게도 쉽지 않은 것이었어요. 실제로 작전이 시작되어 독일군이 돌파를 감행하던 그 순간에도, 아직 공사 중인 프랑스군 벙커가 있었다는 건 널리 알려진 이야기입니다. 게다가 그곳에 투입된 프랑스군 부대는 2선급 예비부대로, 최고의 정예 부대는 벨기에 영내로 진입해 독일군과 맞붙을 예정이었죠.

그렇다고 해서, 프랑스가 아르덴 지역의 위험성을 아예 무시한 것은 아니었습니다. 프랑스 또한 독일군이 아르덴으로 오게 될 경우를 대비해 여러 분석을 내놓았어요. 프랑스의 분석 결과는 항상 다음과 같이 귀결되었습니다. '아주 적은 확률로 독일군 기갑부대가 아르덴으로 온다고 치자. 우리가 항공 정찰로 계속 관찰하다가, 아르덴 지역에 독일군 전차가 한 대라도 등장하면 바로 정예 부대를 그곳으로 보내면 되지 않겠는가?'라는 어느 정도 현실적인 결론이었죠. 프랑스의 그런 판단은 매우 논리적인 것이기도 했답니다. 울창한 숲에 대규모 전차부대를 몰아넣으면, 어마어마한 소음은 물론이고 끔찍한 교통정체가 발생할 것이 분명했으니까요.

또한 프랑스군은 제1차 세계대전의 경험을 통해, 수많은 인명 피해에 대한 끔찍한 PTSD 외상 후 스트레스 장애가 있었습니다. 그런 프랑스가 유일하게 믿고 기댄 것은 바로 포병 화력이었죠. 포병 화력을 집중적으로 단기간에 쏟아부어 적의 주된 전투력을 저하시키고, 프랑스군의 우수한 방어 진지를 활용해 적의 공세를 저지한다는 계획이었던 겁니다.

실제로 전쟁이 끝난 후, 프랑스 침공 작전에 참여했던 한 독일군 장교는 '전쟁에서 그 정도로 어마어마한 포병 사격을 받아본 적이 없었다'라며 회고하기도 했는데요. 그렇듯 프랑스군이 준비한 포병의 화력만큼은 확실했던 것으로 보입니다. 과연 아르덴 숲에서는 어떤 일들이 벌어졌을까요? 프랑스군의 화력은 어떤 결과를 낳았을까요? 다시 이야기의 처음으로 돌아가, 일제히 국경을 넘는 독일군의 대열 속으로 들어가 봅시다.

5월 10일 새벽, 독일군의 공격은 시작되었습니다. 독일군의 A 집단군은 아르덴 숲으로, B 집단군은 베네룩스 벨기에, 네덜란드, 룩셈부르크 지역으로 일제히 박차고 나아갔죠. 독일군의 계획에서 가장 중요한 것은 무엇보다도 A 집단군, 그중에서도 제19기갑군단이었어요. 그들이 아르덴 숲을 돌파해야, 프랑스군의 허리를 끊어놓는 것과 동시에 일제히 적들을 포위해 버릴 수 있었기 때문입니다.

제19기갑군단의 지휘관은 하인츠 구데리안 장군으로, '전차의 엔진은 주포만큼이나 강력한 무기'라는 말을 남겼을 만큼 기동전에 목숨을 건 군인이었습니다. 침공이 시작되자, 구데리안이 이끄는 독일군 기갑사단은 빠른 속도로 나아가기 시작했죠. 구데리안에게는 빠르게 스당 Sedan 지역에서 뫼즈강을 건넌 뒤, 계속해서 프랑스군의 후방으로 전진해야 하는 막중한 임무가 부여되었습니다. 구데리안은 주변의 어떤 방해가 있더라도 멈추지 않고, 프랑스군의 후방 깊숙이 계속해서 전진할 각오를 다졌습니다. 그 '방해'에는 프랑스군의 저항뿐만 아니라, 보수적인 독일 장군들의 간섭도 있었죠.

그러나 독일군은 예상대로 나아가지 못했습니다. 전혀 생각지도 못했던 강력한 적이 그들을 막아섰기 때문인데요. 그 적이란 프랑스군도, 영국군도, 벨기에군도 아니었습니다. 바로 '교통체증'이었죠. 가뜩이나 전차와 차량으로 대열이 길게 늘어서야 하는 기갑부대가 비좁은 산길과 울창한 산림으로 이루어진 아르덴 숲에 집중적으로 투입되다 보니, 극심한 교통정체가 발생해 버린 겁니다.

이는 기습의 효과를 달성해야 하는 독일군에게 매우 심각한 문제였습니다. 독일군끼리 좁은 산길에 뒤엉켜 어영부영하는 동안 프랑스의 공군 정찰기에 발각된다면, 벨기에에 있던 프랑스군 정예 부대가 즉각 아르덴으로 몰려올 게 뻔했으니까요(이것이 프랑스군이 아르덴에 주력을 배치하지 않은 이유이기도 합니다). 게다가 프랑스군이 자랑하는 강력한 포병들이 산길에서 멈춰버린 독일군에게 포격이라도 퍼붓는다면, 독일군은 침공다운 침공을 해보기도 전에 산길에서 전멸당할 위기였습니다.

그러나 독일군으로서는 다행히도, 짙은 안개가 낀 기상 상황과 프랑스군의 방심이 겹치면서 들키지 않고 진격할 수 있었습니다. 독일군은 아르덴 숲을 느리지만 착실하게 돌파하기 시작했고, 성공적으로 프랑스군의 후방으로 진출할 수 있었죠. 게다가 보병부대와 기갑부대의 행군 대열이 뒤엉킨 상황에서 빠르게 교통 정리에 성공한 독일군은, 이제 기습을 달성할 수 있는 여건을 마련하게 되었습니다.

진격을 거듭한 독일군 제19기갑군단의 선봉인 제1기갑사단이 스당에 도착했습니다. 이제 제1기갑사단은 뫼즈강을 건너, 프랑스군의 후방으로 더욱 깊숙이 진출하는 중요한 임무를 부여받습니다. 이를 막아야 할 프랑스군의 제55보병사단은 아직 제대로 된 전투를 수행할 수 없는 2선급 부대였죠. 의외의 기습에 프랑스군은 당황했지만, 아직 상황이 그렇게 나쁜 것만은 아니었습니다. 왜냐하면 제55보병사단의 목적은 '독일군 격멸'이 아닌 '스당 지역 방위'였기 때문이에요. 독일군을 이길 필요 없이 그저 끈질기게 버티기만 해도, 다른 지역의 프랑스군이 구원하러 올 때까지 시간을 확보할 수 있었던 겁니다.

하지만 그 사실을 알고 있던 독일군 제1기갑사단은 프랑스군을 기다려 주지 않았습니다. 독일군은 누구보다 시간의 중요성을 잘 알고 있었어요. 독일군 또한 급히 달려오느라 도하 작전을 펼칠 준비가 완벽했던 것은 아니지만, 즉각적으로 강을 건너 공격할 태세를 갖추기 시작했습니다. 원래 군사작전에서 '완벽성'과 '적시성'은 서로 반비례 관계여서, 완벽함을 도모하다 좋은 시기를 놓치거나, 너무 시기에만 집중하는 바람에 작전 준비에 미흡한 경우가 발생하기도 합니다. 이 두 가지의 간극을 줄여가거나 우선순위를 결정하는 것이 바로 '지휘'의 중요한 역할이죠.

프랑스군은 뫼즈강의 유리한 위치를 선점한 뒤, 독일군의 공세에 대응하기 시작했습니다. 프랑스군 제55보병사단은 2선급 부대였음에도, 기관총 진지들을 촘촘히 배치해 독일군의 도하를 방해하면서 시간을 끌었어요. 프랑스군의 방어로 독일군 제1기갑사단은 물론이고, 옆에서 함께 공세를 펼치던 독일군 제2, 제10기갑사단의 공세는 모두 성과를 내지 못했습니다. 그러나 독일군의 임무형 지휘 Auftragstaktik: 전투 현장 일선의 자율성을 최대한 보장하는 독일군의 지휘 방식와 더불어 독일 공군의 강력한 공중 지원은 제1기갑사단의 전진에 크나큰 자극이 되었죠. 두드리면 열린다는 격언처럼, 중앙의 제1기갑사단이 결국 돌파에 성공하면서 프랑스군의 전선은 점차 흔들리기 시작했고, 이후 독일군 제2기갑사단마저 돌파에 성공하자 프랑스군의 방어 진지에는 마침내 균열이 생겼습니다.

도하를 마친 독일군 전차들은 잠깐의 재정비를 거친 뒤, 프랑스군의 후방으로 내달리기 시작했습니다. 더 이상 제1차 세계대전에서처럼, 돌파에 성공한 부대는 인접 부대가 진출 속도를 자신과 맞춰줄 때까지 기다릴 필요가 없었어요. 준비를 마친 독일군 부대는 인접 부대의 상황만 확인한 뒤, 즉각 프랑스군의 후방으로 진격했죠. 독일군 전차들 또한 프랑스군 사령부가 위치한 후방 지역을 향해 내달렸습니다. 그러자 프랑스군 제55보병사단에는 '전차가 나타났다!'는 헛소문이 빠르게 퍼지기 시작했어요. 결국 심리적 충격을 받은 프랑스군은 사단 차원에서의 제대로 된 역습 한 번 해보지 못한 채 와해되고 말았습니다. 프랑스군은 독일군의 돌파에 놀란 나머지 제풀에 흐름을 아예 놓쳐버리고, 전술적으로나 심리적으로 완전히 무너져 내렸습니다.

훗날 알려진 바에 따르면, 사령부 인근에서는 아직 독일군 전차가 진출하기도 전이었다고 합니다. 그야말로 프랑스군에게는 불운이었죠. 아직 진격해 오지도 않은 독일 전차 때문에 무너져 버리다니! 제55보병사단은 아르덴 숲을 방어하기 위해 황급히 조직된 예비사단이었기 때문에, 군대가 아니라 공사 인부라고 자조 섞인 토로를 할 만큼 벙커 공사에만 진심이었습니다. 따라서 소규모 독일군 전차부대의 돌파 시도에도 심리적 충격은 엄청났고, 일선의 장병들 사이에서 점차 유언비어가 퍼지면서 프랑스군은 스스로 무너지고 만 겁니다.

프랑스군의 전선 붕괴는 연쇄작용을 통해 점차 들불처럼 번져나갔고, 독일군은 경이로운 전진 속도를 보여주며 프랑스군의 후방 지역 더욱 깊숙이 진격해 들어갔어요. 독일군의 빠른 전차 속도를 포병이 따라잡지 못해 화력지원이 어려울 때면, 하늘의 포병인 슈투카가 날아와 적재적소에 정확한 CAS 근접항공지원 폭격을 때렸습니다. 그들이 내는 굉음은 연합군 병사들에게 공포의 대상이 되어, 나중엔 소리만 듣고서도 혼비백산 도망쳐 버리는 결과를 낳기도 했죠.

독일군의 과감한 진격을 본 프랑스군은 다급히 자신들의 후방으로 쇄도하는 독일군 기갑부대에 소규모 역습을 시도합니다. 하지만 지휘 체계의 혼선 등으로, 별다른 효과를 내지 못했죠. 앞서 살펴본 것처럼 프랑스군 전차는 보병과 보조를 맞춰 전진하는 '이동 요새'의 역할이었기 때문에, 애초에 넓은 작전 반경을 상정하고 설계된 독일 기갑부대의 빠른 속도에 대응하기란 어려운 일이었거든요. 비유하자면 작고 가벼우며 엄청난 속도로 진격해 들어가는 독일군 기갑부대를, 거대하고 무거운 프랑스군의 중전차 重戰車: 육중한 무게와 강력한 화력으로 무장한 전차들이 따라잡지 못한 겁니다.

독일군의 전투 능력과 더불어, 기갑부대가 보여준 경이로운 기동 속도 또한 강력한 무기였습니다. 구데리안의 말처럼, 전차의 엔진은 주포만큼이나 강력한 무기라는 것이 입증되는 순간이었죠. 독일군 기갑부대의 전진은 대서양까지 이어졌고, 훗날 '사막의 여우'로 유명한 에르빈 롬멜 Erwin Rommel 장군이 지휘하는 제7기갑사단이 도버해협 Dover Strait의 바다에 도착할 때까지 그 질주는 계속됩니다.

엄청난 속도로 진격해 온 독일군 기갑부대가 도버해협에 도착하자, 연합군은 경악했습니다. 프랑스를 돕기 위해 바다를 건너 온 영국군을 포함하여, 수십만의 연합군이 순식간에 독일군에게 포위된 것이었어요. 바다를 뒤로하고 포위된 연합군은 그대로 독일군의 포로가 되거나, 모두 도버해협에 수장될 판이었죠. 그렇게 포위된 연합군 패잔병들은 모두 덩케르크Dunkirk 지역의 바닷가로 모여 영국의 탈출용 함선을 기다리게 되는데, 바로 동명의 영화 「덩케르크」로 유명해진 곳입니다. 이제, 연합군에게 남은 것은 파멸뿐인 듯했습니다.

그러나 그때 연합군에게는 기적과도 같은 일이 일어났습니다. 맹렬히 돌진해 오던 독일군 기갑부대가 거짓말처럼 갑자기 진격을 멈춘 것이었죠. 더욱 놀라운 건 그 일이 독일군 사령부가 직접 내린 '정지 명령' 때문이라는 것이었는데요. 다 이긴 전투에서 갑자기 독일군은 왜 정지 명령을 내린 걸까요? 바로 독일군 기갑부대의 진격 속도가 너무 빠른 탓(!)이었습니다. 기갑부대의 빠른 기동 속도를 보병부대가 따라갈 수 없었고, 그처럼 보병부대와 떨어져 홀로 앞서 나가던 기갑부대가 적진 한가운데 고립되는 위험에 노출되리라고 판단한 독일군 사령부가 정지 명령을 내린 것이죠. 그렇게 독일 육군이 진격을 멈춘 상태에서, 독일 공군 원수이자 독일의 이인자였던 헤르만 괴링의 지휘 아래, 독일 공군은 포위망 안의 연합군을 공격하게 되었습니다.

천재일우의 기회를 얻게 된 영국은 대규모 철수 작전을 계획합니다. 군함은 물론이고 민간 요트와 어부들의 작은 어선까지 총동원해, 덩케르크에 갇혀있는 연합군 병사들을 구출하기 시작했죠. 뒤늦게 상황을 파악한 독일 공군은 영국군의 철수 작전을 방해하기 위해 폭격을 퍼부었습니다. 하지만 갖은 어려움 속에서도 연합군은 덩케르크에서 약 30만 명이 넘는 연합군 병사들을 구출해, 무사히 영국 본토로 수송하는 데 성공합니다. 덩케르크 철수 작전인 '다이너모 작전 Operation Dynamo'으로, 연합군은 차후의 전쟁을 위한 귀중한 인력 자원을 보존할 수 있었어요.

하지만 어렵사리 덩케르크 주변에서 구조된 수십만의 병력은 그야말로 모든 장비를 버리고 몸 하나만 건사해서 돌아온 것이었기에, 곧바로 다시 전장으로 투입될 순 없었습니다. 덩케르크 이외의 지역에서도 프랑스군은 계속해서 독일군에게 저항했지만, 이미 대세는 기울고 말았죠. 제1차 세계대전의 장군이자 전쟁 영웅이었던 필리프 페텡 Philippe Pétain은 프랑스의 새로운 총리로 취임한 후, '불필요한 희생을 피해야 한다'라는 이유로 독일과의 항복 협정에 서명합니다. 페텡의 항복으로, 독일군은 프랑스의 북부 지역과 비스케이만 Bay of Biscay 인근의 해안지역을 점령하게 되죠.

그리고 남아있는 프랑스 남부와 지중해 연안에는 프랑스의 괴뢰정부가 수립되는데, 바로 '비시 프랑스 Vichy France' 정부입니다. 비시 프랑스는 1944년 독일군에게 모두 점령될 때까지 존속한 독일의 협력 정부였는데, 이 때문에 독일이 패망한 후 페텡은 반역 혐의로 재판에 회부되었죠. 제1차 세계대전에서는 나라를 구한 전쟁 영웅이었지만, 제2차 세계대전에서는 나라를 팔아먹은 반역자로 그 평가가 뒤바뀌고 만 겁니다.

그렇게 연합국의 주요 열강이던 육군 강국 프랑스는 독일군의 번개 같은 공세 한 방으로 허망하게 무너지고 말았습니다. 한편 페텡의 비시 정부가 독일과 맺은 항복 조약을 인정할 수 없었던 프랑스군의 샤를 드골 Charles de Gaulle 장군은, 자신을 따르는 병력을 이끌고 국외로 망명해 조직적인 저항을 계속하는데요. 그들이 바로 '자유 프랑스 Free French'입니다. 그들은 영국의 지원

아래, 독일에 맞서 저항운동을 이어나가게 됩니다.

전격전의 결과, 독일은 지난 제1차 세계대전에서 몇 년 동안이나 이기지 못했던 프랑스를 단 몇 주 만에 함락시키는 기염을 토했습니다. 독일군의 기갑부대 집중 운용과 그로 인한 충격력, 그리고 독일에 유리했던 여러 가지 우연들이 겹치면서 만들어 낸 거대한 사건이었죠. 그 사건은 세계를 충격에 빠트렸습니다. 제1차 세계대전의 패배로부터 20여 년 만에, 다시 유럽과 세계의 균형이 무너진 겁니다.

영국은 유럽 대륙에서 가장 중요한 전략적 파트너를 잃었고, 독일은 이제 영국을 상대로 하는 다음 작전을 준비할 수 있게 되었습니다. '바다사자 작전'이라고 명명된 이 작전은 독일의 모든 역량을 집중해 준비한 계획이었죠.

바로, 영국을 침공할 준비가 시작된 겁니다.

1940년 5월, 프랑스 침공 당시 자신의 지휘 차량에서 통신 지휘를
하고 있는 독일군 하인츠 구데리안의 모습.
앞의 통신병은 독일의 유명한 암호장비인 '에니그마'를 조작하고 있다.

1940년 5월, 아르덴의 울창한 숲을 통과하고 있는 독일군 기갑부대의 2호 전차.

5장

영국 본토 항공전 — 처절하게 벌어진 공중전

"우리는 끝까지 싸울 것입니다. 어떤 대가를 치른다고 해도,
우리는 절대 항복하지 않을 것입니다."
윈스턴 처칠, 1940년 6월 4일 영국 하원 연설에서

프랑스가 항복하자, 독일은 영국을 상대로 우위에 설 수 있는 지정학적 이점을 얻게 되었습니다. 이제 독일의 유보트U-Boat: 독일 해군이 세계대전에서 주로 운용한 잠수함들은 북해를 뼁 돌지 않아도, 프랑스의 항구를 이용해 즉각 대서양으로의 출격을 감행할 수 있었습니다. 독일 공군 또한 프랑스의 비행장을 사용할 수 있게 되면서, 작전 반경이 기하급수적으로 늘어나게 되었죠. 그렇게 늘어난 작전 반경에는 영국 본토 또한 당연히 포함되었고요. 그리고 영국과 독일 모두 그 점에 주목하기 시작했습니다.

강력한 해군을 보유한 섬나라 영국을 상대로, 미약한 해군의 독일로서는 지정학적 조건이 굉장히 유리해졌습니다. 프랑스 항구에서 곧장 출격한 유보트들이 대서양에서 영국으로 가는 수송선을 격침하고, 독일 공군이 그 유보트의 작전을 보조하면서, 영국을 경제적으로 굶겨 죽일 수도 있게 되었습니다. 전 세계에 퍼져있는 영국 식민지와의 경제적·군사적 연결을 끊어, 영국의 항복을 받아낼 수도 있을 터였죠. 만일 그런 일이 현실이 된다면, 섬

나라로서 세계 각국의 해운을 통해 먹고사는 영국에는 굉장히 심각한 타격이 될 것이었습니다.

그런데 정말, 독일이 그렇게만 하면 전쟁에 종지부를 찍을 수 있게 될까요? 절대 아니죠. 섬나라인 영국의 항복을 받아내려면, 결국 지상군이 영국 본토의 해변에 상륙해야 합니다. 하지만 이는 100여 년이 넘는 기간 동안, 세계의 대양을 제패한 영국 해군을 격파하지 않고서는 절대로 불가능한 일이었던 겁니다. 전설적인 명장 나폴레옹조차 유럽 대륙에서 거둔 대승리에도 불구하고, 영국 본토 정복은 꿈도 꾸지 못했다는 역사적 경험이 이를 증명했습니다.

그러나 역사는 반복된다는 말처럼, 유럽을 제패한 독일 또한 영국 정벌에 대한 야욕을 버리지 못했는데요. 프랑스가 항복한 다음 달인 1940년 7월, 히틀러는 영국 상륙작전인 '바다사자 작전 Unternehmen Seelöwe'의 준비를 명령합니다. 하지만 바닷길이 열리지 않는다면, 작전 성공이 매우 어렵다는 것을 히틀러와 군 수뇌부 또한 잘 알고 있었죠. 그렇다고 이번 전쟁에서 영국을 주요 적국으로 방치할 수도 없는 노릇이었습니다. 독일은 해결책을 찾아야만 했어요. 그러나 육군과 달리, 해군은 단기간에 내실 있는 전력을 구축하기가 어려웠습니다. 거대한 전함과 순양함 등의 함선을 건조하고, 또 그것을 운용해야 할 노련한 바닷사람인 수병들과 지휘관을 양성해 내는 물리적인 시간이 필요했기 때문이죠. 특히 세대를 거치면서 다양한 전통과 능력을 쌓아온 영국 해군의 노하우를 따라잡는다는 것은 불가능에 가까웠습니다.

그런 상황에서, 전쟁 초기부터 많은 활약을 해온 독일 공군의 존재가 부각되었어요. 단기간에 독일 해군이 영국 해군을 격파하는 일은 기대할 수도 없는 마당에, 강력한 독일 공군이 영국 본토로 날아가 산업지대와 군사 기지, 항구 등을 초토화해 영국 국민의 사기를 꺾어 반전 여론을 형성한다면, 영국이 항복은 아니더라도 최소한 협상 테이블에는 나와 앉을지도 모를 일이었죠. 이제 독일 공군은 오로지 항공기만 이용해서 상대 국가를 굴복시켜야 하는 힘들고도 결정적인 과업을 부여받게 된 겁니다.

양측의 공중전은 도버해협에서부터 시작되었습니다. 프랑스에서 날아오른 독일 공군은, 요격을 위해 출격한 영국 공군과 맞붙었죠. 그리고 그 치열한 공중 혈전의 무대는 점차 영국 본토의 하늘로 자리를 옮겨갔습니다. 영국 공군은 분전했지만, 독일 공군의 물량 공세에는 도저히 당해낼 수 없었어요. 양측 공군의 손실률은 얼핏 비슷해 보였지만, 시간이 갈수록 수적으로 부족한 영국 공군이 불리해질 것은 자명했습니다. 독일 공군은 매서운 기세로 영국 공군을 몰아붙였으며, 연일 이어지는 항공 폭격으로 영국의 남동부 해안지역은 엄청난 피해를 보고 있었어요.

독일 공군의 최초 목표는 당연하게도 영국 공군이 사용하는 군용 공항, 항공기 생산 시설, 방공 체계 등 영국 공군의 항공전 수행 능력을 제거하기 위한 것들이었습니다. 그곳을 공격하기 위한 독일군 폭격기와 그들을 호위하는 독일군 전투기가 영국 상공에 진입하면, 이를 요격하기 위해 날아오른 영국 공군의 전투기가 교전하는 방식으로 대부분의 공중전이 시작되었죠.

독일 공군의 주요 전투기인 메서슈미트 Bf 109는 이미 전격전에서 프랑스 하늘을 제압하면서, 강력한 독일 공군의 상징과도 같은 존재가 되었어요. 날렵하고 강력한 이 기체는 독일군의 번개 같은 진격 속도에 발맞춰 하늘을 지배했고, 그와 동시에 주력 쌍발전투기였던 Bf 110도 강력한 화력으로 그들을 보조했죠. 프랑스의 하늘에선 그들에게 대적할 연합군 기체가 거의 없었습니다.

그러나 Bf 109와 Bf 110은 이제 새로운 적수를 맞이하게 됩니다.

그 상대는 바로 영국 공군의 상징적인 전투기 '스핏파이어 Spitfire'였습니다. 스핏파이어는 매우 유려하게 생긴 우아한 기체로, 비록 무장이나 급강하 측면에서는 Bf 109에 밀렸으나 선회력에서는 훨씬 더 우수한 성능을 드러냈죠. 이제, 이것을 운용하는 조종사들과 그들을 지휘하는 공군 지휘관들의 역량이 모든 것을 좌우할 겁니다. 영국 공군은 불리한 상황에서도, 독일 공군의 공세에 격렬하게 저항했습니다. 강한 저항에 부딪힌 독일 공군은 영국 공군을 단숨에 일소하기 위해, 대규모 공세 작전을 계획, 실시하게 되는데요.

1940년 8월 13일. 독일 공군이 '독수리의 날 Adlertag'로 명명한 그날, 독일군의 대규모 폭격이 시작되었습니다. 오전부터 개시된 대규모의 강력한 폭격은 매우 효과적이었어요. 하지만 오후에 개시된 두 번째 공격에서는 영국 공군도 전열을 가다듬고 대응하기 시작하면서, 공중전은 치열하게 전개되었습니다. 독일군은 자신들의 점령지인 노르웨이에서도 폭격기 부대를 출격하는 등, 동시에 다양한 방향에서 영국 본토를 타격하려 시도했죠. 수적으로 열세였던 영국 공군은 방공 레이더를 활용해 이를 포착했고, 노르웨이에서 날아온 독일 폭격기 부대는 어마어마한 피해를 보고 말았어요. 그때를 기점으로 노르웨이에서의 공격은 전면적으로 취소되고, 유럽 본토에서 출격한 독일 공군의 주력 부대가 더욱 박차를 가하며 공격해 왔습니다.

치열한 공중전 속에서 양측은 물러섬 없이 혈전을 벌였고, 그 결과 독수리의 날은 영국군의 승리로 돌아갑니다. 양측의 피해는 비등비등하거나 독일군이 약간 더 큰 편이었지만, 영국 공군이 독일군의 작전 목표 달성을 막아내면서 아슬아슬한 판정승을 거둘 수 있었던 것이죠. 그러나 실패에도 불구하고, 독일 공군의 공격은 그것으로 끝나지 않았습니다.

1940년 8월 15일엔 무려 1,400여 대의 독일 공군 군용기가 영국을 향해 날아들었습니다. 독일 공군은 막대한 피해를 보면서도 계속해서 출격을 유지했어요. 하지만 무언가 이상했죠. 영국 공군이 마치 독일군 폭격기가 어디를 공격할지 미리 알고 있는 것처럼, 독일군이 공격하는 곳에 즉각적으로 나타나 대응하고 있었던 거예요. 바로 영국군이 운용하는 새로운 레이더 덕분이었는데요. 그 레이더의 존재는 물론 독일군도 알고 있었습니다. 하지만 그렇다고 영국의 레이더 기지를 모두 타격해 제거할 수는 없는 노릇이었죠. 독일 공군은 더욱 공격의 고삐를 쥐고 영국 공군을 타격합니다. 레이더의 활약에도 불구하고, 영국 공군은 불리한 상황에서 독일 공군을 간신히 막아내는 것 말고는 아무것도 할 수 없었습니다.

8월 18일, 영국 공군의 상황은 더욱 심각해졌습니다. 독일 공군은 지상에 있는 영국 공군의 항공기지와 활주로, 항공기 생산 공장과 방공 시설 등을 집중적으로 폭격했죠. 그럼에도 영국 전투기들은 끊임없이 날아올라 독일군 폭격기에 끈질기게 달려들었어요. 그렇게 달려드는 영국 전투기들 앞에 폭격기를 호위하던 독일 전투기가 나타나면서, 하늘에서는 화려하면서도 정신없는 공중전이 계속되었습니다.

영국 공군은 훨씬 더 많은 수의 강력한 독일 공군을 맞아 싸우면서도, 눈부신 분투를 보여주었습니다. 영국 공군이 하루 또 하루 버텨낼 때마다, 조급해지면서 점차 사기를 잃어가는 쪽은 독일이었죠. '협상 테이블로 나와야 하는 영국이 대체 뭘 믿고 이렇게까지 필사적으로 버티는 거지?' 하는 의구심이 커지면서 사기가 저하되기 시작한 겁니다.

양측 조종사들의 체력은 점점 고갈되어 갔습니다. 공격의 고삐를 절대 늦출 수 없었던 독일 공군은 물론이거니와, 이를 막아내기 위해 계속해서 하루에도 수십 번 창공으로 날아올라야 했던 영국 공군도 마찬가지였어요. 여기서 바로 윈스턴 처칠Winston Churchill의 그 유명한 말이 나오게 되었죠.

"인류의 분쟁이라는 영역에서, 이처럼 많은 이들이 소수의 사람들에게 이토록 많은 빚을 진 적이 없다."

지상에서 대기하고 있다가, 독일 항공기가 출현했다는 보고를 받으면 자신들의 전투기로 달려가는 영국군 조종사들. 그들이 바로 처칠이 말한 '그 소수The Few'들이었어요. 이후 '그 소수'는 영국 공군, 정확히는 그때의 조종사들을 가리키는 대명사가 되었다고 하는군요. 그처럼 영국 공군은 마지막 힘까지 쥐어짜 내어 버티고 있었고, 다급해진 독일 공군도 공격의 기세를 늦추지 않았습니다.

이제 독일 공군은 영국 공군의 전력이 많이 약화되었다고 판단합니다. 그리고 독일의 한 폭격기가 실수로 런던을 폭격하는 일이 발생하죠. 그 복수로 영국이 베를린을 두 차례에 걸쳐 폭격하자, 독일 공군의 공격 목표는 '영국 공군'에서 '런던'으로 변경되기 시작합니다. 런던을 공격한다면, 지금까지 지상의 비행장에서 숨은 채로 독일 공군을 맞아 싸우던 영국 공군이 런던을 지키기 위해 박차고 나올 것이었습니다. 즉 영국 공군의 지상 기지를 일일이 찾아다닐 필요 없이, 정면 승부를 겨룰 수 있게 된다는 것도 독일 공군에게는 매력적인 일이었죠.

그리하여 1940년 9월 7일, 길고 긴 런던 폭격의 서막이 오릅니다. 유구한 역사를 지닌 영국의 주요 시가지가 불바다로 변하고, 고풍스러운 모습을 자랑하던 제국의 수도는 순식간에 최전선의 도시처럼 파괴와 혼란으로 뒤덮이게 되었어요. 독일 공군은 지속적인 폭격으로 영국군에게 엄청난 피해와 혼란을 가져다주었으나, 영국군도 이내 전열을 가다듬고 대응하기 시작합니다.

영국 공군은 집요하게 독일 공군의 약점을 물고 늘어졌어요. 그 약점이란 다름 아닌 항속거리(항공기가 최대로 비행할 수 있는 거리)였습니다. 영국 공군은 공중전을 벌이다가 격추되거나 연료가 부족하면, 바로 자국의 영토에 불시착한 뒤 새로운 전투기를 배정받아 다시 날아오르면 그만이었어요. 그러나 독일군의 사정은 달랐습니다. 불시착을 한다면 적지 한가운데서 당장 살아남을지도 장담할 수 없었던 데다가, 섬나라인 영국의 특성상 무사히 독일로 돌아갈 수조차 없었죠. 게다가 폭격기들을 호위해야 하는 독일 전투기들은 런던 상공에 도착한 후 작전할 수 있는 시간이 5분에서 10분 남짓으로, 그 시간이 지나면 좋든 싫든 전장에서 이탈해 다시 프랑스로 귀환해야 했습니다. 프랑스에서부터 날아오느라 연료를 거의 소진했기 때문이에요.

그렇게 유리한 상황에서도 영국의 항전은 계속되었고, 전투의 불씨는 더욱 거세게 타올랐습니다. 바다사자 작전의 개시일이 다가오고 있었음에도 독일 공군은 영국을 협상 테이블로 끌어내지도, 영국 공군과 해군을 전투 불능으로 만들지도 못했어요. 이제 독일 공군의 작전은 단순한 군사작전의 의미를 넘어, 향후 전쟁의 향방을 가르는 전환점이 되었습니다. 더구나 빨리 영국을 굴복시키라고 다그치는 히틀러의 독촉과 압박 때문에, 독일 공군은 뼈아픈 손실을 감수하면서도 영국으로의 출격을 멈출 수 없었죠.

9월 15일, 모든 것을 짜낸 독일 공군 최대의 마지막 공격이 런던에서 이루어졌습니다. 영국 공군도 이를 막아내기 위해 모든 것을 쏟아부었고요. 어마어마하게 치열한 공중전이 계속되자, 영국 총리 처칠은 공군 제11항공대 사령관 키스 파크Keith Park 장군에게 전화를 겁니다. 그리고 떨리는 목소리로 물었죠.

"우리에게 남아있는 예비 전투기가 있습니까?"

파크 장군이 대답했습니다.

"단 한 대도 없습니다."

영국 공군은 단 한 대의 예비 전투기도 없이, 보유한 모든 전투기를 띄울 정도로 처절하게 싸우고 있었던 겁니다. 9월 15일의 치열했던 항공전의 결과, 영국 공군은 독일 공군에게 자신들이 입은 피해의 두 배가 넘는 손실을 안기면서, 마침내 승리를 거머쥐게 되었습니다. 그날은 '영국 본토 항공전의 날Battle of Britain Day'이라고 불리는 기념일이 되었죠. 그날의 전투 결과로, 풍전등화와도 같던 영국은 기사회생할 수 있었어요.

영국 침공을 위한 독일의 바다사자 작전은 무기한 연기되었습니다. 독일 공군은 이제 전략적인 목표를 잃었고, 그저 자신들의 독재자와 공군 최고사령관의 마지막 위신을 세워주기 위한 무의미한 소규모 야간 폭격만을 이어갈 뿐이었죠. 독일은 영국 정벌을 완전히 단념해야 했고, 남은 것이라고는 초라하게 줄어든 공군 전력과 숙련된 베테랑 조종사들의 희생뿐이었습니다.

영국을 굴복시키는 일이 불가능해지자, 독일은 다시 새로운 목표를 향해 눈을 돌리게 되는데요. 영국을 굴복시킬 수 없다면, 마지막으로 남아있는 힘을 모두 쏟아부어야 할 대상은 자명했죠. 유럽 대륙에 남아있는 마지막 강대국, 소련이었습니다. 소련을 굴복시킨다면, 이제 세계 무대에서 자신들에게 대항한다고 나서는 국가는 없을 것이었습니다.

독일은 이제 수십, 아니 수백만의 대군을 준비합니다. 인류 역사상 전례가 없고, 앞으로도 영원히 그 기록이 깨지지 않을 사상 최대의 대규모 지상 작전을 준비하게 되죠.
 이 작전이 시작되면, 세계는 숨을 죽일 것입니다.

영국 본토 항공전의 상징과도 같은 사진.
독일 공군 폭격기인 He 111이 영국 런던 상공을 비행하고 있다.
템스강의 상징인 S 자 커브의 모습이 인상적이다.

영국 런던의 시가지에서 독일군 폭격기가 오는지 관측하고 있는 홈가드(Home Guard) 대원의 모습.

6장
사막의 여우 등장 — 북아프리카 사막에서의 혈전

"생각이 많아지면 용기는 줄어든다.
그것은 생각이 아니라 잡념이다."

독일군 '사막의 여우' 에르빈 롬멜 원수

치열한 공중전이 벌어지던 영국 본토 항공전이 점차 정점을 향해 치달을 무렵, 독일의 동맹인 이탈리아의 앞바다 지중해에도 서서히 전운의 그림자가 드리웠습니다. 프랑스 침공에서 대성공을 거둔 동맹국 독일을 보며 부러워하던 이탈리아는, 프랑스가 완전히 무너졌다고 판단해 프랑스의 남부 지역에 기습 공격을 합니다. 그러나 오히려 반격받는 망신을 당하면서, 제대로 된 현대전을 수행하지 못하는 무능력함을 보여주었죠.

게다가 영국 본토 항공전 초기 독일 공군에 영국 본토가 쑥대밭이 되는 것을 지켜본 이탈리아는, 영국이 곧 전쟁에서 패배하리라고 판단, 성급하게 영국의 영향권에 있는 이집트를 침공하기로 결정합니다. 독일의 승리로 전쟁이 끝날 때를 대비, 이후 지중해와 중동 지역에서의 이권을 얻기 위해 성급하게 전쟁을 결정한 것이죠. 이탈리아군은 제대로 준비되지 않은 상태로 전투에 투입될 수밖에 없었고, 이탈리아의 여러 장군들이 무솔리니의 결정에 반대했지만 아무도 그의 고집을 꺾진 못했습니다.

영국 본토 항공전이 막바지를 향해 달려가던 1940년 9월, 이탈리아의 25만 대군은 이탈리아령 리비아 국경을 넘어 이집트를 침공하기 시작합니다. 무솔리니는 영국의 식민지였던 이집트를 빼앗아, 과거 로마 제국의 영광을 부활하려는 생각에 빠져있었어요. 25만 명의 대군이었던 이탈리아군에 비해 영국 제8군의 전력은 겨우 3만 명 남짓에 불과했죠. 이탈리아의 무솔리니는 승리를 예감했습니다. 유럽에선 이탈리아의 동맹국인 독일이 프랑스를 꺾고, 지중해에선 이탈리아가 영국을 꺾는다는 행복한 상상을 했던 거예요.

그러나 막상 뚜껑을 열어보니, 무솔리니의 상상은 망상이었음이 드러나고 말았습니다. 준비되지 않은 이탈리아군의 침공은 그야말로 엉망진창이었어요. 이탈리아군은 땡볕 아래 광활한 사막지대를 무려 걸어서(!) 행군할 정도로, 현대화된 군대라고 보기 어려웠습니다. 비록 25만의 대군이었지만, 사막에서의 전쟁을 제대로 준비하지 못한 이탈리아군은 노련한 영국군의 상대가 될 수 없었죠.

사막전의 경험이 많은 영국군은 정면 대결을 피하면서, 이탈리아군이 사막의 기후에 지치기를 기다렸습니다. 그러다 때가 무르익었다고 판단한 영국군은 신출귀몰한 소규모 기습 작전을 통해 반격하기 시작했고, 이탈리아군은 무너지기 시작했어요. 이집트 영토로 조금이나마 진출했던 이탈리아군은, 침공의 출발점이었던 리비아까지 후퇴하고 맙니다. 이제 영국군은 그들을 쫓아 오히려 이탈리아령 리비아를 침공하기 시작했죠. 이집트를 공략해 지중해 제국을 건설하려던 이탈리아는, 오히려 순식간에 자신의 식민지였던 북아프리카의 리비아마저 잃어버릴 위기에 빠진 거예요. 상황이 급박해지자 이탈리아는 자신들의 큰 형님인 독일에

SOS를 요청합니다.

    독일군은 허무하게 무너진 북아프리카의 이탈리아군을 구원하기 위해, 1941년 3월 두 개의 기갑사단을 꾸려 '독일 아프리카 군단 Deutsches Afrikakorps'을 창설하고, 프랑스 침공전에서 과감한 기동전을 선보였던 에르빈 롬멜 장군을 군단장으로 임명합니다. 그러나 북아프리카의 상황이 너무 급박했던 나머지 모든 병력을 소집하지 못했고, 롬멜은 일단 소규모의 부대만을 이끈 채 리비아의 트리폴리 Tripoli에 상륙하게 되죠. 그렇게, 훗날 사막의 여우라고 불릴 롬멜의 전설이 시작되었습니다.

    일단 북아프리카에 도착한 롬멜은 '가짜 전차'를 만들기 시작합니다. 트럭과 자동차에 판자를 덧대 만든 가짜 전차를 본 영국군 첩자들과 항공기들은, 어마어마한 독일군 기갑부대가 북아프리카로 넘어왔다고 상급 부대에 보고하는데요. 그로 인해 영국군은 독일군을 과대평가하게 됩니다. 게다가 이탈리아군의 전설적인 후퇴 속도(!)가 너무도 빨라, 이를 쫓아 리비아까지 진격해 온 영국군이 아직 숨도 고르지 못했다는 의외의 '성과'도 있었습니다. 롬멜은 그 타이밍을 노려, 오히려 자신이 주도권을 가지고 반격 작전을 벌일 심산이었죠. 프랑스 침공 때부터, 주변에서 너무 무모하다는 말을 들을 만큼 과감한 공격을 선호하던 그의 성격이 발휘될 차례였습니다.

    북아프리카에 도착한 지 얼마 지나지 않아, 아직 나머지 부대가 합류하지 못한 상태에서 롬멜의 반격이 시작되었습니다. 사실 롬멜이 부여받은 정식 임무는 리비아를 영국군에게 빼앗기지 않도록 '지키는 것'이었어요. 그러나 실제 현장의 상황을 파악한 롬멜은, 영국군이 정신을 차리고 착실히 전력을 보충하기 전에 공격해서 주도권을 빼앗아 와야 한다고 생각했죠. 그러한 롬멜의 신출귀몰한 공격 작전에 영국군은 무너지기 시작했습니다. 그야말로 적시에 허를 찔린 거예요. '공격이 최선의 방어'라는 롬멜의 기치가 실현되는 순간이었습니다.

롬멜이 이끄는 독일 아프리카 군단의 기습적인 반격이 시작되고, 독일군은 번개와도 같은 엄청난 진격 속도를 보이며 영국군을 공격했습니다. 영국군은 이탈리아군을 상대로 거둔 눈부신 승리에도 불구하고 패퇴할 수밖에 없었죠. 독일군의 공격이 얼마나 빠르고 매서웠는지, 영국군의 고위 장성 중 하나였던 리처드 오코너 Richard O'Connor 상군마저 그 초전初戰에서 독일군에게 포로로 잡힐 정도였어요. 그처럼 롬멜의 공격은 매우 효과적이었고, 영국군에게 커다란 충격을 주었습니다.

하지만 영국군 지휘관 아치볼드 웨이벌 Archibald Percival Wavell 장군은 그대로 순순히 물러설 수 없었습니다. 기세등등한 독일군의 기세를 꺾은 뒤 전선을 안정시켜야 했죠. 마침 롬멜과 독일 아프리카 군단의 진격은 항구도시였던 토브루크 Tobruk의 요새에서 잠시 멈춘 상태였어요. 토브루크의 영국군과 호주군은 독일군에게 포위당한 채로도 굳건히 버티면서, 독일군의 공세를 막아내는 데 성공했습니다. 토브루크의 항구를 이용해 영국 해군의 보급이 가능했다는 점, 그리고 영국군과 호주군의 높은 저항정신 덕에 이뤄낸 기적과도 같은 승리였습니다. 롬멜조차 준비되지 않은 상태에서 과감한 공세를 펼친 터라, 독일군이 그러한 지구전에서는 위력을 보여줄 수 없었던 것이죠.

그처럼 토브루크를 중심으로 엎치락뒤치락하는 가운데 영국군은 계속해서 포위망을 돌파하기 위해 노력했고, 독일군은 이를 저지하기 위해 공세를 이어가면서 전투의 양상은 더욱 격렬해졌습니다. 그 과정에서 롬멜은 불리한 여건임에도 신출귀몰한 전술적 능력을 통해 상당한 전과를 세움으로써, 곧 독일군과 영국군 모두에게 큰 명성을 얻게 되죠. 독일군이 불리한 상황에 놓일 때면, 어느덧 롬멜이 현장에 등장해 있었습니다. 롬멜이 최전선에서 직접 부대를 지휘하며 전선을 안정시키는 모습을 본 독일군 병사들 사이에선, '롬멜이 있는 한 우리는 절대 지지 않는다!'라는 이야기가 신화처럼 퍼져나갔어요.

그러나 1941년 6월 22일, 독일의 대대적인 소련 침공이 시작되었다는 소식은, 독일 북아프리카 군단의 병사들에게 우울한 소식이 아닐 수 없었습니다. 주요 전장인 소련과의 동부전선으로 수많은 병력과 장비가 우선적으로 보급되면서, 가뜩이나 물자에 허덕이던 변방 북아프리카로 오는 보급품이 더 줄어들었기 때문이죠. 그중에서도 특히 부족했던 건, 사막전에서 가장 중요한 전차를 운용하는 데 필요한 연료였어요.

하지만 독일 본국에서는, 그런 보급의 어려움을 롬멜이 자초했다고 보는 분위기가 없지 않았는데요. 애초에 롬멜과 북아프리카 군단이 부여받은 임무는 리비아를 방어하는 것이었는데, 롬멜이 이를 어기고 공세를 시작하면서 보급선이 길어진 탓이라고 보았던 겁니다. 그런 관점에서, 최근에는 롬멜에 대한 재평가가 이뤄져야 한다는 의견도 많은 편이에요. 용맹 과감한 명장에서, 보급을 등한시한 채 무리한 지휘를 한 장군으로 말이죠.

하지만 그런 논란에도 불구하고, 일선에서 롬멜의 지휘 능력이나 대쪽 같은 성격은 타의 추종을 불허했습니다. 롬멜은 계속해서 본국에 추가 보급을 건의하는 한편, 독일 공군에게 불평불만을 쏟아냈어요. 연합군의 강력한 항공력으로 말미암아, 최전선에서 피해가 속출하는 것은 물론 보급마저 방해받고 있었기 때문이죠. 롬멜은 전장에서 우연히라도 공군 장교를 만날 때마다 '자네

들은 대체 뭐 하는 건가? 하늘엔 온통 영국 항공기뿐이잖나!'라고 일갈하기도 했습니다.

    그럼에도 병사들 사이에서 롬멜의 명성은 계속해서 높아져만 갔어요. 화려한 전술적 능력과 더불어, 식수가 떨어진 영국군의 야전병원에 백기를 단 장갑차를 보내 식수를 선물했다는 미담이 퍼지면서 그 신화는 더욱 두터워졌죠. 그러나 동시에 독일 군부 내에서는 롬멜에 대한 안 좋은 여론이 퍼지기도 했습니다. 너무 독단적이고 항상 모든 것을 공군 탓으로 돌린다는 이유 때문이였는데요. 롬멜은 그만큼이나 과감하고 맹렬히 공세를 펼치는 목적 지향적인 사람이었습니다. 하지만 롬멜의 그런 강한 의지는 독일 북아프리카 군단이 사막의 힘든 환경에서도 공세를 지속할 수 있는 원동력 중 하나이기도 했죠.

    1942년 6월, 롬멜이 이끄는 독일군의 기습적인 공격으로, 오랫동안 버티던 영국군의 항구 요새 토브루크가 함락됩니다. 전쟁이 끝난 후, 영국의 처칠이 그 소식을 보고받던 순간을 '전쟁에서 가장 충격적인 사건들 중 하나'였다고 회고했을 만큼, 영국군에게는 매우 심각한 상황이었어요. 이제 영국군은 이집트로 향하는 독일군을 막아낼 수 있는 가장 중요한 요새를 상실했고, 반대로 독일군은 이집트로의 진격을 강행할 수 있게 되었습니다. 영국군의 군수물자를 하역하던 토브루크의 항구 시설에, 독일과 이탈리아의 수송선이 들어와 부족한 군수물자와 지원 병력을 보급해 줄 수 있었기 때문이죠. 그처럼 매우 중요한 토브루크를 공략한 롬멜은 독일군 최고 계급인 '원수 Generalfeldmarschall'로 진급하는 영광을 누리게 되었습니다.

    토브루크를 함락한 독일군은 약간의 휴식을 거친 뒤, 오랫동안 영국의 영향권이었던 이집트 영내로 진격해 들어갑니다. 북아프리카의 해안 도로를 따라 고대 도시 알렉산드리아 Alexandria를 거쳐, 이집트의 수도인 카이로 Cairo를 위협하는 것도 머지않은 일처럼 보였어요. 공세를 계속하던 독일군은 어느 작고 좁은 지역에 도착해, 최후 공세를 앞두고 마지막 휴식을 취합니다. 그리고 그곳에서 영국군의 마지막 방어선을 마주하게 되죠. 그 방어선만 뚫는다면, 이집트 전역이 곧 독일군의 손아귀에 들어오게 될 것이었습니다. 중동에서 영국군의 영향력을 제거함과 동시에, 독일의 전쟁 수행에서 꼭 필요한 석유 또한 확보할 수 있게 될 터였고요.

북아프리카의 영국군과 독일군이 최후 결전을 벌이게 될 그 지역의 이름은 엘 알라메인 El Alamein이었는데요. 엘 알라메인은 '카타라 분지 Qattara Depression'라는 험난한 지형의 특성상, 많은 병력이 좁은 길목에 모일 수밖에 없었습니다. 그래서 롬멜은 특유의 장기인 기습적인 기동전을 펼치지 못했고, 좁은 길목에 방어진지를 펼치고 있는 영국군과 정면 대결을 하는 수밖에 없었어요. 더구나 독일군에게 물자를 적절히 보급하기엔, 수천 킬로미터에 이르는 보급로가 너무 길었습니다. 그처럼 기나긴 보급선은 영국 공군과 해군의 공격에 노출되어 있었고요.

시간은 영국군 편이었습니다. 제공권과 제해권이 없는 독일군에 비해, 시간이 지날수록 영국군은 원활하게 보급품을 계속해서 받을 수 있었고, 전차를 비롯한 각종 장비들 역시 더욱 보강될 것이었어요. 그러나 독일군은 그렇지 못했습니다. 공세의 주력인 전차는 부족했고, 전차를 움직일 수 있는 연료는 더더욱 부족했죠. 독일군은 허리띠를 졸라가며, 물자를 아낄 수 있는 데까지 아끼며 버텨야 했어요. 그럼에도 공격을 감행해야 하는 쪽은 독일군이었습니다. 시간이 지나면 지날수록, 영국군과의 격차는 더욱 커질 게 자명했기 때문이죠.

롬멜은 한줌뿐인 기갑부대에 엘 알라메인을 향한 공세를 지시했지만, 영국군의 강력한 저항으로 실패하고 맙니다. 이제 영국군과의 격차는 롬멜의 화려한 지휘와 의지로도 극복할 수 없을 만큼 벌어지게 되었습니다. 결국 롬멜은 엘 알라메인에서의 공세를 멈추고 방어로 전환하는 수밖에 없었죠. 이제 독일군에게는 영국군의 공격을 기다리는 것 말고는 할 수 있는 일이 없었어요.

그때 영국군의 새로운 사령관이 부임하게 되는데요, 바로 롬멜의 적수로 유명한 버나드 몽고메리 Bernard Law Montgomery입니다. 몽고메리는 완벽주의자로, 사령관으로 부임한 후 철저하게 자신이 이길 수 있는 전투력을 갖추기 전까지 롬멜의 도발에 절대 넘어가지 않았습니다. 어차피 시간은 자신들의 편이고, 급한 것은 독일군이라는 점을 잘 파악하고 있었죠. 그리고 마침내 독일군을 압도할 만큼 전력이 완성되었다고 판단되자, 몽고메리는 명령을 내립니다. 엘 알라메인에서 영국군의 총공세가 시작된 겁니다.

1942년 10월 23일 밤, 수백 문의 영국군 야포가 불을 뿜었습니다. 영국군이 쏘아 올린 포탄은 독일군과 이탈리아군의 최전선 방어 진지에 거대한 폭발을 일으켰어요. 수십 분의 공격준비사격이 끝나자, 전차를 동반한 총공세가 시작되었습니다. 그러나 그들은 곧 수십 킬로미터에 걸친 어마어마한 지뢰밭을 마주하게 됩니다. 롬멜이 영국군의 공격에 대비해 만들어 놓은, 악마의 정원 Devil's Gardens이라 불린 지뢰밭이었죠.

그 공세로 영국군 또한 수천 명의 사상자가 발생하고, 100여 대 남짓의 전차가 격파당하는 피해를 겪었습니다. 롬멜이 절치부심하고 만들어 둔 다양한 지뢰밭과 방어 진지로 인해, 영국군은 엄청난 피해를 감수해야만 했죠. 그럼에도 몽고메리는 준비한 전력을 모두 쏟아부었고, 독일군 – 이탈리아군과 격렬한 야간전을 벌였습니다. 시간이 지나도록 영국군의 공세는 멈출 줄 몰랐고, 보급난에 시달리던 독일군의 방어 진지가 점차 무너지기 시작했습니다.

    설상가상으로, 영국군의 대규모 공세가 시작되었을 때 롬멜은 북아프리카 전선에 없었습니다. 사막에서의 오랜 생활과 스트레스로 건강이 악화한 롬멜은, 북아프리카의 불리한 상황을 보고함과 동시에 치료를 받으러 독일 본국에 가있었거든요. 롬멜이 없는 동안 북아프리카 군단을 지휘하기 위해 후임으로 와있던 독일군 슈툼메 Georg Stumme 장군은 영국군의 공세 첫날 심장마비로 사망하고, 그 소식을 들은 롬멜이 부리나케 전장으로 복귀했지만 전황은 여전히 암울하기만 했습니다. 독일군은 가까스로 영국군의 공격을 막아냈으나, 아주 잠깐의 성공에 그칠 뿐이었죠. 이미 병력과 보급품의 소모가 심각해, 더 이상은 방어 진지를 지킬 수 없을 정도였습니다.

    롬멜은 엘 알라메인의 진지를 고수하는 일이 더 이상 무의미하다고 판단하고, 히틀러에게 후퇴를 건의합니다. 그나마 보급이 용이한 후방으로 철수해, 부대를 재편성해야 한다는 이유를 덧붙였죠. 그러나 히틀러는 이를 거부, 무조건 지금의 진지를 고수하라고 명령합니다. 그렇게 무의미한 희생이 계속되던 1942년 11월 2일, 롬멜은 히틀러의 명령을 무시하고 자신의 독단으로 후퇴를 결정합니다. 독단으로 결행했던 공격이, 독단으로 결행한 대규모 후퇴로 귀결된 거예요.

    롬멜의 후퇴 소식을 들은 히틀러는 뒤늦게나마 그러한 롬멜의 결정을 지지했지만, 마음속에는 롬멜에 대한 깊은 불신이 생기게 됩니다. 동시에, 국민적 인기를 얻고 있는 롬멜에게 부담감도 갖게 되었죠. 그런 히틀러의 불신과 의심이, 훗날 히틀러 암살 사건에서 롬멜에게 자결을 강요하는 배경이 되었을지도 모를 일입니다.

롬멜의 후퇴가 시작되었지만, 영국군은 독일군을 고이 보내줄 생각이 전혀 없었습니다. 영국 공군은 북아프리카 군단에 지속적인 폭격을 가했고, 육군도 롬멜의 꼬리를 잡으려 빠르게 치고 들어오기 시작했어요. 이제 빈털터리가 되어버린 롬멜과 북아프리카 군단은 이집트를 거쳐 다시 리비아로 돌아왔고, 그것으로도 모자라 어느새 튀니지까지 쫓겨나게 되었습니다. 해가 바뀌고 1943년이 되었음에도, 독일군은 전세를 뒤집을 수 없었어요. 이제 전투의 목적은 승리가 아닌, 조금이라도 남은 부대들을 안전하게 이탈리아로 탈출시키는 것이 되고 말았죠.

지구 반대편에서의 진주만 공습 이후 전쟁에 공식적으로 참전하게 된 미군은, 바로 그곳에서 제2차 세계대전 중 독일군과 첫 대면을 하게 됩니다. 수년간의 전투로 단련된 독일군은 '카세린 협곡 전투'[8]에서 미군을 격파하며 잠시나마 숨을 돌렸지만, 북아프리카의 전투는 이제 되돌릴 수 없을 만큼 독일군에게 불리해져 있었어요.

결국 1943년 5월을 기점으로, 마지막 남은 추축군 병력이 연합군에게 항복합니다. 그처럼 장대하고 역동적이었던 북아프리카 전투는 독일군의 처참한 패배로 막을 내리게 되었죠. 롬멜이 연합군의 포로로 잡히는 것을 볼 수 없었던 히틀러는 그를 본국으로 소환했고, 롬멜의 후임으로 마지막까지 북아프리카 군단을 지휘한 폰 아르님 Hans-Jürgen von Arnim 장군은 눈물을 삼키며 영국군에게 항복했습니다. 이를 마지막으로 추축국은 북아프리카를 모

---

[8] 1943년 2월 19일부터 24일까지, 튀니지의 카세린(Kasserine) 협곡에서 독일군과 미군 사이 벌어진 전투.

두 상실했고, 연합군은 이제 이탈리아 남부의 시칠리아 Sicilia에 대한 공세를 준비할 수 있게 되었어요.

북아프리카 전선은 개전 이후 폴란드와 프랑스의 항복을 받은 뒤, 영국을 몰아붙이면서 무적 신화를 써내려 가던 독일군이 영국군에게 패배의 쓴맛을 보게 된 최초의 전장이었습니다. 또한 영국과 미국 연합군은 그 승리를 바탕으로 지중해를 통한 시칠리아 상륙작전을 계획, 다시 유럽 대륙을 향한 반격 작전을 구상할 수 있게 되었죠. 그러나 전쟁은 아직 끝나지 않았고, 오히려 절정으로 치닫고 있었습니다. 영국의 처칠 총리는 엘 알라메인 전투에서 승리한 후, 다음과 같은 연설을 통해 대반격의 서막을 알렸습니다.

"이 승리를 '전쟁의 끝' 혹은 '끝의 시작'이라고 볼 수는 없겠지만, '시작의 끝'이라고는 할 수 있을 것입니다."

1942년 4월, 사막을 내달리고 있는 독일 북아프리카 군단 소속의 3호 전차 모습.

북아프리카 전선에서 지도를 보며 작전회의를 하고 있는 '사막의 여우' 롬멜의 모습.

7장
독일 해군의 자존심 — 전함 비스마르크의 출격

"어떻게든 잡아! 우리 영국 해군의 자존심이 걸린 전투다!"
영국 해군 제독 존 크로닌 토베이(John Cronyn Tovey)

1941년 5월 늦은 밤, 고텐하펜 Gotenhafen 항구에서 거대한 실루엣이 서서히 움직이기 시작했습니다. 날렵하고 유려한 모양의 그 실루엣은 항구를 벗어나 넓은 바다로 나아갔어요. 조금 시간이 지난 뒤, 그보다 더 큰 실루엣이 점차 다가와 합류했습니다. 그들은 독일 해군의 중순양함 KMS 프린츠 오이겐 KMS Prinz Eugen과, 이번 작전의 주력함이자 독일 해군의 자존심이던 전함 KMS 비스마르크 KMS Bismarck였죠. 그들은 영국 해군의 삼엄한 감시를 피해, 대서양의 넓은 바다로 나가는 기습 작전을 펼칠 예정이었는데요. 영국으로 가는 상선을 격침함으로써, 영국의 해상 운수에 피해를 주는 '통상 파괴通商破壞, Commerce Raiding 작전'[9]을 수행할 것이었습니다.

    사실 독일이 그런 통상 파괴 작전을 수행한 것은 이번이 처음

---

9   해상 전략의 하나로, 적국의 해상무역에 쓰이는 수송선과 무역선을 공격하는 데 중점을 둔 전략. 적국의 전쟁 수행 능력과 경제력에 타격을 입힐 목적으로 사용된다. 제2차 세계대전 당시 독일은 영국 해군과의 큰 격차를 줄이기 위해 유보트를 활용한 통상 파괴 작전을 주로 수행했다.

이 아니었어요. 이미 개전 이래로 중순양함과 유보트를 통해 지속적으로 대서양과 북해에서 시행하던 작전이었죠. 그런데 왜 갑자기 독일 해군의 상징과도 같은 초거대 전함 비스마르크의 출격이 결정된 걸까요?

개전 이후 독일 육군은 눈부신 성과를 보이며 단 몇 주 만에 폴란드와 프랑스의 항복을 받아내는 기염을 토했고, 영국 본토 항공전에서 죽을 쑤긴 했어도 공군 역시 많은 공훈과 전력을 보유하고 있었죠. 그러나 독일 해군은 전력 면에서도 3군 가운데 최약체였던 데다, 가뜩이나 노르웨이 침공 작전에서 보여준 졸전 탓에 분위기 전환이 필요한 상황이었어요. 제1차 세계대전 발발 시점에서 세계 2위의 해군력을 자랑하던 독일 해군은, 이제 최약체의 해군으로 세계대전에 나서게 되었습니다. 그런 상황에서 육군과 공군의 성공에 고무되어, 해군 내부에서도 해군의 명운과 자존심을 걸고 '우리도 뭔가 해야 한다!'는 분위기가 퍼진 것이죠.

독일 해군의 명운이 걸린 그 작전의 성공을 위해, 독일 해군의 총사령관인 에리히 레더 Erich Raeder 제독은 작전 계획 수립에 만전을 기합니다. 이미 이전에도 독일의 순양전함인 KMS 샤른호르스트와 KMS 그나이제나우를 지휘해 성공적인 통상 파괴 작전을 수행한 경험이 있던 귄터 뤼첸스 Günther Lütjens 제독을 작전의 책임자로 임명하고, 비스마르크의 함장인 에른스트 린데만 Ernst Lindemann 대령과 함께 작전을 구상하라고 지시하죠. 또한 잠수함대 사령관인 카를 되니츠 Karl Dönitz 제독과의 협조, 비스마르크의 작전을 보조할 유보트의 추가적인 투입 약속도 받아냈어요. 그에 더해 전함 비스마르크에는 잠수함대에서 파견된 연락장교를 함께 승선시켜, 유사시에 잠수함의 즉각적인 지원을 받아낼 수 있는 시스템도 구축했고요. 그야말로 단 한 대의 전함에 독일 해군의 모든 기대를 건 셈이었죠. 그러한 만반의 준비 아래, 전함 비스마르크는 프린츠 오이겐과 함께 대서양으로 출격하게 되었습니다.

그러나 세계 최강의 해군을 보유한 영국도 이를 좌시하지는 않았습니다. 영국은 이미 비스마르크가 수상한 움직임을 보인다는 것을 알고 있었고, 지난번 샤른호르스트와 그나이제나우의 협동 공격에 호되게 당했던 경험이 있었기에 비스마르크를 조기에 찾아내 격멸할 요량이었어요. 영국은 항공 정찰을 통해 덴마크와 북해 인근을 샅샅이 수색하고, 영국 본토에 정박해 있는 수많은 전함과 항공모함, 순양함 들도 긴급히 출격할 채비를 마칩니다. 그럼에도 비스마르크의 거대함과 베일에 싸여있는 스펙은, 영국 해군에게 극도의 긴장감을 선사했죠. 그에 대항하기 위해 영국 해군의 자랑, 전함 HMS 후드 HMS Hood 도 출격 준비를 마쳤습니다. 영국 해군에서 가장 거대하고 강력한 전함이 비스마르크의 적수가 되어줄 터였어요.

그런 상황에서 출격한 비스마르크도 마냥 느긋할 수만은 없었는데요. 무엇보다, 강력한 영국 해군의 눈을 피해야 했기 때문이죠. 영국 해군의 항공기들은 비스마르크가 항해한 지 얼마 지나지 않아, 독일 함대를 포착하고 폭격을 시도합니다. 하지만 흐린 날씨와 야간이라는 조건을 틈타, 비스마르크는 피해 없이 해협을 빠져나가는 데 성공하죠. 영국 해군은 비스마르크와 프린츠 오이겐, 그 두 척을 찾기 위한 대대적인 수색 작전에 돌입합니다. 세계 최대의 전함을 잡기 위한 영국 해군의 전력투구가 시작된 거예요.

양측의 함대는 항해를 지속하던 중, 5월 24일 새벽 마주하게 됩니다. 적을 먼저 식별한 것은 독일 함대 측이었죠. 수평선에서 피어오르던 영국 전함의 연기를 발견한 독일군은 전투 준비를 서둘렀습니다. 독일군이 예측한 것과 달리, 영국 해군은 소규모가 아니라 영국 해군의 자랑인 후드가 포함된 전투 함대였어요. 독일 함대는 더 유리한 위치를 선점했고, 영국은 그러한 위치를 뒤집으려고 시도하면서 서서히 접근해 들어갔습니다. 양측 전함의 함교艦橋: 함선을 지휘하기 위한 장소에 있던 장교들은 각각 사격제원(포탄 사격에 필요한 사거리나 각도 등의 특정한 값)을 계산하느라 분주히 움직였고, 10여 분의 시간이 흐르는 동안 새벽녘 대서양 바다는 고요하고 적막하게 그 광경을 지켜볼 뿐이었죠.

첫 포문을 쏘아 올린 것은 영국의 후드였습니다. 세계 최강 영국 해군의 첫 포탄이 새벽하늘을 날아올랐습니다. 그 옆의 또 다른 영국 전함 HMS 프린스 오브 웨일스 HMS Prince of Wales 도 포문을 열며 공격에 합류했고요. 뒤이어 독일 함대에서도 대응 포탄이 발사되었습니다. 독일 함대는 빠르게 그 교전을 정리하고, 계속해서 원래의 항로대로 이동하고자 했습니다. 수많은 영국 해군의 후속 전력이 오기 전에 이탈해, 원래의 목적인 대서양에서의 상선 사냥을 나서야 했기 때문이죠. 약 10분 동안, 양측은 서로 명중탄을 내지 못한 채로 무수한 포탄을 주고받는 공방전을 펼쳤습니다. 양측의 관측병들은 바삐 움직이며 상대방의 함선을 포착하기 위해 연신 조준경을 들여다보았고, 포탑의 탄약수들도 연이어 재장전을 하느라 거푸 비지땀을 흘렸습니다.

교전이 시작된 지 10여 분이 지난 새벽 6시경, 비스마르크의 다섯 번째 주포 일제사격이 실시됩니다. 거대한 15인치 38cm 주포의 일제사격은 새벽하늘의 공기를 가르고, 영국 함대의 기함이자 자랑이었던 후드에 도달해 후방 마스트 mast, 돛대를 직격했죠. 후드 최대의 약점으로 꼽혔던 얇은 상갑판, 특히 후방 마스트 인근의 측면 장갑 상부에 제대로 명중된 포탄은 후드의 탄약고를 작렬시키며, 순식간에 후드 전체를 뒤흔드는 대폭발을 일으켰습니다.

천지를 울리는 굉음과 함께, 거대한 전함 후드는 약 3분 만에 빠르게 침몰했고, 1,500여 명에 달하던 수병들과 승조원들 대부분이 수장되고 말았습니다. 생존자는 거대한 폭발의 충격으로 바다로 튕겨 나간 세 명뿐이었죠. 독일 해군에게는 굉장한 행운이, 영국 해군에게는 말할 수 없는 절망이 찾아왔습니다. 양측 모두가 침몰을 눈으로 확인할 수 있을 만큼 거대한 불기둥과 연기가 피어올랐어요. 치열한 전투 속에서 영웅적인 최후를 맞이한 것이 아닌, 주포 사격을 주고받던 교선 초반의 '럭키 샷'으로 영국 해군의 자랑인 후드가 대서양 아래로 사라져 버린 겁니다. 양측 모두에게 충격을 주기에 충분한 사건이었죠.

후드가 격침된 후, 홀로 남은 영국 전함 프린스 오브 웨일스는 몇 분간 비스마르크와 교전을 지속했습니다. 그러나 곧이어 프린스 오브 웨일스에도 비스마르크의 치명적이고 정확한 주포 사격이 쏟아지기 시작했어요. 특히 비스마르크의 일제사격이 전함 지휘부가 탑승한 함교에 그대로 직격, 함장과 조타수를 제외한 거의 모든 함교 근무자가 전사하고 말았습니다. 또한 지속된 교전으로 주포탑이 모두 고장 나버렸고, 후방 주포탑 하나만이 외로이 싸움을 계속하고 있었죠. 결국 부상한 함장 리치 John Leach 대령은 퇴각 명령을 내렸고, 프린스 오브 웨일스는 비스마르크와 프린츠 오이겐의 사격을 두들겨 맞으면서 겨우 사거리 밖으로 퇴각하는 데 성공합니다.

의기양양해진 독일 해군은 다시 원래의 항로로 변경, 대서양을 향한 항해를 계속했습니다. 완벽한 독일 해군의 압승이었던 것이죠. 후드의 침몰은 독일 해군에게는 '해볼 만하다'는 자신감을, 영국 해군에게는 뭔지 모를 불안감을 안겨주었어요. 그러나 영국 해군 사이에는 불안감에 이어 또 다른 감정이 퍼지기 시작했습니다. 분노와 복수심이었죠. 이제 영국 주력함대의 모든 함선은 혈안이 되어 비스마르크를 찾아 나섰습니다. 비스마르크는 대서양의 안개 속으로 모습을 숨긴 채, 망망대해에서 항해를 이어갔습니다.

그러나 성공적인 작전 결과와는 별개로, 비스마르크는 함체에 치명적인 손상을 입었습니다. 프린스 오브 웨일스가 다 죽어가면서까지 날린 포탄이 비스마르크의 좌현에 명중했던 겁니다. 함선 자체의 피해는 크지 않았지만, 좌현의 손상으로 연료탱크에서 연료가 누출되기 시작했죠. 그대로는 대서양으로 나가는 데 성공한다고 해도, 연료가 부족해 작전을 수행할 수 없을 것이었어요. 많은 고심 끝에 비스마르크는 일단 무리하지 않고, 독일 점령하에 있는 프랑스 항구로의 귀환을 결정합니다. 이제 비스마르크의 가장 큰 작전 목표는 '안전하게' 본토로 돌아가는 것이 되었죠.

독일 해군의 작전 변경에 따라, 순양함 프린츠 오이겐은 홀로 대서양에서의 통상 파괴 작전을 계속 진행하기로 합니다. 그리고 비스마르크는 두 가지 임무를 부여받는데요. 하나는 프린츠 오이겐이 무사히 대서양으로 나갈 수 있게 영국 해군의 관심을 자신에게 돌리는 것, 또 하나는 안전하게 살아남아 프랑스로 복귀하는 것이었죠. 이 두 가지 모순된 임무를 해내야 하는 무거운 책임감이 비스마르크를 짓눌렀습니다.

영국 해군도 가만히 있지는 않았습니다. 대서양 인근에서 수송 선단의 호위 임무를 맡고 있던 다수의 순양함들에게, 즉시 그 임무를 종료하고 비스마르크를 찾아 나설 것을 명령했어요. 동시에 영국 해군의 잠수함들은 프랑스 해안 가까이에 배치되었죠. 그들은 비스마르크가 영국 해군의 모든 위협에서 살아남아 프랑스에 도착할 때, 최후의 저지 수단으로 공격에 나설 예정이었습니다. 대서양에 있는 거의 모든 영국 해군의 전력이 비스마르크 단 한 척의 전함을 위해서만 동원된 거예요.

비스마르크가 프랑스로의 귀환을 서두르던 5월 24일 초저녁, 프린스 오브 웨일스는 다시 지평선 너머의 전함을 발견합니다. 영국 순양함 서포크 HMS Suffolk와 노포크 HMS Norfolk가 부리나케 도망쳐 오는 방향 저 멀리, 비스마르크가 모습을 드러낸 것이었죠. 지난번 비스마르크에게 호되게 당했던 프린스 오브 웨일스는 복수의 포격을 감행했고, 그에 질세라 비스마르크도 주포를 쏘아 내며 서항했습니다. 그러나 양측 모두 명중탄을 내지는 못했고, 비스마르크는 계속해서 프랑스 방향인 남동쪽을 향해 미끄러져 내려가며 교전을 이어갔어요. 비스마르크의 빠른 속력이 빛을 발하는 순간이었죠.

같은 날 자정에 가까운 야심한 시각, 영국 항공모함 HMS 빅토리어스 HMS Victorious에서 발진한 '소드피시 Swordfish' 뇌격기 雷擊機: 어뢰로 함선을 공격하는 항공기 여덟 대가 밤하늘을 가르며 비행하고 있었습니다. 그들의 목적은 비스마르크에 치명적인 어뢰 공격을 감행하는 것이었죠. 복엽기 複葉機: 두 개의 날개가 겹쳐 있는, 1930년대 이전에 주로 사용되던 구형 항공기라는 한계를 지닌 이 비행편대는 저속으로 밤하늘을 가르면서 비스마르크를 향했습니다. 그후 소드피시들은 일제히 고도를 낮추어 수면과 가까이 날기 시작했어요. 비스마르크를 공격하기 위한 공격 진입 대형을 펼치기 시작한 것이었죠.

바로 그 순간, 비스마르크에서도 소드피시 편대의 공격 개시를 알아차렸습니다. 밤하늘을 가르면서 자신들에게 접근해 오는 소드피시 편대를 발견한 비스마르크의 대공포는, 일제히 밤하늘을 향해 포탄을 뿌려댔어요. 아직 독일 공군의 호위를 받을 수 있는 안전지대로 들어가지 못했던 비스마르크는, 공군의 지원 없이 외롭게 대공사격을 하는 수밖에 없었죠. 이리저리 빠르게 회전하는 소형 대공포는 밤하늘을 향해 포탄을 쏟아냈고, 육중하게 움직이는 비스마르크의 15인치 38cm 주포 또한 밤바다를 향해 거대한 불꽃을 내뿜으며 발포하기 시작했습니다. 바다 위에 떨어진 주포탄은 거대한 물기둥을 만들어 냈어요. 일부러 물기둥을 만들어내서, 수면에 낮게 깔려 날아오는 영국군 뇌격기들의 비행을 최대한 방해할 심산이었던 것이죠.

비스마르크의 격렬한 대응 사격에도 불구하고, 소드피시 복엽기들은 특유의 느릿느릿한 속력으로 공격 진입 코스를 성공적으로 비행했고, 그들이 발사한 일곱 발의 어뢰 중 한 발이 비스마르크의 우측 몸체를 강타했습니다. 비스마르크에게는 다행히도 그 어뢰로 인한 피해는 크지 않았어요. 하지만 다른 문제가 있었죠. 비스마르크의 격렬한 회피기동으로 말미암아, 그 어뢰가 만든 작은 구멍이 점차 커지고 있었던 거예요. 게다가 지난번 프린스 오브 웨일스에게 얻어맞아 생긴 구멍이 점점 벌어지면서, 비스마르크의 함체에는 다시 많은 바닷물이 쏟아져 들어오기 시작했습니다. 비스마르크는 분명 강력한 전함이었지만, 전투력을 유지하기엔 이미 너무 많이 손상된 상태였죠.

소드피시의 공격이 끝나 비스마르크가 공습의 충격에서 벗어나려는 순간, 숙적 프린스 오브 웨일스가 나타났습니다. 비스마르크는 다시 프린스 오브 웨일스와 포탄을 주고받으면서 격렬한 해상 교전에 들어갔어요. 그 교전에서 비스마르크는 피해를 보진 않았지만, 망망대해에서 아무런 지원도 없이 영국 해군 전체와 분투하는 외로움에 사무쳐야만 했죠. 그러나 비스마르크에겐 아직 마지막 희망이 있었습니다. 전투의 혼란을 틈타, 영국 해군의 레이더망에서 벗어나게 되었기 때문이에요.

그렇게 비스마르크는 마지막 실낱같은 희망을 품은 채, 다시금 항해를 시작했습니다. 영국 해군에게 들키지 않고 그대로 남동쪽으로 항해하기만 하면, 곧 독일 공군의 엄호를 받을 수 있게 될 터였죠. 그러나 영국 해군의 항공 정찰대는 외로이 항해하는 비스마르크를 발견하는 데 성공합니다. 그리고 한번 재미를 본 소드피시 뇌격기들을 다시 출격시켰습니다.

해가 뉘엿뉘엿 지고 있던 같은 날 오후 8시경, 소드피시 편대는 고도를 낮추면서 비스마르크로 접근, 다시 한번 뇌격을 시도합니다. 그 어뢰 중 한 발이 비스마르크 좌현의 정중앙에 명중, 다른 한 발은 비스마르크의 꼬리 쪽을 강타하죠. 특히나 꼬리 쪽의 타격은 매우 치명적이었는데, 비스마르크가 어뢰를 피하려고 과격한 회피기동을 하던 중, 배의 방향을 결정하는 키가 왼쪽으로 꺾인 채 움직이지 않게 되어버린 거예요. 거대한 그 강철 전함은 10노트의 느린 속도로 제자리에서 빙빙 도는 우스꽝스러운 모습을 보이고 있었습니다.

비스마르크가 무의미한 회전을 하는 동안, 영국 해군의 수많은 함선과 항공기 들은 비스마르크를 노리며 점차 옥죄어 왔습니다. 더 이상 배를 조작할 수 없는 상황에서 마지막임을 직감한 뤼첸스 제독은 '더 이상 함선을 조작할 수 없다'라는 내용의 전문을 본국에 전송했죠. 비스마르크의 마지막이 다가오고 있었습니다.

비스마르크의 승조원들은 각자의 위치를 굳건히 지키는 한편, 담담하게 자신들의 마지막을 준비했습니다. 당시 순양함급 이상의 함선들은 정찰과 정확한 포격 유도를 위해 정찰 항공기를 보유하고 있었는데, 비스마르크도 마찬가지였어요. 승조원들은 그 항공기에 자신들의 유서와 편지, 그리고 비스마르크의 항해일지를 포함한 중요한 군사 자료들을 실었습니다. 그 항공기 한 대만이라도 띄워서 고국으로 보내려는 시도였죠. 그러나 기상 악화와 더불어 항공기를 띄울 수 있는 장비인 캐터펄트가 고장 나면서, 그마저도 불가능해지고 맙니다. 이제, 비스마르크의 마지막 아침이 밝아오고 있었습니다.

    1941년 5월 27일 오전 9시, 영국의 전함 HMS 로드니HMS Rodney가 정적을 깨고 비스마르크를 향한 첫 포탄을 발사합니다. 제1차 세계대전 이후 보기 힘들었던 거대 전함들의 포격전이 시작된 겁니다. 비록 만신창이가 되었지만, 비스마르크는 아직 포기하지 않았습니다. 남아있는 자신의 주포를 쏘아대며 격렬하게 저항하기 시작했죠. 비스마르크의 포탄은 로드니의 함교 근처를 아슬아슬하게 스쳐 지나갈 정도로 위협적이었고, 이를 목격한 로드니 또한 질세라 강철 포탄을 날리면서 양측의 포격전은 더욱 격렬하게 전개되었습니다.

    그 모습을 지켜보던 영국 전함 HMS 킹 조지 5세HMS King George V도 로드니를 돕기 위해 해역에 진입, 전투에 참가합니다. 전투 초기부터 비스마르크를 괴롭히던 프린스 오브 웨일스의 자매함으로, 막강한 화력을 보유한 킹 조지 5세의 전투 참가는 비스마르크에게 여간 부담스러운 게 아니었어요. 그에 더해, 추격전 초반부터 맹활약을 선보인 순양함 노포크와 도셋셔HMS Dorsetshire도 교전에 합류했습니다. 거대한 야수를 사냥하기 위해, 연이어 포위망을 좁혀오는 사냥꾼들의 모습과도 같았죠. 하나둘씩 비스마르크의 함체에는 영국군의 포탄이 명중하기 시작했고, 얼마 지나지 않아 비스마르크는 온몸으로 그들의 포탄을 받아내고 있었습니다.

    이윽고 로드니에서 쏘아 올린 주포탄이 비스마르크의 갑판과 함교에 각각 명중합니다. 게다가 비스마르크를 지휘하던 함교의 주요 고위 지휘관이 죽거나 다치면서, 비스마르크의 지휘 체계는 빠르게 무너지기 시작했어요. 작전을 총지휘하던 뤼첸스 제독도 그 사격으로 현장에서 그만 즉사하고, 뒤이어 함선을 지휘해야 할 린데만 함장도 중상을 입고 말았죠. 지휘 체계가 불능이 되자, 비스마르크의 포탑들은 중앙통제를 잃은 채 개별적으로 수많은 영국 전함을 상대로 교전을 벌여야 했습니다. 그러나 이후에도 계속되는 영국 전함들의 사격으로, 비스마르크가 보유한 네 개의 포탑은 차례차례 제압되기 시작했습니다.

비스마르크가 그렇게 아무런 대응을 하지 못한 채 일방적으로 두들겨 맞는 동안, 지휘권이 무너진 비스마르크 내부에서도 최후를 위한 준비를 시작합니다. 남아있는 장교들이 배를 버리기로 결심하고, 배를 자침自沈시키기 위한 준비에 돌입한 거죠. 그 결정으로 승조원들은 유기적인 대응을 포기하고, 각자도생하기 위해 저마다 바다로 뛰어들었습니다. 이를 기점으로 비스마르크는 유기적인 군함의 기능을 완전히 상실하게 되는데요. 불타면서 가라앉는 함선에서 수병들이 탈출하기에 바쁜, 재난 영화와 같은 생존의 무대가 되어버렸죠. 그러나 그 지경에도 가라앉지 않는 전함의 모습은, 영국 해군에게 경이롭기까지 했습니다.

결국 영국 해군은 순양함 도셋셔에 뇌격을 지시하고, 얼마 지나지 않아 도셋셔에서 발사된 어뢰가 비스마르크의 함체를 강타합니다. 드디어 서서히, 비스마르크의 함체가 선미船尾: 배의 뒷부분부터 가라앉으며 선수船首: 배의 앞부분를 들어올리기 시작했습니다. 마지막 전투를 시작한 지 약 1시간 30분이 지난 때였어요. 그렇게 비스마르크는 대서양의 심해를 향한 마지막 항해에 들어갔습니다.

대서양에서 벌어진 제2차 세계대전의 거대 전함 간 포격전은 마무리되었습니다. 하지만 그러한 전함 간의 포격전에서, 독일과 영국 모두는 똑같이 한 가지 사실을 깨닫게 되죠. 이전 시대의 나무 범선과 다른 크고 육중한 전함조차 일격에 격침될 수 있다는 것, 그리고 전함의 시대는 가고 항공기의 시대가 오리라는 것을 말이에요. 실제로도 비스마르크 추격전에서 가장 큰 공훈을 세운 것은 소드피시 뇌격기의 활약이었음을 부정할 수 없었으니까요. 그러나 영국군은 그 교훈을 반영하지 못하고, 훗날 프린스 오브 웨일스와 리펄스 HMS Repulse 를 일본군의 항공기에 격침당하는 일을 겪게 됩니다.

그 작전의 참담했던 결과로, 안 그래도 부족했던 독일 해군 수상 함대의 작전은 더욱 위축되었습니다. 비스마르크, 그리고 자매함인 전함 티르피츠 KMS Tirpitz 로 구성된 원투펀치를 운용하려 했던 독일 해군의 계획에서 비스마르크가 상실된 상황. 이제 독일은 마지막 남은 대형 전함이자 비스마르크의 자매함인 티르피츠의 안전을 확보하고, 얼마 남지 않은 한줌의 수상 함대를 유지해야 했어요. 그와 동시에, 더 많은 유보트가 대서양으로 출격해 영국과의 통상 파괴전을 지속해야 했죠. 오직 유보트만이 마음 놓고 대서양으로 진출할 수 있기 때문이었습니다.

대서양에서의 통상 파괴전을 성공적으로 수행하고, 무사히 프랑스로 돌아온 독일 중순양함 프린츠 오이겐의 승조원들은 비스마르크의 침몰 소식을 듣고 크나큰 충격을 받았습니다. 그러나 충격에 빠져있을 새도 없이, 함선을 정비하고 다음 작전을 준비해야 했죠. 이미 독일 해군의 수상 함대엔 더 이상 여유가 없었던 거예요.

비스마르크의 침몰로, 독일 해군의 활동은 위축될 수밖에 없었습니다. 그렇지만 아직 독일 해군의 모든 카드가 사라진 건 아니었어요. 이제, 새로운 독일 해군의 주역들이 대서양으로 출격하기 시작합니다. 영국 해군의 코앞에서, 완전히 허를 찌르는 새로운 기습 작전을 펼칠 때가 온 겁니다.

독일 전함 비스마르크의 주포 일제사격을 담은 사진.
이 전투에서 비스마르크는 영국 해군의 상징과도 같은 전함인 HMS 후드를 격침하는 공을 세우게 된다.

정면에서 바라본 전함 비스마르크의 모습.
탑승한 승조원과 비교해 보면, 그 크기가 얼마나 거대한지 짐작할 수 있다.

8장

바다의 늑대들 — 공포의 유보트가 나타나다

"전쟁 중 내가 유일하게 두려워한 존재는 유보트뿐이었다."

영국 총리 윈스턴 처칠

지금부터 제2차 세계대전에서 가장 저평가되고 있는 전장으로 떠나볼 텐데요. 그곳은 바로 대서양으로, 치열한 해전이 벌어진 중요한 전장이었음에도 주목받지 못하는 비운의 무대입니다. 지구 반대편의 태평양 전선에서는 미국과 일본의 함대전이 자주 벌어졌던 데 반해, 대서양은 주요 함정 간의 대규모 해전이 없었어요. 이는 물론 독일 해군의 미약한 존재감 때문으로, 제1차 세계대전의 패배 이후 주력함들을 잃은 독일이 잠수함에 의존하면서 나타난 필연적인 결과이기도 했죠. 그런데 독일의 해군이 그처럼 미약했던 이유는 무엇일까요? 대체 무슨 일이 있었던 걸까요? 지금부터는 독일 해군이 왜 그처럼 약해졌는지, 어째서 잠수함에 의존해야만 했는지 살펴보려 합니다.

사실 독일은 제1차 세계대전에서 영국의 뒤를 이어 '세계 2위'의 해군 전력을 보유한, 내로라하는 해군 강국이었어요. 독일 제국의 황제였던 빌헬름 2세 Wilhelm II 는 세계정책 Weltpolitik: 강력한 해군 건설을 통한 독일 제국의 제국주의적 팽창 정책을 구상했고, 이는 영국에 크나큰 위협이 되었죠. 그렇게 육성된 독일 해군은 유틀란트 해전 Battle of Jutland 10 중 영국 해군과 벌인 대규모 해상 결전에서 꽤 성공적인 작전을 벌이는 등, 제2차 세계대전의 연약한 독일 해군과는 비교도 되지 않을 만큼 거대하고 강력한 존재였거든요.

그러나 제1차 세계대전이 독일의 패배로 끝나자, 연합국들은 패전국인 독일의 강력한 전함들을 보며 군침을 흘렸습니다. 전쟁 승리의 대가로, 배상금 대신 독일 전함들을 받아낼 수 있기를 바랐던 것이죠. 세계 최강의 해군을 보유하고 있던 영국 또한 독일 전함들마저 갖게 된다면, 다른 국가들이 쳐다볼 수도 없는 강력한 함대를 꾸릴 수 있었어요. 가뜩이나 전함 부족 문제로 골머리를 앓고 있던 프랑스도, 단숨에 영국 해군과 어깨를 겨루는 해군으로 성장시키기 위해선 그 독일 전함들이 필요했고요.

독일의 전함들을 어떤 국가에 보상으로 지급할지 결정되는 동안, 독일 해군의 남은 전함들은 영국 해군의 감시하에 영국의 군항 스캐퍼 플로 Scapa Flow로 이동했습니다. 한때 세계 최강 영국 해군과 자웅을 겨루던 독일 해군이, 순식간에 강대국들의 전리품으로 전락하게 된 것이죠. 그러한 굴욕을 참을 수 없었던 독일 해군의 승조원들은, 스스로 모든 함선을 침몰시켜 버리는 자침 작전을 계획, 비밀리에 결행하고 맙니다.

독일 해군의 마지막 발악이자 성공적이었던 그 자침 작전으로, 강력했던 독일 해군의 거대한 전함들은 순식간에 차가운 바닷속으로 침몰해 버리고 말았습니다. 대양해군 Hochseeflotte의 허망한 최후였어요. 바로 그 자침 사건으로, 제2차 세계대전 당시 독일 해군은 말로 표현하지도 못할 만큼 허약한 수준이 되어버렸던 겁니다. 자침 사건에서 잃은 전함들을 재건하자니 투입해야 할

---

10 1916년 5월 31일부터 6월 1일 이틀 동안, 덴마크 유틀란트 부근의 북해에서 벌어진 역사상 최대 규모의 전함 간 해전.

시간과 예산이 어마어마했고, 무엇보다 패전국인 독일은 베르사유 조약 때문에 전함 보유 자체가 금지된 상태였죠. 자침 사건 이후 껍데기만 남은 독일 해군은, 제1차 세계대전 당시 기준으로도 매우 노후해 조롱받던 수준의 전드레드노트 Pre-Dreadnought 급 전함11 여섯 척만 겨우 보유할 수 있었습니다. 폴란드를 향해 제2차 세계대전의 첫 포문을 열었던 독일 전함 슐레스비히-홀슈타인이, 바로 그때 보유를 허락받은 전드레드노트급 전함 중 하나였어요.

그런 상황에서 두 번째 세계대전을 치러야 하는 독일엔 선택 시가 없었습니다. 거대한 전함과 항공모함 건조는 엄청난 시간과 예산을 잡아먹는 일이었을뿐더러, 영국 해군과 정면 대결을 할 만큼 강력하고 거대한 해군을 양성하려면 수십 년이 걸릴 터였죠. 이 문제를 타개하고자 독일은 한 가지 해결책에 집중하게 되는데, 그것이 바로 잠수함이었습니다.

날렵한 잠수함은 빠르게 건조할 수 있었고, 또 적에게 은밀하게 접근해 치명타를 날릴 수도 있었어요. 노출되지 않은 채 쏘는 잠수함의 어뢰 한 발은 수만 톤의 거대 전함을 격침할 수도 있었죠. 물론 그렇다고 잠수함이 완전무결한 무적의 존재는 아니었지만, 독일로서 최선의 선택지였던 건 사실입니다. 그런 잠수함 함대를 통해, 영국의 해군을 격파할 순 없어도 최소한 견제할 수는 있었기 때문이죠. 잠수함의 은밀성을 바탕으로, 영국으로 향하는 모든 수송선을 격침해 영국의 해상 운송과 국가 경제를 마비시키는 게 독일 해군의 전략적 목표였던 겁니다.

1939년 9월, 폴란드 침공으로 전쟁이 발발하던 바로 그 순간

---

11 20세기 들어 세계 각국에서 건조된 드레드노트(Dreadnought)급 전함이 등장하기 이전의 전함을 가리킨다. 일본식 표현인 '전노급(前弩級) 전함'으로도 널리 알려져 있다.

에도 이미 대서양에는 독일의 유보트 다수가 자리 잡고 있었습니다. 전쟁 이전에도 독일 잠수함들은 대서양에서 정찰 임무를 수행하고 있었던 것이죠. 이후 해상에서 제2차 세계대전의 발발 소식을 전해 들은 독일의 유보트들은, 즉각 자신들의 해역에 위치한 연합국의 상선을 격침하기 시작합니다. 그렇게 길고 길었던 대서양 전투의 막이 올랐습니다.

대서양에서 수송선 격침 사건이 동시다발적으로 발생하자, 영국은 적극적으로 대응하기 시작했어요. 섬나라인 영국으로서는 해상 운송로를 지키는 일이 매우 중요했거든요. 전 세계의 식민지에서 온갖 식료품과 자원이 들어오고, 식민지의 군대를 보급하기 위한 군수물자가 나가는 유일한 창구였기 때문이죠. 그러나 영국 해군의 분투에도 불구하고, 하루아침에 떼거리로 나타난 독일 유보트를 잡아내기란 쉬운 일이 아니었어요. 독일 해군은 영국이 정신을 차리기 전, 유보트를 이용한 결정타를 먹일 엄청난 기습 작전을 결행합니다.

제1차 세계대전에서 독일 해군이 자침했던 역사적 장소인 스캐퍼 플로의 늦은 밤. 그곳에 정박해 있던 영국 전함 HMS 로열 오크HMS Royal Oak에서 갑자기 거대한 불기둥이 솟아올랐습니다. 귀가 찢어질 듯한 비상벨이 울리는 군항의 혼란과 불길 속에서, 미끄러지듯 밤바다를 유유히 빠져나가는 돌고래 같은 형상만이 남아있을 뿐이었죠. 권터 프린 Günther Prien 소령이 지휘하는 유보트인 U-47이 스캐퍼 플로에 단독으로 잠입, 기습적인 어뢰 공격으로 전함을 격침한 겁니다. 이후 U-47은 무사히 독일의 항구에 도착하는 데 성공하면서, 유보트의 위력을 영국과 독일 양측 모두에게 똑똑히 보여주었어요. 그러나 영국의 진짜 악몽은 지금부터였습니다. 대서양의 유보트들이 새로운 전술을 사용하기 시작한 건데요, 이름하여 '늑대 떼 전술'이었습니다.

늑대 떼 Wolf Pack 전술을 간단히 살펴볼까요? 우선 잠수함대 사령부에서 각각의 유보트에 '담당 구역'을 하달합니다. 하달받은 구역에서 초계(순찰) 임무를 수행하던 유보트는, 영국으로 향하는 호송 선단을 발견할 시 단독으로 공격하지 않고 먼저 사령부에 보고합니다. 사령부는 보고받은 사실을 근처의 모든 유보트에 알린 뒤, 모두 모여 떼를 지어 해당 호송 선단을 공격하도록 명령합니다. 그 모습이 마치 사냥감에 달려드는 늑대 떼와 같다고 해서, 그런 별칭이 붙었다고 하죠.

잠수함이 단독으로 공격을 시도하던 기존의 공격 방식과 비교했을 때, 늑대 떼 전술은 어마어마하게 높은 성공률과 효율을 보였습니다. 대서양에서의 영국 수송 선단을 궤멸 직전까지 몰아넣었고, 이는 영국의 산업과 운수 모두를 마비시키는 결과를 낳았죠. 영국으로서 그나마 다행인 점은, 영국 공군의 영향력이 아직 막강했기에 독일 함대 전체가 그러한 통상 파괴전에 참여하는 일을 막을 수 있었다는 겁니다.

그런 상황에서 1941년 6월, 독일이 소련을 침공합니다. 소련이 연합국의 일원으로 참전하게 되자, 소련을 지원하기 위한 군수물자를 실은 영국의 새로운 수송 선단이 편성되어 북극해를 통과해 소련으로 향하게 되었죠. 당연히 이를 놓칠 리 없었던 유보트들이 적극적으로 그들과 교전하기 시작하면서, 대서양 전투는 이제 북극의 험난하고 차가운 얼음 바다에서도 벌어지게 되었습니다.

게다가 1941년 12월, 지구 반대편에서 진주만 공습이 벌어지면서 미국이 전쟁에 참전하자, 독일 유보트는 공식적으로 미국 수송 선단 공격 작전을 수행해야만 했어요. 이를 위해 독일 해군은 '북 치기 작전 Unternehmen Paukenschlag'을 수립, 유보트를 미국 동부 해안지역까지 침투시켜 공격을 감행합니다. 이제 미국의 본토 바로 앞까지 전쟁의 참상이 찾아온 겁니다. 유보트의 공격으로 불타오르며 침몰하는 수송선의 모습은, 이제 뉴욕 앞바다에서도 흔히 볼 수 있는 광경이 되었죠. 북 치기 작전에 참가한 유보트 중 몇몇은 잠망경으로 뉴욕의 화려한 야경을 감상할 수 있을 정도였어요. 유보트는 이제 전쟁의 향방을 결정할 수 있는 위력적인 무기가 되었습니다.

그런 유보트에 효과적으로 대응할 수 있는 것은 군함인 구축함과, 항공기를 사용한 공중 공격이었어요. 그러나 미국과 영국의 항공기 작전 구역에 닿지 않는 해역, 즉 대서양의 한가운데 부분은 '검은 구덩이 The Black Pit'라고 불리며 유보트의 천국이 되었습니다. 연합군의 '호위 항공모함 Escort Carrier'[12]이 등장하기 이전, 그 구역의 유보트들은 연합군 항공기의 공습으로부터 자유롭게 활동할 수 있었죠. 그러한 유보트의 활약 시기를 일러, 유보트 승조원들의 '즐거운 시간 Happy Time'이라고 불렀습니다. 연합국, 특히 영국으로서는 엄청나게 어렵고 혹독한 시간이었을 테지만요.

그러나 유보트의 즐거운 시간도 곧 끝나고 말았습니다. 그 원인에는 세 가지 이유가 있었는데요. 첫 번째는 연합군이 전열을 가다듬고, 잠수함에 효과적으로 대응할 수 있는 전력을 대폭 강화하기 시작했다는 점이었습니다. 미국의 도움으로 영국 해군은 점차 잠수함을 잡을 수 있는 더 많은 구축함을 지원받기 시작했고, 유보트로 말미암은 피해와 경험이 누적될수록 노하우도 생겨났던 것이죠. 유보트는 잠수함이라는 태생적 한계 때문에, 아무리

---

12   유보트로부터 상선을 호위하기 위해 만든, 기존의 항공모함보다 작은 소형 항공모함.

전술과 무기 체계를 발전시켜도 연합군의 대응 속도를 따라잡을 수 없었어요. 그러면 유보트의 생산량이라도 늘려 수적으로나마 우세했어야 하는데, 이미 자원과 생산 역량의 부족에 부딪힌 독일로서는 꿈도 꿀 수 없는 일이었죠.

두 번째로는 연합국, 특히 미국의 거대한 산업력의 가동으로 인한 작전 능력의 향상이었습니다. 미국의 조선산업은 이제 막 예열을 마치고 그야말로 무수한 수송선과 구축함을 찍어냈으며, 장거리 항공 타격이 가능한 중형 항공기 생산에도 박차를 가하기 시작했어요. 미국의 어마어마한 생산력으로, 유보트에 격침된 것보다 더 많은 수송선이 건조되면서 유보트의 활약은 빛을 잃어가게 되었던 것이죠. 게다가 연합국의 항공 전력이 착실하게 성장하는 반면, 이를 상대해야 할 독일의 항공 전력은 점차 약화되었습니다. 독일 공군은 전쟁 초기의 강력한 항공력을 잃은 지 오래였고, 그 때문에 유보트 승조원들은 항상 공포에 질린 눈으로 하늘을 바라보며 대공감시를 철저히 하는 수밖에 없었어요.

마지막 세 번째로는, 독일 해군이 운영하던 암호 기기인 '에니그마 Enigma'의 암호체계를 연합군이 이미 완벽하게 해독해 냈다는 점이었는데요. 암호를 해독함으로써 연합군은 유보트들의 현재 위치가 어디인지, 향후 어디에서 어떤 작전을 펼칠 예정인지 사전에 알아낼 수 있었고, 조금 더 안전하고 피해가 적은 방향으로 대책을 마련할 수 있었죠. 심지어 연합군은 이를 이용하여 역정보를 흘린 뒤, 유보트를 유인해 격멸하는 작전까지 수행할 수 있었어요. 그 사실을 알지 못하는 독일군 유보트는 자신들의 위치가 이미 탄로 난 상태인 줄도 모른 채, 불에 뛰어드는 나방처럼 수송 선단을 공격하다가 격침당하는 일이 빈번했습니다.

그런 상황에서, 전쟁 말기로 갈수록 유보트는 출격해도 성과를 올리기는커녕 오히려 엄청난 사상자를 내고 있었습니다. 그럼에도 독일 잠수함대 사령관 카를 되니츠 제독은 유보트의 출격을 멈추지 않았고, 앞으로도 멈춰서는 안 된다고 강하게 주장했죠. '출격 중지 시 대서양에 전개된 연합군의 수많은 항공기와 해군 세력이 전부 독일 본토로 향하게 될 것'을 우려했기 때문이었어요. 결국, 유보트는 전쟁 말기까지 출격을 계속하게 됩니다. 그리고 1945년, 히틀러의 사망 이후 독일의 후임 대통령으로 임명된 되니츠 제독은 해상에서 작전 중인 모든 유보트에 항복하라는 전문을 보내면서, 유보트의 길고 길었던 대서양 전투가 막을 내립니다.

　수많은 대격돌이 있었으며 치열한 전투들이 즐비했던 제2차 세계대전이었지만, 대서양 전투처럼 그 중요성에 비해 잘 알려지지 않은 전투도 없을 겁니다. 종전 후 영국 총리 처칠은 '내가 가장 두려워하던 적은 유보트였다'라고 회고했다고 하죠. 전쟁 초기 '유보트 300척이 있다면 전쟁에서 승리할 수 있다'라고 말했던 되니츠 제독의 계획이 성공했다면, 최소 영국의 항복쯤은 받아낼 수도 있었던 중요한 전환점이었습니다.

독일의 7B형 유보트인 U-101의 모습.
독일 해군 유보트 함대의 주력을 담당한 7형 유보트로,
1936년에서 1940년까지 건조되었다.

9장
바르바로사 작전 개시 — 300만 대군의 기습

"우리의 대의는 옳으며, 적은 패배할 것이고
승리는 반드시 우리의 것입니다!"

소련 아나운서 유리 레비탄(Yuri Levitan), 독일의 소련 침공 당시 라디오 방송에서

1941년 6월 22일 새벽, 독일과 소련의 국경에는 무거운 공기가 어둠과 함께 짙게 깔려있었습니다. 최근 독일군의 움직임이 심상치 않다는 첩보는 소련군 내부에서도 잘 알려져 있었죠. 대규모 독일군의 이동이 계속해서 이어졌고, 이윽고 독일군의 모든 통신망이 조용해졌습니다. 최전선의 소련군 부대들은 독일군의 대대적인 이동을 식별하고 긴장 상태에 들어갔어요. 그야말로 폭풍 전야였죠. 소련군은 이상 징후를 눈치채고 경계령을 내렸지만, 이미 너무 늦었습니다.

새벽 4시, 독일군의 중포重砲가 적막을 깨고 일제히 사격을 개시합니다. 수많은 독일군의 포탄이 소련군의 진지를 강타했고, 300만 명이 넘는 대군이 일제히 양국 사이의 국경을 넘어 공세를 시작했습니다. 독소 불가침 조약을 독일이 일방적으로 파기한 거예요. 서서히 날이 밝아오자 독일 공군의 항공기들이 하늘을 뒤덮었고, 소련군의 항공기들은 아주 운 좋은 소수를 제외하면 대부분 날아오르지도 못한 채 지상에서 격파되고 말았죠. 인류 역사상

최대 규모의 지상 작전인 소련 침공, '바르바로사 작전 Unternehmen Barbarossa'이 개시되었습니다.

300만 명이 넘는 독일군이 각각 북부, 중부, 남부 집단군의 세 개로 나뉘어, 소련의 넓디넓은 대지를 향해 돌격해 들어갔습니다. 이후 4년간 벌어질 절멸 전쟁 Vernichtungskrieg의 시작이었죠. 독일군이 인종 청소라는 명목하에 슬라브 민족 절멸을 선언한 거예요. 사실, 소련도 독일군의 그러한 공격을 아예 모르고 있던 건 아니었습니다. 그럼에도 소련은 전쟁 초기에 아주 무력한 모습을 보였는데, 거기에는 여러 이유가 있었습니다.

첫 번째로, 소련군에게 불어닥쳤던 대숙청大肅淸의 상흔이 아직도 심각하게 남아있었기 때문인데요. 소련의 독재자 스탈린은 자신의 권력을 강화함과 동시에, 그에 위협이 될 만한 정적들과 군의 유능한 장군들을 반역 행위로 몰아 재판에 넘긴 뒤 처형했었죠. 소련군 내부에서 종심작전이론 Deep Battle Theory 13을 개발하고, 그것을 실현할 수 있는 현대화된 군대를 육성하던 미하일 투하쳅스키 Mikhail Tukhachevsky 원수를 비롯한 수많은 장군들과 장교들에 대한 대규모 숙청은 소련군 장교단을 크게 위축시켰어요. 결국 소련군의 개혁은 좌절되었고, 그러한 군 내부적 문제를 해결하지 못한 채 소련군은 강력한 독일군의 공격을 받게 되었던 겁니다.

두 번째, 스탈린의 편집증이 불러온 행태 때문이었습니다. 소련이 세계 각지에 뿌려둔 첩보망은 일관되게 '독일의 소련 침공'이 임박했음을 계속해서 모스크바에 보고했어요. 그러나 스탈린

---

13 러시아 내전의 경험을 바탕으로, 1920-1930년대의 소련군에서 대두, 개발된 새로운 군사 이론. 적의 종심으로 들어가 방어 능력 자체를 마비시키고 소멸한다는 내용이다.

은 지난 뮌헨 협정에서 보여준 연합국의 안일한 태도에 실망하고 있었고, 이후 독일에 대한 근거 없는 믿음을 유지하려 했습니다. 심지어 스탈린은 6월 22일 독일군의 침공 당일에도, 그 사실을 인정하지 않으려 하는 인지부조화적 이상 행동을 보였죠.

세 번째, 히틀러의 도박사와도 같은 무모한 벼랑 끝 전술 때문이었는데요. 이미 독일은 지난 제1차 세계대전에서, 서쪽은 프랑스, 동쪽은 러시아와 벌인 양면 전쟁의 어려움을 겪은 바 있었습니다. 따라서 독일이 영국과의 전쟁이 마무리되지 않은 상황에서 섣부르게 전선을 이중화하지 않을 것이라는 스탈린의 희망 사항은, 그렇게 심한 비약만은 아니었던 거죠. 그러나 히틀러의 벼랑 끝 전술은 그런 합리적 분석을 모두 무의미하게 만들었어요. 그리고 히틀러의 도박과도 같은 공세는 절멸 전쟁이라는 전쟁의 성격을 제대로 대변한 것이었습니다.

왜 독소 전쟁은 '절멸 전쟁'이라고 불렸을까요? 히틀러는 '레벤스라움 Lebensraum', 즉 게르만 민족의 '생활권'을 줄곧 주장해 왔습니다. 동방에 있는 넓디넓은 영토를 정복하고, 그곳을 모두 게르만 민족의 생활권으로 만들어 민족의 생존을 도모해야 한다는 것이었죠. 그런 의미에서, 독소 전쟁은 독일과 게르만 민족의 생활권을 확보하는 매우 중요한 전쟁이었습니다. 동쪽의 슬라브 민족에 대한 절멸, 즉 한 종족의 멸종을 요구하는 매우 극단적 인종주의가 녹아있는 전쟁이기도 했고요. 쉽게 말해 절멸 전쟁이란 게르만 민족의 새로운 생활권과 생존권을 확보하고, 이를 위해 동방의 영토를 확장함과 동시에, 그곳에 살고 있는 열등 민족인 슬라브 민족의 절멸을 꾀한다는 것이었습니다. 그런 배경으로, 독소 전쟁은 단순히 정치적·군사적 행위를 넘어 인종의 절멸과 학살을 동반하는 인류 역사상 예를 찾아보기 어려운 끔찍한 전쟁이 될 터였죠. 절멸 전쟁! 정말이지 이름만으로도 소름 끼치고 무시무시한 전쟁입니다.

『전쟁론』의 저자이자 군사학자인 카를 폰 클라우제비츠Carl von Clausewitz가 말한 것처럼, 전쟁은 결국 정치의 연속이자 상대방에게 자신의 의지를 강요하는 무력 행위입니다. 따라서 '의지의 강요', 그것이 곧 전쟁의 목표가 되겠죠. 그러나 그 절멸 전쟁은 내 의지의 강요뿐 아니라, 상대 인종의 절멸까지도 목표가 된 겁니다. 이렇게 본다면, 독소 전쟁이 어째서 그토록 참혹하고 피로 얼룩진 전쟁이었는지를 조금은 이해할 수 있습니다.

그런 배경으로, 독일군과 소련군 양측 모두 포로에 대한 처우가 매우 열악했습니다. 전선에서는 포로를 살해하는 일마저 비일비재했어요. 게다가 독일이 점령한 소련 영토에서는 소련 민간인에 대한 학살과 성범죄가 극심했습니다. 물론 그렇지 않은 독일군도 있었습니다만, 매우 소수에 지나지 않았죠. 나치의 프로파간다가 이미 독일군 내부에도 깊숙이 뿌리내리고 있었거든요. 그 전쟁은 슬라브 인종을 절멸하고, 게르만 민족의 새로운 생활공간을 확보하기 위한 전쟁이라는 나치의 의식이 주입되었기 때문입니다. 그런 배경을 바탕으로, 독일의 300만 대군이 소련 국경을 일제히 침공하기 시작한 겁니다.

앞서 살펴본 것처럼, 소련군의 초기 전투력은 매우 부실했어요. 대숙청 탓에 소련군의 중견·고위급 장교단은 무너진 지 오래였으며, 특히나 지휘 체계는 물론이고 그것을 뒷받침할 장교단의 인적 수준이 매우 저조했습니다. 독일군의 전격적인 기습에 마비된 일선 부대는 우왕좌왕하다가 독일군 기갑부대에 돌파되어 각개 격파당하기 일쑤였고, 그나마 수적으로 우세했던 소련 공군마저 지상에서 출격조차 해보지 못하고 파괴될 만큼 사태는 심각해졌죠.

　스탈린은 독일의 침공을 보고받고도 처음엔 그 사실을 애써 부정합니다. 그러다 이윽고 다시 정신을 차리고 대응하기 시작하죠. 물론 독일의 침공을 부정하던 자신의 실책이 초래할 권력의 약화를 걱정해서, 개전 이후 별장으로 홀연히 떠나버리는 정치적 쇼를 하는 것도 잊지 않았습니다. 국가 멸망의 사태에서 갑자기 사라져 버린 최고 지도자를 소련 정부와 군부가 붙잡았고, 스탈린은 자신의 실책에도 불구하고 '그렇게까지 붙잡으니 내가 나서긴 해볼게!'라는 그림을 그리면서 권력을 유지하는 데 성공합니다. 그러나 스탈린의 권력이 공고해지는 것과는 달리, 전황이 나아질 기미는 전혀 보이지 않았어요.

　독소 전쟁의 초기, 독일군은 그야말로 전쟁사에 길이 남을 눈부신 승리를 거두면서 나아갔습니다. 수십, 아니 수백만 명의 소련군이 포로로 잡혔으며, 그들을 뒤로하고 독일군의 기갑부대는 속력을 높여 계속해서 러시아의 대평원을 가로질렀죠. 그대로만 간다면 겨울이 오기 전에 모스크바를 점령하고 전쟁을 끝낼 수 있을 것처럼 보였어요. 북부와 중부, 남부 집단군의 세 갈래로 나뉘어 진격한 독일군은, 각 부대의 목표를 달성할 수 있을 것 같았습니다.

　가장 북쪽의 북부 집단군은 발트 3국을 지나 북해를 따라 진격, 옛날 상트페테르부르크 St. Petersburg로 불린 도시 레닌그라드 Leningrad를 점령하는 게 1차 목표였습니다. 이 계획이 완성된다면 북해에서 소련의 영향권을 모두 없애고, 핀란드와 전선을 연결해 스칸디나비아반도의 안정을 꾀할 수 있게 될 터였죠. 중부 집단군은 스몰렌스크 Smolensk를 거쳐 르제프 Rzhev를 지나, 모스크바로 공격해 들어가는 임무를 맡았습니다. 그들은 모스크바를 점령함으로써 소련의 정치적·군사적인 의지를 저하시키고, 모스크바를 중심으로 형성된 철도망을 차단, 소련의 전시경제를 마비시키는 중요한 임무를 맡았습니다. 마지막 남부 집단군은 키이우Kyiv – 하르키우Kharkiv14를 지나, 우크라이나와 흑해 인근의 남부를 강타하는 임무를 부여받았습니다. 우크라이나 지역의 소련군 주력을 격멸하고 흑해 인근으로 진출, 이어서 캅카스Caucasus 지방까지 나아가는 것이었죠. 그런 후 현재 아제르바이잔Azerbaijan의 수도이자 석유 산지인 바쿠Baku를 점령한다면, 독일군의 빠듯한 석유 문제를 해결할 수도 있었습니다.

독일군은 빠른 진격 속도와 연전연승, 그리고 엄청난 수의 전쟁 포로에 즐거워했습니다. 폴란드가 그랬고 노르웨이가 그랬으며 프랑스가 그랬듯이, 초반에 전격적으로 승리를 거두면 소련 역시 저절로 무너져 버릴 줄 알았던 거예요. 게다가 주요 격전지인 키이우 인근에서 수십만 명의 소련군을 포로로 사로잡으면서, 전쟁의 승기는 이제 독일 측으로 기우는 듯했죠.

그러나 독일군은 키이우에서 승리하기 위해, 모스크바로 진격하고 있던 중부 집단군의 기갑부대를 남하시킵니다. 그들은 키이우에서의 전투가 승리로 돌아간 뒤에야, 다시 모스크바로 향할 수 있게 되는데요. 이로써 중부 집단군은 동선과 시간을 낭비할 수밖에 없었고, 소련군은 모스크바를 사수할 수 있는 여유를 조금이나마 얻게 되었습니다. 지금부턴 시간 싸움이었어요. 독일군

---

14 기존에는 키예프 및 하리코프와 같이 러시아어 표기로 국내에 많이 알려져 있었으나, 2022년 러시아-우크라이나 전쟁 발발 이후 서구권 주요 매체들을 중심으로 우크라이나어인 키이우와 하르키우로 불리는 추세이다. 이에 대한 갑론을박이 있지만, 이 책에서는 대한민국 외교부의 입장에 따라 우크라이나어를 기준으로 키이우와 하르키우를 채택하되, 관용적 표기로 하리코프도 허용한다.

은 겨울이 오기 전에 모스크바를 점령하는 것을, 소련군은 겨울이 오기 전까지 모스크바를 사수하는 것을 목표로 다시 혈투를 벌여야 했죠.

그러나 독일군에게도 점차 한계가 다가왔습니다. 독일군은 초기의 눈부신 승리에도 불구하고, 눈에 띄게 진격 속도가 저하되고 있었어요. 그 이유로는 세 가지를 들 수 있는데요. 첫 번째는 바로 독일군 보급체계의 한계였습니다. 『전격전의 전설』의 저자 칼 하인츠 프리저 Karl-Heinz Frieser가 밝힌 것처럼, 독소 전쟁에서 독일군은 프랑스 침공 때와는 전혀 다른 보급 능력을 보였습니다. 그의 표현에 따르자면, '프랑스 전역은 계획하지 않았지만 성공한 전격전이고, 소련 침공은 계획했지만 실패한 전격전'이었던 거예요. 기계화된 독일군이라는 대중의 이미지와 달리, 독일군은 말을 이용해서 대부분의 보급을 진행하고 있었습니다. 또한 겨울이 오기 전 전쟁이 끝날 것이라는, 프랑스 침공에서 보여준 '단기전의 환상'에서 깨어나지 못한 채, 겨울용 장비를 제대로 준비하지 않은 실책까지 저지르고 말았죠.

두 번째는 소련의 광활한 영토와 무시무시한 기후 및 지리적 조건이었어요. 소련은 기존의 전장과는 달리 도로나 철도 등의 인프라가 제대로 구축되어 있지 않아, 독일군은 보급에 어려움을 겪어야만 했죠. 게다가 드넓은 국토가 갖는 그 광활함 자체가 독일군의 발목을 잡았습니다. 독일군 부대들은 승리를 거두며 진격했지만, 점령한 지역이 넓어질수록 그 지역을 통제해야 할 더 많은 부대가 필요했어요. 게다가 '라스푸티차 Rasputica'로 유명한 진창길도 위협적인 존재였습니다.

마지막 세 번째는, 최전선의 소련군이 보여준 격렬한 저항 정신이었습니다. 독일군에 비해 소련군의 역량이 부족한 건 사실이었어요. 그럼에도 끝까지 진지를 사수하거나 독일군을 향해 반격을 시도하는 등, 효율적이진 않지만 매우 효과적으로 독일군의 발목을 붙잡았던 것이죠. 비록 소련군의 지휘부와 장교단이 대숙청 탓에 제대로 된 기능을 발휘할 수 없게 되었다 해도, 병사 개개인의 투지마저 꺾을 수는 없었습니다. 나폴레옹이 1812년 러시아군을 상대로 한 '보로디노 전투 Battle of Borodino'에서, 죽어가면서까지 항복하지 않는 러시아 병사들을 보며 혀를 내둘렀다는 이야기가 그곳에서 재현되고 있는 것만 같았죠. 소련군 병사들은 죽어가면서도 항복하지 않았고, 비록 전투에서 졌다고 하더라도 자신의 위치를 지키고 버티면서 독일군에게 희생을 강요했어요. 그러한 소련군의 분전은 한시라도 빠르게 전쟁을 끝내야 하는 독일군의 발목을 붙잡는 역할을 톡톡히 해냈습니다.

모스크바를 눈앞에 둔 독일군의 공세는 더욱 거세어졌어요. 이제 모스크바가 바로 코앞이었습니다. 10월 하순, 독일군 정찰부대는 자그마한 언덕에 서서 연신 지도를 들여다보고 있었습니다. 나침반을 이용해 자신들의 위치를 확인한 듯, 그들은 이내 목에 건 쌍안경으로 한곳을 관측하기 시작했죠. 그들의 쌍안경에는 아주 작고 미세하지만, 분명하고 선명한 모습이 들어왔습니다.

바로 성 바실리 대성당 St. Basil's Cathedral, 모스크바의 심장부였습니다.

1941년 개시된 바르바로사 작전 중,
소련군과 교전을 벌이는 독일군 보병의 모습.

10장
지구의 반대편에서 — 일본의 팽창과 폭주

"(중국) 국민정부를 상대하지 않겠다. 말살하겠다."

일본 내각 총리대신 고노에 후미마로, 중일 전쟁 중 발표한 '고노에 담화'에서

독일이 소련을 침공한 1941년 6월, 지구 반대편인 태평양에도 전운이 드리우기 시작했습니다. 사실, '전운이 드리우기 시작했다'라는 표현은 그다지 적절하지 않을 수도 있겠네요. 유럽 지역보다 태평양 지역에서 먼저 치열한 전쟁이 벌어지고 있었기 때문이죠. 근대화에 성공한 후 제1차 세계대전의 승전국이 된 일본은, 1930년대 군국주의로의 변모 과정을 거치면서 대외 팽창의 기회만을 노렸습니다. 우리가 잘 알다시피, 대한제국을 강제로 병탄한 후로 그러한 폭주는 더욱 가속화되었죠.

일본은 1931년 만주 사변滿洲事變, 1937년 중일 전쟁中日戰爭을 일으키면서 대륙 침략을 가시화하던 상태였어요. 거기다 1940년 독일에 프랑스가 패망하자, 그 틈을 노려 프랑스의 식민지였던 인도차이나반도에 진출, 세력권을 동남아시아까지 확대하게 됩니다. 즉 독일의 폴란드 침공 이전부터, 이미 태평양 지역에서 일본의 팽창은 현재 진행형이었던 겁니다. 그래서 학자에 따라서는 제2차 세계대전의 시작을 폴란드 침공으로 보지 않는 시각도 있습니다. 대신 중일 전쟁을 세계대전의 시작으로 보는 것이죠.

사실, 일본의 군부가 처음부터 강력한 권한을 가졌던 건 아닙니다. 일본이 어떻게 근대화에 성공했는지, 어떤 과정을 통해 전쟁으로 나아갔는지, 그리고 그 배경은 무엇인지를 다 설명하려면 메이지 유신明治維新부터 이어지는 이야기를 빼놓을 수 없는데요. 여기서는 아주 간단하게, 1930년대의 일본 군부가 왜 폭주하게 되었는지 그 시대적 배경에 대해 잠시나마 짚어보고자 합니다.

1867년, 약 200년간 일본을 통치하던 에도 막부江戶幕府는 실질적으로 역사의 뒤안길로 사라졌습니다. 에도 막부의 마지막 쇼군인 도쿠가와 요시노부德川慶喜가 모든 정치권력을 천황에게 이양한다는 '대정봉환大政奉還'을 천명하면서, 이제 일본은 쇼군이 아닌 천황을 중심으로 하는 입헌 군주국으로 변모합니다. 이후 청일 전쟁과 러일 전쟁에서 잇따라 승리하면서, 일본은 서구 열강과 어깨를 나란히 하는 강대국으로 인정받게 되죠. 1920년대 일본 국내에선 의외로(?) 민주주의적 사회 분위기가 형성되면서, 군부와 귀족 세력에 의한 부당한 정치권력에 대항해 호헌 운동이 잇따라 일어나게 됩니다. 다이쇼大正 천황 시기에 있었다고 해서 '다이쇼 데모크라시'라고도 불리는 이 유명한 일본의 민주주의적 사회 기풍으로, 오히려 군부는 상당한 견제를 받으면서 의회의 많은 공격에 직면하기도 합니다.

그러나 1930년대에 들어서면서, 어지러운 시대적 배경과 함께 군부가 점차 폭주하기 시작하죠. 특히 해군은 런던 해군 군축 조약의 체결을 두고 정부와 많은 갈등을 빚었는데요. 사건의 내막은 이렇습니다. 1930년, 미국과 영국은 일본의 군함 보유량을 자신들의 70퍼센트 이하로 제한한다는 런던 해군 군축 조약London Naval Treaty을 제의했고, 이미 비정상적인 국방 예산으로 부담을 느끼던 일본 정부는 이를 받아들여 조약을 체결했어요. 하지만 그 소식을 들은 일본 해군은 거세게 반발했습니다. 단순히 '왜 우리의 필요한 예산을 깎느냐!'며 볼멘소리하는 것을 넘어, '감히 천황 폐하의 군대를 정치인들이 뭘 안다고 건드려?'라는 특권 의식까지 갖게 된 것이죠. 해군은 심지어 야당 세력과 결탁하면서 정치무대 전면에 나서기 시작했고, 설상가상으로 해군 장교들이 총리 공관에서 총리를 사살하는 '5·15 사건' 등이 벌어지면서 점차 군부의 발언권은 강력해지게 되었습니다.

그런 해군의 사례에 뒤이어, 육군도 가만히 있지 않았습니다. 1931년, 만주의 관동군關東軍이 본국의 지시를 어기고, 국경에서의 충돌 사고를 일부러 키우면서 만주 진출을 시도하는 만주 사변이 일어납니다. 일본 육군이 하나의 정치 세력으로서 폭주하기 시작한 대사건이었죠. 그렇듯 험악한 분위기가 이어지던 1936년에는, 일본의 수도인 도쿄 중심부에서 육군 쿠데타인 '2·26 사건'이 일어나면서 사회적 혼란은 더욱 가중됩니다. 육군 청년 장교들의 지휘 아래, 쿠데타가 벌어진 겁니다.

반란군은 도쿄 시내 한복판에서 총리를 비롯한 여러 대신들을 살해한 후, 관공서를 점거하고 나섰습니다. 그 규모가 얼마나 대단했던지, 쿠데타를 진압하기 위해 수도권의 전차부대가 출동할 정도였어요. 물론 천황의 진압 명령에 따라 쿠데타는 허망하게 끝났지만, 이미 군부는 일본의 강력한 정치 세력 중 하나로 급부상한 뒤였죠. 이후 정치인들이 군부의 의견에 반대할 때마다 '너희들이 그렇게 반대하면 또 쿠데타가 일어날지도 모른다'라며 군부의 협박 아닌 협박을 받을 정도였다고 하는군요. 이제 일본 군부는 군대의 역할을 넘어서, 국내에서 가장 강력한 정치 세력으로 떠오르게 되었습니다.

1937년 루거우차오 사건盧溝橋事件15을 빌미로 중일 전쟁까지 일으킨 일본은, 육군이 중심이 되어 대륙에서 전쟁을 이어나갑니다. 그뿐만 아니라 1940년에는 프랑스의 식민지였던 인도차이나반도까지 손에 넣은 후, 이제 그토록 고대하던 동남아시아의 자원 지대를 바라볼 수 있게 되었죠. 따라서 필리핀에서 세력권을 형성하고 있던 미국과의 관계가 시간이 갈수록 험악해지는 건 어찌 보면 당연한 일이었습니다. 미국은 그런 일본의 팽창을 막기 위해 ABCD 포위망을 펼쳐 일본을 봉쇄하고자 했는데요. 이 재미난 명칭은 미국America, 영국British, 중국China, 네덜란드Dutch 각국의 앞 글자를 딴 것이었죠.

 해가 바뀌고 1941년이 되었지만, 미일 관계는 나아지기는커녕 오히려 파탄에 이르게 됩니다. 물론 그러한 긴장 상태를 풀기 위해 미국과 일본 모두 다양한 채널을 통해 대화와 소통을 이어 나가긴 했지만, 문제는 각자 원하는 바가 너무나도 다르다는 데 있었어요. 미국은 '일본군의 대륙 철수와 적대 행위 중지'를 요구했지만, 일본은 결코 받아들일 수 없었던 것이죠. 일본으로서는 청일 전쟁과 러일 전쟁, 중일 전쟁에 이르기까지, 지금까지 자신들이 확보해 놓은 모든 영토에서 나가라는 미국의 의견을 수용할 수 없었습니다. 그렇듯 양측의 대화가 평행선을 달리던 중, 미국이 결국 일본에 대한 석유 수출 금지와 미국 내 일본 자산 동결이라는 초강수로 대응하면서 사태는 돌이킬 수 없게 됩니다.

 당시 일본은 국가 전체 소비량의 80퍼센트가 넘는 석유를 모두 미국에서 수입하고 있었어요. 그런 일본에 미국의 석유 수출

---

15 1937년 7월 7일, 베이징 인근에 위치한 '루거우차오(盧溝橋)'라는 다리 근처에서 있었던 중국과 일본 양측의 군사적 충돌 사건. 긴장 상태를 풀기 위해 한창 양측의 협의가 진행되던 중, 일본군의 갑작스러운 선제공격으로 시작되었다.

금지 조치는 그야말로 사형선고와도 같은 일이었죠. 일본 정부는 그 엄청난 사태에 대책을 마련하고자 회의를 소집합니다. 처음엔 '미국의 협상 조건인 중국에서의 철군을 어느 수준에서 받아들여야 하는가?'로 진행되던 회의가, 어느새 개전에 대한 열띤 논의로 나아가게 됩니다.

개전을 가장 강력히 주장한 것은 군부, 그중에서도 '군령부軍令部'였어요. 해군 군령부는 회의 때마다, '비축해 둔 석유가 모두 떨어지기 전에 미국을 상대로 한 전쟁, 즉 대미 개전對美開戰을 결행해야 한다'라는 의견을 밀어붙였죠. 특히 해군 군령부 총장이었던 나가노 오사미永野修身 제독은 '오사카 겨울 전투'의 고사16를 인용했는데요. 전쟁을 해야 할 때 하지 않으면, 오사카 겨울 전투의 사례에서처럼 아무것도 하지 못하고 앉아서 굴복을 맛봐야 한다는 것이었죠.

내각 총리대신(총리)이던 고노에 후미마로近衛文麿는 그렇듯 강경한 태도를 고수하는 군부를 제지하는 데 큰 어려움을 겪고 있었습니다. 지금의 우리가 보기에, 군부에 쩔쩔매는 정부의 모습이 이해되지 않는 것도 사실입니다. 조금 거친 비유이긴 하지만 우리나라를 예로 든다면, 선전포고를 결정해야 하는 국무회의에서 합참의장이 국무총리와 대통령에게 '전쟁을 해야 한다'라거나 '국방 예산을 깎으면 군이 가만히 있지 않을 것이다'라는 엄포를 놓는 격이라 할 수 있죠. 그런 기형적인 행태가 당시 일본에서는

---

16 1614년 겨울, 도요토미의 오사카성을 포위한 도쿠가와 이에야스는 오사카성의 강력한 방어력을 뚫지 못했고, 도요토미 측에게 화친을 제의하는 대신 성 바깥에 있는 방어용 호수를 메워달라고 요청했다. 도요토미 측은 이를 받아들였으나, 이후 1615년 여름, 화친의 약속을 깬 도쿠가와에게 멸망하고 말았다.

어떻게 가능했던 걸까요? 이를 알기 위해선, 당시 일본의 군령권에 대한 이해가 필요합니다. 군령권을 이해하려면 먼저 통수권을 알아야 하고요.

보통의 민주주의 국가에서는, 한 나라의 군대를 지휘할 수 있는 통수권統帥權이 국민에 의해 선출된 대통령이나 총리에게 일원화됩니다. 우리가 대통령을 '국군 통수권자'라고 부르는 것에서도 알 수 있듯이요. 그렇기에 '국민의 군대'인 대한민국 국군은 국민의 권한으로 통제받는 군대이며, 국민은 그 통제를 선출 권력인 대통령에게 일임하죠. 그처럼 군 통수권을 부여받은 대통령은 국방부 장관의 보좌를 받아, 군에 대한 '군정권'과 '군령권'을 모두 행사하는 것으로 군대를 지휘합니다.

여기서 군정권軍政權은 인사 및 보급 등 군에 대한 '행정 권한'을, 군령권軍令權은 부대의 작전과 기동에 대한 '작전 권한'을 뜻합니다. 쉽게 말해, 군정권은 군대의 인사 관리나 물자 관리, 평상시의 훈련과 부대 관리에 대한 권한, 군령권은 실제 병력이 투입되는 작전과 전투에 관한 권한이라고 볼 수 있죠. 이렇게 두 가지 축을 통해, 군대를 관리하고 또 필요시엔 사용하는 겁니다.

그러나 당시 일본 제국의 통수권은 그런 정상적인 범주에서 벗어나 이상한 데가 있었어요. 바로 군정권과 군령권의 행사 주체가 이원화되어 있었던 겁니다. 총리대신의 지휘를 받는 내각 육군대신(육군 장관)과 해군대신(해군 장관)은 '군정권'만 행사했습니다. 그러나 육군은 '참모 본부', 해군은 '군령부'라는 각각의 별도 조직을 두어 따로 '군령권'을 행사했죠. 더 심각한 것은 육군 참모 본부와 해군 군령부가 누구의 통제도 받지 않고, 천황 직속으로 편성되었다는 점이었어요. 그들은 자신의 권한을 이용해 정부의 견제로부터 자유롭게 행동할 수 있었고, 결국 폭주하게 되었습니다. 누군가 군부에 간섭이라도 할라치면 '감히 천황 폐하의 군령권을 침범하려느냐'라면서 면박을 주기도 했습니다. 심지어 경제 위기에 직면한 일본 정부가 국방 예산을 줄이려고 하자, 군령부는 강하게 반발했는데요. '천황 폐하의 성스러운 군령권을 감히 정부가 침해하느냐'라는 논리로 말이죠. 군부, 그중에서도 군령부의 세력은 그야말로 '천황의 이름을 빌려' 정부나 총리대신까지 모두 무시하는 행동을 하기에 이르렀습니다.

그런 상황에서, 일본 군부는 정부를 향해 줄곧 '시기를 놓치기 전 빠르게 미국에 선제공격을 해야 한다'고 주장할 수 있었던 거예요. 회의가 계속될수록 군부의 그런 태도와 불만은 더욱 심해져만 갔습니다. 그러자 천황은 군부를 자제시키기 위해 새로운 총리대신을 임명하는데, 그가 바로 육군 대장 도조 히데키東條英機였습니다. 육군에서 막강한 영향력을 지닌 도조가 총리대신으로 임명되면, 군부를 자제시켜 대미 개전을 막아주리라 예상했던 것이죠. 하지만 도조는 군부의 발호를 막지 못했습니다. 오히려 국민 여론과 군부의 강력한 주장, 육군의 압박 등 여러 가지 이유로, 대미 개전이 결정되고야 맙니다. 이제 일본은 전쟁의 길로 나아가게 되었습니다.

그 과정에서 굉장히 재미있는 일화가 있는데요. 대미 개전을 앞두고 벌어진 정부와 대본영大本營[17] 사이의 연락 회의에서, 해군 군령부 차장 이토 세이이치伊藤整一 제독은 외무대신(외교부 장관)을 향해 전쟁 개시 여부를 무턱대고 통보했습니다. '개전이 결정되었으니, 앞으로 위장 외교를 통해 이를 들키지 말라'면서 말이죠. 군부가 선전포고를 결정했노라며 정부에 일방적으로 통

---

[17] 일본 제국이 전시에 설치한 육군 및 해군의 최고 통수 기관.

보한 거예요. 외무대신인 도고 시게노리東鄕茂德가 펄쩍 뛰며 반대했지만, 이토 제독은 이미 결정된 일이라며 단호한 태도를 보였습니다. 자포자기한 외무대신은 '개전일이라도 언제인지 알려달라'며 사정했지만, 군부는 '감히 천황 폐하의 통수권에 일일이 간섭하려 드는가?'라는 기상천외한 반응을 보였어요. 그러나 도고가 '개전일을 알아야 그에 맞춰 외교 전략을 짤 수 있다'라며 거듭 설득하자, 이토는 마치 선심이라도 쓰듯 '개전일은 12월 8일이다. 들키지 않도록 위장 외교를 잘 하라'고 말했습니다.

그 회의의 결과, 미국과의 전쟁 개시일은 12월 8일(미국 기준 12월 7일)로 결정되었습니다. 회의가 종료되자마자, 해군 군령부는 즉각 일본 연합함대의 항모기동부대에 전투명령을 하달합니다. 당시 함대는 극도의 보안을 유지한 상태로, 440여 대의 항공기를 싣고 미국 태평양 함대의 심장부, 하와이를 타격하기 위해 이동 중이었죠. 해군이 '마지막 회의에서 전쟁을 하지 않겠다고 결정되면, 그때 가서 함대를 불러들이겠다'는 이유로, 11월 말에 이미 하와이를 향해 함대를 출격시켰던 거예요. 극도의 보안 유지로 인한 고요함만이 태평양의 파도를 부수며, 이제 지구 반대편에서 세계대전의 또 다른 무대가 펼쳐질 터였습니다.

일본의 첫 번째 목표는 하와이, 그중에서도 미 태평양 함대가 주둔한 진주만眞珠灣이었습니다.

1940년, 전함 나가토에서 지도를 바라보는 야마모토 이소로쿠.
진주만 기습 작전 계획을 입안했지만, 미국의 국력으로 보았을 때
전쟁에서의 승리를 장담할 수 없다고 단언했다.

11장

진주만 기습―잠자는 사자를 건드리다

"잠자는 거인을 깨워 끔찍한 결과를 낳을 것이 나는 두렵다."
일본 해군 제독 야마모토 이소로쿠, 진주만 기습 이후

1941년 12월 7일, 아직 아침이 밝아오기 전의 어둑한 새벽 바다였습니다. 하와이로부터 불과 수십 킬로미터밖에 떨어지지 않은 공해상에, 널찍하게 기다란 함선들이 모습을 드러냈습니다. 어둠 속에서 그 일본 항공모함 함대를 이끄는 나구모 주이치南雲忠一 제독은 공격 제대를 나누고, 함교에서는 참모장교들이 저마다 바삐 움직이면서 항공기의 발진 준비를 서둘렀죠. 각 항공모함의 갑판에는 전투기가 프로펠러의 굉음을 내면서, 당장이라도 새벽하늘을 가르며 날아오를 채비를 갖추고 있었어요. 점차 떠오르는 태평양의 태양을 배경으로, 이제 일본의 기습 공격이 시작될 것이었습니다.

일본 함대는 최고의 보안을 유지하면서, 정체를 들키지 않고 미 태평양 함대의 본거지인 하와이까지 접근합니다. 함선에서 발생하는 매연을 줄이기 위해 연료를 경유로 바꾼 데다가, 시간차를 두고 함선을 한두 대씩 차례차례 보내는 방법을 통해 거대 규모의 함대가 출항하는 사실을 최대한 숨기는 데 성공한 것이죠. 보안을 위해, 장병들에겐 작전 목표도 알려주지 않았는데요. 세상의 눈에서 벗어나 쿠릴열도 에토로후섬擇捉島의 히토카푸만單冠

灣에 정박한 후에야 장병들에게 '목표는 진주만'이라는 사실을 고지할 정도로, 일본의 사전 준비는 치밀했습니다.

하지만 일본 정부는 물론이거니와, 일본 해군조차 미국과의 전쟁에서 이길 수 없다는 점을 매우 잘 알고 있었습니다. 그렇다면 일본은 왜 전쟁을 감행했으며, 대체 어떤 계획으로 싸우려고 했던 걸까요? 사실 일본이 서양의 강대국과 전쟁을 벌인 것은 이번이 처음은 아니었어요. 우리에게도 잘 알려진 러일 전쟁이 바로 최초의 서구 열강과 벌인 대규모 전쟁이었습니다. 메이지 유신을 통해 서구화에 성공한 일본은 부족한 경제력과 미약한 군사력에도 불구하고 러일 전쟁에서 승리하면서, 만주와 한반도에 대한 영향권을 확보하는 데 성공했죠. 그 후 러시아는 한반도에 대한 영향력을 잃고, 나아가 우리에겐 경술국치庚戌國恥라는 씻을 수 없는 상처를 준 일대 사건이었습니다.

사실 러일 전쟁에서의 승리는 우리에게 알려진 것처럼 일본의 압도적인 승리는 아니었는데요. 일본 육군은 뤼순旅順 공방전[18] 등의 전투에서 막대한 피해를 입었고, 게다가 전쟁이 장기화하면서 일본의 전시경제는 마비 직전에 이르렀죠. 일본이 전쟁을 수행하는 데 점차 버거움을 느끼던 바로 그 시기에, 일본 해군이 쓰시마 해전對馬沖海戰에서 러시아 발트 함대Baltic Fleet를 격멸함으로써 유리한 고지에서 러시아와 협정을 맺을 수 있었던 겁니다.

협정 당시 러시아는 '우리 국내 정치 상황이 혼란스러워서 전쟁을 마무리 짓는 것일 뿐, 너희에게 패배한 게 아니니 배상금은 줄 수 없다'라는 입장을 고수했고, 일본은 청일 전쟁과는 다르게

---

[18] 러일 전쟁의 지상전 중 가장 치열했으며 많은 사상자를 냈던 전투. 러시아군이 주둔한 뤼순항의 요새를 빼앗기 위한 일본군의 공격으로 시작되었으며, 일본은 비록 전투에선 승리했으나 엄청난 인명 손실을 보았다.

러일 전쟁에서 배상금을 받아내지 못했습니다. 그러나 대다수 일본 국민들은 일본이 가까스로 러일 전쟁에서 승리했다는 사실을 잘 알지 못했어요. 러일 전쟁이 끝난 뒤 '왜 이겨놓고도 전후 협상에서 러시아로부터 더 많은 배상금을 안 받아오는 거지?'라는 불만이 일어나기도 할 정도였으니까요. 배상금을 받아야, 전쟁으로 인한 경제 특수를 더 누릴 수 있기 때문이었죠.

하지만 그런 민간의 시각과는 다르게, 군부는 한 가지 교훈을 얻게 되었습니다. 바로 '함대 결전'에 대한 환상이었죠. 즉 발트 함대를 격파한 결정적인 해전에서 단 한 번의 결전으로 러일 전쟁의 승패를 가르고, 유리한 조건에서 협정을 맺었던 달콤한 기억의 연속선상에서, 일본은 다시 한번 미국과의 해상 결전을 꿈꾸고 있었던 거예요. 그래서 일본은 미 태평양 함대를 불시에 기습하여 그들의 전력을 무력화하고, 이후 미국의 함대가 일본 근해로 공격해 오면 그들의 전력을 야금야금 소진케 하다, 주요 지점에서 해상 결전을 벌여 승리하겠다는 작전을 수립하기에 이릅니다. 이를 '점감요격 작전漸減邀擊作戰'이라고 하는데요. 미 해군의 전력을 조금씩 갉아먹다가 결전을 벌여 단 한 번의 승리로 전쟁을 끝낸다, 이것이 바로 거대한 미국을 상대할 비장의 무기였던 겁니다.

그러나 일본이 간과하는 것이 있었습니다. 미국은 혁명 전야의 러시아처럼 국내 정치가 불안정하지도 않았고, 경제력에서도 러시아 제국과는 비교할 수조차 없을 만큼 엄청난 체급을 갖추고 있었어요. 따라서 점감요격 작전은 일본으로서는 생각해 볼 만한 방법이라고는 해도, 현실성이라고는 전혀 없는 작전이었던 겁니다. 물론 국가가 자신의 전략적·정치적·국제적 불리함을 전쟁으로 해소한다는 판단부터 애초에 말도 안 되는 일이긴 하지만요.

그러나 일본은 진주만 기습을 결행했고, 이제 주사위는 던져졌습니다. 현지 시각 12월 7일 이른 새벽, 일본군 항공모함에서 하나둘씩 항공기가 이륙하기 시작합니다. 진주만 상공에서 제공권을 책임질 전투기, 지상과 해상에 있는 목표물을 공격하기 위해 폭탄과 어뢰로 무장한 폭격기, 그리고 뇌격기가 그 뒤를 따랐죠. 그들은 목표물을 향해 꼬리에 꼬리를 물고 고요한 하와이의 아침 바다 위를 비행했고, 낙오되는 항공기 없이 진주만 상공에 도달했습니다.

일요일 아침의 진주만은 매우 고요했어요. 일본군 항공기 부대의 조종사들은 고요한 진주만 상공을 바라보면서, '완벽한 기습'의 성공을 알리는 무전을 다급히 자신들의 함대에 보냈습니다. 그야말로 역사에 남을 만한 완벽한 기습이었죠. 물론 미군 부대의 레이더도 그러한 일본군 항공기를 식별하긴 했지만, 마침 그날 같은 방향에서 진입하기로 되어있던 아군의 B-17 폭격기 부대로 착각하고 경보를 울리지 않았습니다. 여러 가지 불운이 겹친 결과였습니다.

당시 진주만에 있던 미군은 일본군의 대대적인 공습을 전혀 인지하지 못한 상태였어요. 그러다 폭발이 계속되자 비로소 전열을 가다듬고 반응하기 시작했죠. 훗날 생존자들은 그때를 회고하길, 일본 해군 항공기들이 낮게 비행하며 폭탄과 어뢰를 뿌려대는 모습에 '일요일 아침에 무슨 훈련을 이렇게 요란하게 하는 거지?'라고 생각했다고 합니다. 그 정도로 완벽한 기습이었던 거예요.

진주만 공습이 진행되는 동안, 대부분의 미군 항공기가 지상에서 파괴되었습니다. 진주만 상공에 나타나리라 예상했던 미군 전투기들이 보이지 않자, 할 일이 없어진 일본군 전투기들도 지상 공격에 참가했습니다. 미군은 불리한 상황에서도 대공사격을 거듭하며 처절하게 대응했죠. 그러나 일본군의 예상과 달랐던 한 가지가 있었는데, 바로 미 해군의 항공모함이었습니다. 항공모함을 1순위로 공격하려던 일본의 계획과 달리, 진주만 내에서 미 해군의 항공모함이 보이지 않았던 거예요. 그러자 일본군 항공기들은 즉각 2순위 목표인 미 해군 전함을 향해 폭탄을 쏟아붓기 시작했습니다.

　공격이 시작된 지 얼마 되지 않아, 어마어마한 대폭발과 함께 거대한 전함이 두 동강 나버렸습니다. 미 해군 전함 USS 애리조나 USS Arizona의 탄약고가 유폭되어, 엄청난 대폭발을 일으킨 겁니다. 1,000명이 넘는 승조원들이 순식간에 함 내에서 전사했습니다. 미 해군에겐 악몽과도 같은 일이었죠. 그러나 처음엔 어안이 벙벙해 일본군의 폭격을 지켜보고만 있던 미군들은, 어느새 정신을 차리고 각자의 위치로 달려 나가기 시작했습니다. 미군 조종사들은 자신들의 구형 전투기에 시동을 걸었고, 대공포 사수들은 탄약을 나르며 일본군 전투기와 싸울 채비를 서둘렀죠. 그러나 너무나 전격적이고도 기습적인 일본군의 폭격으로, 미군의 피해는 늘어만 갔습니다.

　일본군의 강력한 폭격이 벼락처럼 이어진 후, 공격을 모두 마친 일본군 항공기들이 무장과 연료 문제로 되돌아간 모양인지 다시 고요한 적막만이 찾아왔습니다. 미군은 사망자를 수습하고 화재를 진압하는 등 전장을 정리하기 위해 애썼어요. 하지만 1시간 뒤 다시 하늘엔 일본군 항공기가 모습을 드러내기 시작했죠. 재무장과 보급을 마친 일본군의 2차 항공 공격대가 도착한 겁니다.

　2차 공격대 또한 파상 공세를 펼치면서 미국 함대를 공격했고, 미 함대는 또다시 어마어마한 피해 속에 궤멸 직전의 상황까지 몰리게 되었습니다. 몇몇 전함들은 아비규환 속에서도, 함체를 움직여 좁은 수로를 통해 넓은 바다로 탈출하려고 시도했죠. 그렇게 움직이는 전함을 향해, 바다 위에 떠있는 생존자들도 환호성을 지르며 응원했어요. 불타오르면서도 넓은 바다를 향해 나아가며 혹시 모를 일본 함대에 대비하는 거대한 전함의 모습에, 미군들은 불리한 상황에서도 용기를 얻었을 겁니다.

이윽고 일본군 항공기들이 모두 돌아가면서 2차 공격도 끝났습니다. 미군들은 침몰하는 전함과 군함 들을 수리하기 시작했고, 그와 동시에 또다시 이어질지도 모르는 일본군의 3차 공격을 대비했죠. 한 번만 더 일본군의 대규모 항공 폭격이 이어진다면, 항구 시설마저 모두 파괴될지 모를 일이었습니다. 그러나 미군에게는 다행스럽게도, 일본군의 3차 폭격은 실행되지 않았습니다.

하와이의 일요일 오전 10시, 일본군의 모든 공격이 끝났습니다. 그러나 미 태평양 함대의 본진인 진주만은 그야말로 불바다가 되어버렸죠. 전함 여덟 척과 순양함 세 척, 구축함 세 척이 침몰하거나 심각한 손상을 입었습니다. 또한 3,500여 명의 미군이 전사하면서, 미국은 일본을 향한 복수심에 불타오르게 되었어요. 특히나 비록 구형이었다고는 해도, 함대의 주력함이던 전함 여덟 척 중 네 척이 완전히 침몰한 것은 정말이지 뼈아픈 일이었습니다. 나머지 살아남은 전함 네 척도 겨우 침몰만 면한 수준으로, 앞으로 일본 해군과의 복수전에 나서려면 길게는 몇 개월에 걸친 대규모 수리에 들어가야만 했죠.

반면 일본은 그 기습 작전의 대성공에 환호했습니다. 미 태평양 함대를 거의 궤멸 상태로 몰아넣은 데 반해, 자신들은 50여 대의 항공기를 잃은 게 전부였거든요. 일본으로서는 그야말로 성공적인 기습이었습니다. 나구모 주이치 제독의 참모장교들은 진주만의 항구 시설과 유류 저장 시설을 대상으로 하는 3차 공격대를 발진시키자고 건의하지만, 나구모 제독은 이를 일축합니다. 세 번째 공습에서는 진주만의 미군들도 전열을 가다듬고 반격해 오리라 우려한 것이죠. 나구모 주이치 제독에겐 작전의 성과를 달성하는 것 말고도, 모든 항공모함을 살려서 돌아가는 일 또한 중요했기 때문이에요.

그렇듯 일본군의 3차 공습 취소는 미국에 실로 천운과도 같은 일이었습니다. 실제로 진주만의 항구 시설과 유류 저장 시설에는 별다른 피해가 없었어요. 이는 미군이 진주만 공습에서 궤멸된 해군 전력만 빠르게 회복한다면, 곧바로 항구 시설을 이용해 공격에 나설 수 있음을 의미했죠. 결국 그 덕에 미군의 태평양 지역을 향한 해군력 투사가 조금이나마 이른 시기에 가능해졌고, 일본군의 대전략은 큰 차질을 빚게 되었습니다. 게다가 원래 진주만에 들어오려다가 일정 문제로 입항이 늦어지면서 천운으로 살아남은 미 항공모함 USS 엔터프라이즈 USS Enterprise는, 이제 미 태평양 함대의 상징이자 주력함으로 일본에 대한 반격을 주도할 터였어요. 나아가 일본의 명확한 선전포고 없이 이뤄진 이 기습으로 미국 내 여론이 참전 쪽으로 기울었고, 결국 잠자는 거대한 사자, 미국이 제2차 세계대전에 공식적으로 참전하게 되었습니다. 물론 일본 외교 당국은 진주만 공습 직전에야 모호한 표현들로 가득한 선전포고문을 미국에 전달하기는 했습니다만, 사실상 거의 무방비 상태의 미국을 공격한 것이나 다름없었죠.

진주만 공습 소식을 전해 들은 독일의 히틀러가 뜬금없이 미국에 선전포고를 날리면서, 전쟁은 이제 진정한 의미의 '세계대전'으로 확대됩니다. 독일 외교 당국이 일본과의 군사협정은 '외부의 침입을 받았을 때'로 한정되니, 일본이 먼저 미국을 공격한 진주만 공습에는 독일의 참전 의무가 없음을 건의했으나, 히틀러는 이를 묵살하죠.

유럽에서는 독일이 모스크바의 코앞까지 당도했고, 태평양에서는 일본이 미국 태평양 함대를 궤멸시켰어요. 전쟁의 초기, 승리의 여신은 추축국에 약간의 미소를 지어 보이는 듯했습니다.

바야흐로, 전쟁의 향방이 완전히 뒤바뀔 1942년이 다가오고 있었습니다.

1941년 12월, 진주만 공습을 위해 출격하는 일본군 항공기들.
항공모함 히류에서 촬영된 사진으로, 멀리 항공모함 소류의 모습이 보인다.

진주만 공습이 시작되는 모습을 담은 사진.
미 해군 전함 USS 웨스트 버지니아(USS West Virginia)에
어뢰가 명중해 물기둥이 솟아오르고 있고,
그 오른편으로 고도를 높이는 일본군 항공기가 보인다.

12장
모스크바 공방전 — 눈보라 속의 혈전

"안개 자욱한 모스크바 근처에서,
우리는 적들의 무덤을 준비해 두었다!"

소련군의 「모스크바 방위군 행진곡」 가사 중

1941년 6월 22일 시작된 독일의 소련 침공도 어느덧 수개월이 지난 상황. 개전 초기 소련군의 대규모 붕괴와 연이은 패배로, 전쟁의 향방은 독일의 승리로 결정되는 듯했습니다. 강력한 독일군은 빠르게 진격해 나갔고, 주요 도시들에서의 소련군 저항은 분쇄되었죠. 그러나 소련 병사들의 분투와 애국심, 그리고 러시아의 광활한 대지와 추위 때문에, 침략자들의 진격은 점차 둔화되었어요.

특히 모스크바 점령을 목표로 부여받은 중부 집단군은, 우크라이나의 소련군 주력을 격멸하기 위해 모스크바로 향하다 유턴, 남쪽의 키이우 방면으로 내려가 격전을 치러야 했죠. 중부 집단군의 구데리안은 훗날 자신의 회고록에서, '그때 바로 모스크바로 들어갔다면 전쟁에서 승리했을 것'이라고 말합니다. 물론 역사엔 만약이라는 게 없습니다만, 그만큼이나 키이우 포위전은 중대한 분기점이 될 수도 있었던 겁니다.

키이우에서 70만 명 남짓의 병력을 잃는 처참한 패배에도 불구하고, 소련군의 저항은 더욱 격렬해졌습니다. 특히 모스크바 근교로 가까워질수록 양측의 교전은 더욱더 치열해졌는데요. 소련군으로서도 모스크바는 절대로 빼앗겨서는 안 되는 수도였기 때문이죠. 특히 소련의 독재자 스탈린이 모스크바에 남기로 결정하자, 모스크바를 방위하기 위한 준비는 더욱 철저해졌습니다. 스탈린의 그 결단에, 소련의 국가적·국민적 사기가 올라간 것은 당연지사였고요.

1941년 10월이 되자, 독일군도 초조해지기 시작했습니다. 모스크바로 가는 길목인 뱌지마 Vyazma 등지에서 독일군은 또다시 소련군을 포위, 섬멸하는 쾌거를 올리기도 했으나, 소련군의 저항은 모스크바로 다가갈수록 더더욱 격렬해졌죠. 뱌지마 전투는 모스크바 방위에 나설 소련군 주력 부대에 치명적인 패배를 안긴, 독일 중부 집단군 최고의 승리 중 하나였음이 분명했습니다. 또한 소련군 수뇌부에겐 모스크바를 잃을지도 모른다는 공포감을 불러일으켰고요.

그러나 소련군은 계속해서 징병·동원되었고, 드넓은 전장에서 독일군 병력이 집중되는 것을 방해했습니다. 레닌 Vladimir Lenin이 남겼던 말처럼, 소련군에게 '양은 곧 질'이었습니다. 소련군은 끔찍한 패배 속에서도 계속해서 전선을 보충해 나갔어요. 그 시점 소련군의 전략적 목표는 독일군의 패배가 아니었습니다. 겨울이 오기 전까지 모스크바를 사수하는 것이었죠. 여름 장비로 무장한 독일군에겐 시간이 없었습니다.

독일 중부 집단군이 고전을 면치 못하자, 독일군 수뇌부는 북부 집단군의 제4기갑군을 중부 집단군 소속으로 변경해 전력을 증강, 모스크바 함락을 위한 최후 공세 작전을 계획합니다. 작전명은 '태풍 Teifun'이었어요. 태풍 작전이 개시되자, 독일군은 소련군의 강력한 저항에도 불구하고 계속해서 전선을 돌파해 나가기 시작했습니다. 10월에 접어들면서, 점차 하루가 다르게 쌀쌀해지는 날씨는 독일군에게 더욱 조급함을 느끼게 하는 요인이 되었죠. 독일군은 바르바로사 작전을 약 10주 이내, 즉 겨울이 오기 전에 끝낸다는 단기적인 목표를 가지고 전쟁에 돌입한 나머지, 병사들에게 지급할 월동 장비가 부족한 상태였습니다. 병사들 대부분은 여름 복장을 갖춘 채였고, 독일 국내에서 황급히 월동 장비들을 준비했지만 이미 너무 늦은 조치였죠.

점차 시간이 지나 11월 말에 접어들면서, 더욱더 강해진 추위에 독일군의 전투 능력은 현저히 저하되었습니다. 장비와 차량의 윤활유 등 각종 기름이 모두 얼어붙으면서 시동을 거는 일조차 어려워졌고, 전투기들은 엔진을 녹이기 위한 예열에만 어마어마한 연료를 소비할 수밖에 없었어요. 윤활유조차 겨울용을 챙겨 오지 못했던 겁니다. 장비들의 엔진이 동파되는 사태를 막기 위해, 장비들 아래에 모닥불을 지펴놓는 방법이 성행할 정도였죠.

중장비에 대한 월동 준비가 부족했던 만큼, 일선 보병들의 고충도 갈수록 심각해졌습니다. 독일군 병사들은 절반이 넘는 수가 여름 전투복을 입고 있었는데요. 그래서 소련군 전사자를 발견하면, 그 시체에서 소련군의 따뜻한 겨울옷과 신발을 챙기느라 혈안이 되었죠. 이미 독일군의 월동 장비 보급 능력은 한계치를 넘어, 준비조차 되어있지 않은 수준이었습니다.

추위 속에서 점차 둔화하고 있던 독일 중부 집단군은, 마지막 목표인 모스크바 점령을 위해 계속해서 공세를 퍼부었습니다. 하지만 점차 그 역량의 한계에 다다르고 있었어요. 소련군의 거센 저항, 그리고 그만큼이나 처절하게 몰려오는 겨울 추위가 독일군의 발목을 잡았죠. 결국 12월 5일, 독일 중부 집단군에는 진격을 멈추라는 명령이 하달됩니다. 소련군의 계속되는 격렬한 저항과 추위, 독일군의 부족한 보급체계가 함께 작용한 결과였어요. 중부 집단군은 초인적인 능력을 보여왔지만, 그것이 마지막이었습니다.

포성과 독일 공군의 폭격 소리가 저 멀리에서 울려 퍼지는 모스크바의 붉은 광장. 화려한 퍼레이드를 선보인 소련군 부대들은 행진 대형 그대로 전선에 투입되었습니다. 게다가 일본에서 활약한 소련의 전설적인 스파이 리하르트 조르게 Richard Sorge가 소련에 보고한 첩보에 따르면, 일본은 12월쯤 미국을 공격할 예정이며 소련과 전쟁을 벌일 기미는 보이지 않았어요. 그리하여 소련은 혹시 모를 일본과의 전쟁에 대비해 극동과 시베리아 지방에 배치해 둔 정예 사단들도 추려서, 모스크바 방위에 투입할 수 있었죠. 나아가 모스크바의 시민들이 총동원되어 1941년 10월 중순부터 11월 말까지, 독일군의 혹시 모를 진격을 막기 위해 도시 주변에 대전차 장애물과 참호를 설치하는 작업을 실시했습니다. 모스크바는 이제 최전선 도시로서의 방어 작전에 들어가게 된 겁니다.

모스크바에 거의 도달한 독일군은 마지막 힘을 짜내 날카로운 공세를 퍼부었습니다. 그러나 소련군은 독일군의 공세를 겨우 버텨냈죠. 마치 절벽 끝에서 발끝으로 가까스로 버텨낸 것과 같은 아슬아슬한 승리였어요. 전투의 판도가 조금씩 바뀌어 나가자, 소련군은 이제 기후와 수적 우세를 바탕으로 전열을 가다듬고 반격을 준비합니다. 전열을 가다듬은 소련군의 1차 목표는 바로 모스크바 근교까지 진출한 독일군의 주요 점령지를 모두 탈환하고, 독일군의 부대들을 최대한 모스크바로부터 멀리 떨쳐내는 것이었어요. 이 막중한 임무를 수행하기 위해, 소련의 게오르기 주코프 Georgy Zhukov 장군은 반격 준비에 더욱 박차를 가했습니다.

독일군의 공세 빈도가 점차 줄어들고 그 위력도 약해지고 있다고 판단한 주코프는, 일제히 반격하라는 명령을 하달했습니다.

물론 지금까지 너무 많은 인명 손실을 보았던 소련군에게 공세 작전은 굉장히 어려운 것이었지만, 추위가 그들을 도와주었죠. 적어도 소련군의 동계 장비만큼은 독일군보다 압도적으로 우세했고, 무엇보다도 병사들의 추위 적응도가 독일군과는 비교가 되지 않았거든요. 주코프 장군의 지휘 아래, 소련군은 반격을 시작했습니다. 잘 준비된 동계 장비로 무장한 소련군은 독일군 부대들 틈새로 파고들면서 공세 행동을 개시했고, 독일군은 모스크바로 갈 수 있는 주요 길목들을 겨울 동안 확보해 두기 위해서 방어 작전에 들어갔습니다. 그래야 내년 봄에 다시 모스크바를 노려볼 수 있을 테니까요.

그러나 날씨가 아무리 춥다고는 해도, 독일군은 소련군보다 월등한 전술 능력을 보유하고 있었습니다. 독일군은 소련군보다 우세한 '교환비'를 보이며 싸우고 있었는데, 쉽게 말해 독일군 한 명이 전사할 때 소련군은 네 명이 전사하는 비율을 유지한 것이죠. 그러나 문제는 그다음이었는데요. 독일군은 소모한 만큼의 병력과 장비가 보충되지 않았던 데 반해, 소련군은 소모한 것만큼 혹은 그 이상으로 보충될 수 있었거든요. 독일군 수뇌부의 프란츠 할더 Franz Halder 장군은 이를 보고, '적의 열두 개 사단을 전멸시키면, 다음 날 적들은 그냥 다른 열두 개 사단을 새로 투입한다'라는 굉장히 의미심장한 일기를 남겼습니다. 단기 결전으로 프랑스를 물리친 독일군의 예상과 달리, 소련군은 프랑스군처럼 스스로 무너지지도 않았고 소련의 영토 또한 프랑스보다 훨씬 넓었습니다.

더욱이 소련군은 수적 우세를 바탕으로, 넓은 전선에서 독일군과 동시에 접촉함으로써 그들의 예비 병력을 소모시키는 효과를 톡톡히 보았어요. 독일군은 이제 거꾸로 소련군의 파상 공세에 직면하게 되었습니다. 제대로 된 보급도 받지 못한 최일선의 독일군은, 소련군의 대규모 공세에 각개 격파당하기에 이릅니다. 그런 상황에 노발대발하는 히틀러를 설득한 독일군 지휘부는 150km나 후퇴해야만 했죠. 모스크바를 코앞에 두고 벌어진 통한의 퇴각이었습니다.

그러나 앞서 살펴본 것처럼, 소련군도 아직은 완벽한 상태가 아니었고 독일군은 나름대로 전력을 갖추고 있었습니다. 부자는 망해도 3년을 간다고 했던가요. 독일 공군은 추운 날씨 속에서도 항공 작전을 통해 제공권을 확보함으로써 소련군의 전투력을 저하시켰고, 소련군도 많은 피해를 보기 시작했습니다. 게다가 후퇴를 통해 방어에 유리한 지역으로 이동을 완료한 독일군이 전열을 가다듬고 재반격을 시도하면서, 소련군의 공세는 차츰 약해지고 있었어요. 겨울 동안 계속되던 소련군의 반격마저 1월 중순쯤 멈추면서, 모스크바 전선에는 일시적인 소강상태가 찾아왔습니다. 독일군과 소련군, 거대한 두 군대가 서로의 원투펀치를 한 번씩 주고받은 셈이 되었죠.

그 과정에서 모스크바 인근의 르제프 지역에서는 소련군 쪽으로 깊게 파고든 뾰족한 모양의 전선이 형성되었는데, 이는 소련군에게 두고두고 큰 위협이 되었습니다. 돌출부, 즉 바깥쪽으로 삐쭉 솟아있는 지역에 강력한 독일군이 집결해 공세를 펼친다면, 겨우 지켜낸 모스크바가 위험에 빠질 수도 있었기 때문이죠. 소련군은 호시탐탐 르제프의 독일군을 노리고 있었고, 르제프는 훗날 전쟁사에서 가장 유명하고도 성공적인 철수 작전의 대명사인 '들소 작전 Unternehmen Büffel'[19]의 주 무대가 되었습니다. 독일군의

19 1943년 봄에 결행된 르제프에서의 독일군 철수 작전. 독일군은 소련군으로부터 안전하게 철수했고, 이를 통해 병력을 절약하고 중부 지역에서의 전선을 안정화하는 데 성공할 수 있었다.

그 성공적인 철수 작전은 아직도 군인들에게 회자되고 있죠. 그러나 독일군의 철수 작전이 개시된다는 건, 무언가 전쟁의 판도가 바뀌고 있다는 불길한 신호였어요.

독일군과 소련군은 이제 다시 서로 숨 고르기에 들어갔습니다. 바르바로사 작전이 개시된 지점으로부터 수백 킬로미터 떨어진 광활한 소련의 대지에서, 어마어마한 길이의 전선에 수백만의 대군이 서로 대치한 상태가 유지되었어요. 무작정 모스크바로 달려오면서 전력을 소모한 독일군과, 가까스로 모스크바를 지켜내면서 수많은 희생을 치른 소련군 모두 더 이상 움직일 수 없었습니다. 게다가 1942년 1월로 해가 바뀐 뒤 찾아온 혹한의 겨울은, 양측 모두에게 휴식을 강제했죠.

그런 일시적인 소강상태에서도, 양측은 빠르게 다음 수를 준비합니다. 다시 날이 풀리는 봄이 오면, 겨우내 얼어있던 비포장 도로가 녹아내리며 진창이 되어버리는 라스푸티차가 찾아올 터였죠. 진흙투성이의 봄이 지난 뒤 여름이 되면, 양측은 다시 거대한 싸움을 벌여야만 했습니다. 그러나 독일군은 이제 모스크바 점령을 통한 단기 결전의 환상을 버렸고, 소련과의 장기전인 대규모 총력전을 수행해야 한다는 사실을 깨달았습니다.

그리하여 독일군은 이제 모스크바에서 우크라이나 지역과 남부로 목표를 수정합니다. 우크라이나의 자원과 더불어 캅카스 지역의 석유 자원 지대를 확보해야만, 장기화하는 전쟁을 수행할 수 있기 때문이었죠. 소련군도 독일군의 새로운 여름 공세를 기다리며, 다시 전투 준비에 총력을 가했습니다.

양측 군대가 진흙 속에 파묻혀 있던, 괴롭지만 따뜻한 봄날이 지났습니다. 이제 독일군의 1942년 하계 대공세가 다가올 차례였어요. 모스크바를 점령하지 못한 대신, 방대한 자원이 기다리고 있는 우크라이나와 캅카스 지역으로 혈전의 전장이 옮겨갈 터였죠. 절치부심한 독일군은 이제 캅카스 지역으로 나아갈 것이었습니다. 반드시 점령해야 하는 도시를 점령한 후에 말입니다.

스탈린그라드, 볼가강의 심장부를.

모스크바 중심부에 있는 호텔, '호텔 모스크바'의 옥상에 배치된 소련군 대공포병들이 대공경계를 취하고 있다.

13장
스탈린그라드 전투 — 지옥도가 펼쳐진 도시

"여기 들어오는 자, 모든 희망을 버리라."

단테의 『신곡』에서, 지옥문에 적혀있는 글귀

1941년에서 1942년으로 넘어가는 겨울의 혹한은 독일과 소련 모두에게 가혹한 것이었습니다. 독일군은 6월부터 모스크바를 향해 빠르게 진격했음에도, 추위와 소련군의 저항으로 모스크바 함락을 달성하지 못했죠. 소련군 역시 모스크바를 사수하긴 했지만, 수백만 명의 인명 피해와 국토 상실에 직면해야 했고요. 서로가 서로에게 엄청난 피해를 주었지만, 동시에 어느 한쪽도 치명타를 입히지는 못했던 겁니다. 그랬기에 양측 모두 상대방에게 치명적인 결정타를 날리고 싶어 안달이었습니다. 그러나 1942년의 봄이 찾아오자 얼었던 땅이 녹으면서, 러시아의 유명한 진흙탕 라스푸티차가 양측 모두를 옴짝달싹하지 못하게 만들었죠.

그런 진흙탕 속에서 양측 모두의 전투 행동이 위축된 건 사실입니다만, 전투가 아예 멈춘 건 아니었습니다. 특히 모스크바의 코앞에 돌출해 있는 독일군의 교두보 르제프를 둘러싼 '르제프 공방전 Battles of Rzhev'이 백미였는데요. 소련은 그 돌출부를 제거해서 작게는 모스크바의 안전을, 크게는 동부전선에서의 주도권을 확보하고자 했어요. 격렬했던 모스크바 공방전으로 소련군도 이미 많이 지쳐있었으나, 독일군보다 더 많은 병력을 가진 이점을 활용해 공세에 나섰습니다. 그 지역의 중요성을 알고 있던 독일군도 격렬한 방어전을 전개하면서, 르제프에서는 다시금 거대한 공방전이 벌어지게 된 것이죠.

독일군은 르제프 방어를 맡은 독일 제9군의 사령관을 발터 모델 Walter Model 장군으로 교체하고, 참모장으로는 한스 크렙스 Hans Krebs 대령을 임명합니다. 모델 장군은 방어전의 사자 Abwehrlöwen 로 불릴 만큼 특히 방어 작전에서는 일가견이 있는 사람이었고, 한스 크렙스 대령은 그런 모델을 보좌하는 유능하고 헌신적인 참모장교였어요. 훗날 크렙스 대령은 제2차 세계대전 독일군의 마지막 육군 참모총장 자리에 오를 정도로 능력 있는 인물이었습니다. 독일의 그런 인사 명령은 르제프 돌출부를 사수하겠다는 의지의 표명이기도 했죠.

소련군은 르제프 돌출부를 제거하기 위해, 계속해서 파상 공세를 펼쳤습니다. 독일군의 보급이 늦어진다는 것을 알고, 우세한 병력의 이점을 최대한 활용하려 한 거예요. 그러나 소련군의 공세는 발터 모델의 뛰어난 방어 전술과 독일군의 유기적인 움직임으로 말미암아 실패하고 맙니다. 전투가 한창이던 1942년 7월, 독일군은 '자이들리츠 작전 Unternehmen Seydlitz'으로, 르제프 남단으로 진출한 소련군 제39군을 오히려 포위 섬멸하는 데 성공하죠. 이 반격 작전으로 포위될 위험에 놓여있던 르제프 지역의 독일군을 구해내는 데 성공했으며, 소련군의 포위 가능성을 완벽히 차단했습니다. 그렇게 르제프 공방전의 초반은 독일군의 승리로 돌아가게 되었습니다.

중부의 판세가 그렇게 서로 카운터펀치를 날린 채 소강상태로 접어들었음에도, 남부의 격전은 여전히 타오르고 있었습니다.

1942년 6월 28일부터 진행된 독일군의 청색 상황 Fall Blau이란 이름의 하계 공세가, 우크라이나 지역에서 소련군을 몰아붙이며 더욱 격렬하게 전개되고 있었거든요. 1942년 독일군의 하계 공세는 지난번과 달리, 주요 공격 목표를 모스크바에서 우크라이나 남부와 캅카스 유전 지대로 변경했습니다. 단기전으로 소련군을 이길 수 없다는 것을 인식했음과 더불어, 모스크바를 함락하고도 승리하지 못했던 나폴레옹의 전철을 밟을 순 없다는 독일군의 의도가 반영된 것이었죠. 이제 독일의 전쟁은 우크라이나와 캅카스의 자원과 석유를 확보하기 위해, 끝을 모르는 상기선의 늪으로 빠져들게 되었습니다.

모스크바 공략에 실패한 중부 집단군으로부터 공세의 고삐를 이어받은 독일 남부 집단군은, 강력한 하계 공세를 시작합니다. 비록 겨울의 혹한 탓에 주춤했지만, 재정비를 마친 독일군은 역시나 강력했습니다. 독일군은 그 공세에 동맹이던 헝가리군과 루마니아군까지 합세시켰고, 그들은 독일군과 보조를 맞추어 공격 작전에 나섰어요. 게다가 독일군의 공세가 모스크바를 목표로 할 것이라는 소련군의 오판 덕분에, 독일군의 남부 공세는 매우 위력적이었습니다. 강력한 주력 부대들을 모스크바 인근으로 배치했던 소련군에게, 남부 지역에서 시작된 독일군의 공세는 청천벽력과도 같은 일이었죠. 독일군은 엄청난 속도로 소련의 남부 대평원을 가로질러 나갔습니다. 바르바로사 작전의 초기처럼 독일군은 어마어마한 속도로 소련군을 강타했고, 이윽고 흑해를 끼고 돌아 캅카스 지역으로 진출하기 시작했어요.

독일군 A 집단군은 터키를 눈앞에 둔 캅카스 지역으로 진격해 들어갔습니다. 이윽고 유럽에서 가장 높은 산봉우리인 엘브루스Elbrus에 나치의 깃발을 꽂는 퍼포먼스까지 선보이게 되었죠.

이제 캅카스와 바쿠의 유전 지대가 독일군 손아귀에 떨어질 일만 남은 것처럼 보였습니다. 그 옛날 그리스 신화에서, 프로메테우스가 인류에게 불을 가져다준 대가로 묶여 형벌을 받았다는 전설의 산을 정복한 독일군의 모습은 여러 선전 매체에서 활용되었습니다.

그렇게 캅카스 지역으로 돌입한 A 집단군의 측면을 강화하고 보호하기 위해, B 집단군은 볼가강 Volga River 유역을 확보하라는 명령을 받았습니다. A 집단군의 왼쪽 측면을 소련군이 돌파해 흑해 연안으로 진격한다면, A 집단군은 캅카스 산악 지역에 포위될 테니 말이죠. 그처럼 막중한 임무를 부여받은 B 집단군은 볼가강 유역의 주요 도시를 확보해, A 집단군이 캅카스를 공략하는 데 안전을 확보하려 했어요. 그 도시의 이름은 바로 스탈린그라드 Stalingrad였습니다.

독일군은 스탈린그라드 시가지에 진입하기 위해 공군의 폭격을 적극적으로 활용했고, 그 때문에 스탈린그라드는 폐허의 도시가 되어버렸습니다. 그러나 공교롭게도 그처럼 형성된 폐허는, 방어를 해야 하는 소련군에게 더 많은 은신처를 제공해 주는 꼴이 되었죠. 무너져 버린 도시의 폐허를 활용해 소련군은 끈질기게 저항했고, 독일군도 그에 질세라 더 많은 병력을 스탈린그라드에 투입하면서 전투는 점차 혈전의 양상을 띠게 되었습니다.

결국 스탈린그라드는 더 이상 '과정'이 아니라, 그 자체로서 '목표'가 되었습니다. 애초에는 A 집단군의 캅카스 지역 확보를 지원하며 볼가강 유역을 차지하는 과정에서 진격한 것이었는데, 이제는 스탈린그라드 점령이 작전의 목표가 되어버린 겁니다. 도시의 이름에 스탈린이 포함된 점 또한 양측의 전의를 더욱 불태웠는데요. 양측 독재자의 정치적 권위를 위해서도, 독일과 소련 모두에게 스탈린그라드는 가장 중요한 도시가 된 것이죠.

동부전선에서 독일군이 소련군보다 강력한 모습을 보였던 것은, 기갑부대와 공군의 합동작전, 그리고 뛰어난 장교단의 기동전 덕분이었습니다. 그러나 스탈린그라드의 전투는 그러한 독일군의 강점을 전혀 발휘할 수 없는 환경이었죠. 시가지와 건물의 모든 곳이 전장이었습니다. 계단, 지하철, 다락방, 아파트 복도, 기차역, 백화점, 공장 등지의 모든 곳에서, 소련군은 독일군 병사들과 백병전을 벌였어요. 더 이상 독일군은 강력한 기동전의 전차부대와 우수한 공군을 활용할 수 없었고, 그저 소련군 병사들과 한 명의 인간 대 인간으로 원시적인 전투를 벌여가며 시내로 신입해야만 했습니다.

소련군은 그러한 강약점을 잘 파악했고, 분대 단위로 나뉘어 독일군과 근접전을 벌였습니다. 소련군은 이를 '껴안기'라고 불렀는데요, 독일군은 그런 전술을 펼치는 소련군과 복잡한 건물 내부에서 처절한 소모전을 벌여야만 했죠. 스탈린그라드 시내에서의 전투가 격렬해질수록 독일군과 소련군은 서로 더욱 많은 병력을 시내에 밀어 넣었고, 전투는 날이 갈수록 치열해졌습니다.

독일군은 엄청난 피해를 보면서도 계속해서 공세를 이어나갔고, 스탈린그라드의 볼가강 바로 앞까지 도달하는 데 성공합니다. 독일 공군은 볼가강을 건너 스탈린그라드 시내로 증원되는 소련군의 수송선을 폭격하기 시작했고, 볼가강에 대한 제공권을 장악했습니다. 볼가강을 활용한 소련의 운송은 점차 제한되었고, 히틀러는 '볼가강에선 더 이상 적의 배를 찾아볼 수 없다!'라는 연설을 국내외로 전파하여 선전 효과를 극대화했어요.

1942년 10월 중순이 넘어가자, 독일 제6군이 승기를 잡습니다. 소련 제62군은 점차 볼가강 강변으로 밀려나기 시작했고, 도시의 대부분이 독일군 손아귀에 들어갔죠. 소련군은 계속해서 볼가강 너머의 스탈린그라드로 보급품과 보충병을 투입했지만, 이미 어마어마한 피해를 본 탓에 계속된 작전을 수행하기가 어려웠어요. 이제, 독일군은 거의 다가온 스탈린그라드에서의 승리를 만끽할 준비가 되었습니다. 스탈린그라드의 소련군 제62군을 지휘하는 바실리 추이코프 Vasily Chuikov 장군의 지휘소에 불길이 들이닥칠 정도였다고 하니, 그 전투가 얼마나 치열했을지 말로는 표현하기조차 어렵네요.

이제 소련군은 다른 국면에서 전세를 뒤집기 위해 시도합니다. 스탈린그라드에만 매몰되어 버린 독일군과는 달리, 더 큰 국면에서 말이죠. 독일군은 스탈린그라드에 최정예 병력을 몰아넣은 것과 달리, 스탈린그라드의 측면에는 비교적 허약한 루마니아군을 배치했는데요. 시내에서의 주요 전투는 독일군이 진행할 테니, 루마니아군은 시내 바깥의 전선을 유지만 해달라는 것이었죠. 소련군은 바로 그 점에 주목했습니다. 독일군은 부담스러운 적이었지만, 상대가 루마니아군이라면 이야기가 달랐거든요. 정예 병력을 시내에 집중한 독일군을 붙잡아 둔 채, 루마니아군을 박살낸다면 스탈린그라드는 자연스럽게 포위될 터였습니다.

1942년 11월 19일, 스탈린그라드의 남쪽과 북쪽에서 어마어마한 규모의 포병 사격이 개시되었습니다. 약 100만 명의 소련군이 양측에서 대규모 공세를 퍼부었고, 스탈린그라드의 인근에 배치되어 있던 독일의 동맹군인 루마니아군은 그야말로 추풍낙엽처럼 무너져 내렸어요. 소련군이 준비한 야심 찬 대규모 공세인 '천왕성 작전 Operation Uranus'이 시작된 겁니다. 스탈린그라드에 집중하느라, 주변의 독일군 부대 대부분을 스탈린그라드에 몰아넣은 결과가 가져온 재앙이었죠. 그리고 작전 개시 3일 뒤인 11월 22일, 스탈린그라드 외곽의 남단과 북단에서 각각 돌진해 온 소련군이 서로 만나면서, 소련군에 의한 스탈린그라드 포위가 완성됩니다. 수십만 명의 독일 정예 병력이 시가지에 갇혀버리고 만 겁니다.

독일군은 이제 거대한 기로에 섰습니다. 자신들이 소련군을 상대로 자주 써먹던 기동 포위 전술을, 조금은 서툴지만 소련군이 성공해냄으로써 한 방 먹은 거예요. 스탈린그라드의 독일 제6군 사령관 프리드리히 파울루스 Friedrich Paulus 장군은 서둘러 스탈린그라드를 중심으로 방어진을 형성하고, 독일 공군은 포위된 제6군을 위한 공중 물자 수송 작전을 수립하는 등 상황은 긴박하게 흘러갔습니다. 물론 포위망을 완성한 소련군도 가만있지 않았죠. 소련군은 계속해서 스탈린그라드의 포위망을 더욱 두껍게 방비하면서, 혹시 모를 독일군의 돌파 작전에 대비했습니다. 외부의 독일군과 포위망 안의 독일군이 각각 호응하여 동시에 돌파를 시도한다면, 포위망은 언제든지 깨질 수도 있었으니까요.

포위당한 제6군 사령관 파울루스는 히틀러에게 '만일 방어전을 계속하다 가망이 없을 땐, 제6군이 포위망을 뚫고 나갈 수 있게 허락해 달라'는 내용의 전문을 보냅니다. 하지만 히틀러는 거부했죠. 히틀러의 아집으로, 제6군은 스탈린그라드 내부에서 어떻게든 버텨내야만 했습니다. 독일 공군의 항공 물자 수송도 하루가 다르게 줄어드는 위험한 상황이 계속되었어요. 그때 독일군의 유일한 희망이자 구원투수가 등장합니다.

독일군은 상황을 타개하기 위해, 프랑스 침공에서 뛰어난 기동 작전을 입안했던 에리히 폰 만슈타인 원수를 구원투수로 등판시켰습니다. 만슈타인은 '돈 집단군 Heeresgruppe Don'의 사령관으로 임명됐죠. 그가 부여받은 임무는 간단했습니다. 소련군의 포위망을 뚫고 들어가 스탈린그라드의 제6군을 무사히 구출하는 것이었어요. 만슈타인이 이번 전쟁의 프랑스와 세바스토폴 Sevastopol20에서 보여준 지략이 또 한 번 빛을 발할 순간이었습니다. 그러나 독일군에게 문제가 없던 건 아니었는데요. 돈 집단군은 실제로 명칭만 집단군이지, 사실은 소련군의 천왕성 작전에서 패주한 부대들을 마구잡이로 재편성한 혼성 부대의 집합체에 불과했거든요. 전투력이 미약하기 그지없었단 말이죠. 그럼에도 만슈타인은 즉각 구출을 위한 공세 작전을 입안했고, 스탈린그라드가 함락되기 전에 제6군을 구출하기 위해 진격을 시작합니다. 겨울 폭풍 작전이 개시되었습니다.

만슈타인의 돈 집단군이 소련군 최전선을 돌파하면서, '겨울 폭풍 작전 Unternehmen Wintergewitter'이 시작되었습니다. 독일군 제6기갑사단은 소련군 제2친위군의 중심부를 타격해 전열을 무너뜨렸고, 뒤를 이어 제17, 제23기갑사단이 돌파하여 소련군을 격파했습니다. 만슈타인의 대담한 공격이 빛을 발하는 듯했어요. 소련군은 만슈타인의 측면을 노리고 역습을 시도했습니다. 천왕성 작전에서처럼, 약체 루마니아군을 공격하려는 심산이었죠. 그러나 만슈타인에게는 기적과도 같은 일이 일어났는데요. 무너질 것만 같았던 루마니아 제4군이 돈 집단군의 측방을 보호해 주었던 겁니다. 루마니아군은 미약했지만, 독일군의 진격을 분명하게 보조해 주고 있었습니다.

12월 20일, 드디어 만슈타인은 스탈린그라드에서 50km 지점까지 돌파해 들어가는 데 성공합니다. 상황은 나쁘지 않았어요. 지쳐버린 제6기갑사단의 뒤를 이어, 교체 투입된 제23기갑사단

---

20 만슈타인은 1942년 세바스토폴 포위전에서 독일 제11군을 이끌고 난공불락의 소련 요새를 함락하는 데 성공했으며, 그 승리로 원수로 진급했다.

이 선봉의 임무를 부여받아 공세를 이어나갔죠. 스탈린그라드에 포위된 독일군 병사들도 남서쪽 밤하늘에서 번쩍거리는 불빛을 보았고, 밤하늘을 가르며 은은하게 울려 퍼지는 포성을 들을 수 있었습니다. '만슈타인이 온다!'라는 외침은 스탈린그라드의 독일군들에게 실낱같은 희망을 주었죠. 작전명인 겨울 폭풍과 같이 내달려 오는 만슈타인의 기갑부대는, 그들에게 최고의 크리스마스 선물이 되어줄 듯 보였습니다.

그러나 독일군의 분투에도 불구하고, 전황은 나빠져만 가고 있었습니다. 각지의 소련군은 계속해서 독일군을 훨씬 앞서는 숫자로 보충되었어요. 더 이상 공세 작전을 펼 여력이 없었던 만슈타인은 파울루스에게 '제6군은 즉각 돈 집단군의 돌파구 방향으로 탈출하라'는 전문을 보냈지만, 파울루스는 거절했습니다. 그러나 파울루스가 그처럼 거절한 것은 '히틀러가 내린 사수 명령을 충실히 수행'하기 위해서가 아니었어요. 제6군이 오랜 포위 기간에 걸쳐 부상당하고 지쳐있었던지라, 그 엄동설한에 거의 50km에 달하는 설원을 가로지르는 탈출 작전을 수행할 수 없었기 때문이죠. 그 대신 파울루스는 스탈린그라드에서 30km 지점까지만 만슈타인이 뚫고 와주면, 자신들도 탈출 작전에 돌입하겠다는 타협안(?)을 내놓았습니다.

12월 22일, 만슈타인은 스탈린그라드 35km 지점까지 접근하는 데 성공합니다. 하지만 그 이상은 무리였죠. 돈 집단군의 역량을 고려했을 때, 거기까지 온 것만도 이미 엄청난 성과였어요. 돈 집단군은 자신들의 역량 그 이상을 해냈지만, 이젠 한계에 도달했습니다. 설상가상으로 자신들의 측방을 엄호해 주던 루마니아 제4군이 무너지기 시작했고, 돌파에 성공한 독일군 기갑사단 사이사이로 소련군이 밀려 들어오면서 혼전이 지속되었죠. 결국 견딜 수 없었던 돈 집단군은 그동안의 진격이 무색하게도 철수를 결정, 100km 후방의 진지로 되돌아가고 맙니다. 독일 제6군의 병사들이 학수고대하던 크리스마스 이브의 남서쪽 밤하늘은 너무도 조용했습니다. 모든 희망이 사라진 최악의 크리스마스였죠.

소련군은 이제 천천히 스탈린그라드를 잠식해 들어가기 시작했습니다. 시내에 남아있는 독일군은 저항을 계속했지만, 대세는 이미 기울었습니다. 해가 바뀐 1943년 1월 30일, 스탈린그라드 포위망에 갇혀있는 파울루스에게 '원수 진급'의 소식이 들려왔습니다. 그것은 히틀러가 내린 비공식적인 자결 명령과도 같았는데요. 프로이센 시절부터의 전통으로 비추어 볼 때, 단 한 명도 항복했던 원수는 없었기 때문이죠. 그러나 파울루스는 히틀러의 기대에 부응할 생각이 없었습니다.

원수로 진급한 바로 다음 날인 1월 31일, 파울루스는 스탈린그라드의 한 백화점 지하실에 마련된 그의 '사령부'에서 소련군에게 사로잡힙니다. 소련군이 그의 지휘소에 들이닥쳤을 때, 엄청난 양의 쓰레기와 오물 더미 속에서 서서히 몸을 일으키는 파울루스의 모습은 소련군에게 매우 충격적이었습니다. 파울루스는 자결 명령에 따르지는 않았지만, 프로이센의 전통에 먹칠을 하기는 싫었는지 '나는 항복한 게 아니라 불의의 기습으로 포로가 된 것'이라고 말했죠. 이후 2월 3일이 되자, 스탈린그라드에서 조직적인 저항은 모두 종료되고 독일군 생존자들 몇몇의 산발적인 저항만이 있을 뿐이었습니다. 그렇게 스탈린그라드 전투는 끝나버리고 말았습니다.

약 30만 명의 독일 제6군 중, 살아남아 소련군에게 포로로 사로잡힌 건 9만여 명에 불과했습니다. 그들마저 험난한 포로 생활을 견뎌야 했고요. 독일군은 이제 최악의 상황에 직면하고 말았습니다. 남부 집단군의 주력이자 풍부한 경험을 지닌 베테랑 부대였던 제6군이 말 그대로 '증발'해 버린 것이었죠. 후방이 위험해진 A 집단군 또한 캅카스 지역에서 일제히 후퇴하기 시작했고, 독일군은 몇 달 만에 캅카스 지역에서 모두 철수하게 됩니다. 이후 다시는 캅카스 지역으로 진출하지 못했습니다.

    기세등등해진 소련군은 후퇴하는 독일군을 끝까지 추격합니다. B 집단군은 그로기 상태였고, A 집단군도 전면적인 철수 작전으로 혼란에 빠진 상황이었죠. 독일군은 전열을 가다듬을 여유도 없이 그지 밀려니기에 급급했습니다. 그러나 그 혼란의 와중에도 반격의 칼날을 갈면서 소련군이 더 깊숙이, 더 많이 치고 들어오기를 기다리는 사람이 있었는데요.

    바로 소련군의 저승사자이자 겨울 폭풍 작전의 주인공, 만슈타인 장군이었습니다.

스탈린그라드 전투가 치열한 국면으로 치닫던 1942년 말 촬영된
스탈린그라드 중앙역 앞 광장의 동상 모습.
어린아이들의 모습과 어울리지 않는 전쟁의 폐허가 대비를 이루고 있다.

스탈린그라드 공업 단지의 잔해 속에서 작전 중인 독일군 보병들의 모습.
완전히 파괴된 도시는 독일군과 소련군 양측 모두에게
숨기 좋은 장소들을 제공했다.

14장

미드웨이 해전 — 항공모함끼리의 진검승부

"적기敵機 직상, 급강하!"

일본 해군 항공모함 가가의 수병, 미 해군 폭격기를 발견한 뒤의 보고에서

1941년 12월 있었던 진주만 공습 이후, 태평양의 전세는 일본군에게 매우 유리하게 전개되었습니다. 주력 전함을 진주만에서 모두 잃은 미 태평양 함대는 전장의 주도권을 잡는 데 어려움을 겪고 있었어요. 그에 반해 진주만 기습과 동시에 벌어진 싱가포르와 말레이시아 등지의 전투에서도 계속해서 승리를 거둔 일본군은, 동남아시아를 향한 팽창을 더욱 가속할 수 있게 되었죠.

하지만 그런 와중에도, 미군은 일본 본토를 견제하는 일환으로 '둘리틀 공격대Doolittle Raiders'의 폭격 작전을 계획합니다. 전투기조차 겨우 뜨고 내리는 항공모함에서 제임스 둘리틀James Doolittle 중령이 이끄는 거대한 폭격기 편대를 발진시켜 도쿄를 폭격한 다음, 다시 중국으로 비행한 뒤 그곳의 항일 중국군에게 운명을 맡긴다는 계획(!)이었죠. 물론 중국 측에 그 작전 계획을 통보하긴 했지만, 무모하고 위험한 작전인 것만큼은 자명했습니다. 그러나 둘리틀 중령의 탁월한 지휘 아래, 공격대는 도쿄 중심부를 폭격하는 데 성공합니다. 그 폭격으로 일본은 더욱 초조해졌죠. 개전 이후 일본 본토, 그것도 천황이 거주하는 도쿄 중심부를

공격당한 건 최초의 일이었거든요. 일본 본토의 안전을 자만하던 일본 군부에게 치욕스러울 정도로 치명적인 기습이었습니다.

일본은 진주만에서 미 해군 주력을 격멸하고 나면, 미국이 협상 테이블로 나오리라 기대했습니다. 하지만 미국은 협상은커녕 오히려 복수를 부르짖고 있었죠. 미군이 항공모함에서 폭격기를 발진시키는 기상천외한 방법으로 도쿄를 폭격해 체면을 구긴 일본 군부는, 미 항공모함 함대를 격멸하는 것을 최우선 과제로 삼았습니다. 일본 해군은 미군의 본토 공습의 원인을 '진주만에서 미 항공모함을 격침하시 못한 것'으로 보고, 나시 한번 미 태평양 함대의 항공모함을 끌어내 격침해야 한다는 결론에 도달합니다.

그 와중에 일본 내부에서는 육군과 해군이 서로 다른 의견을 내고 있었는데요. 육군은 아직도 마무리 짓지 못한 중일 전쟁에 더 우선순위를 두었고, 심지어 진주만 기습의 성공 이후 해군이 잘나가는 꼴을 못 보겠다는 노골적인 움직임마저 보였습니다. 그래서 알류샨열도Aleutian Islands 등지를 공격해야 한다고 주장했죠. 그에 반해 일본 해군은 남방으로의 진출, 나아가 이를 위한 미 항공모함 격멸을 겨냥한 해상전을 주요 작전 목표로 각각 건의했습니다.

진주만 공격 작전을 입안하고 성공적으로 이끌었던 일본 해군의 야마모토 이소로쿠山本五十六 제독은, 미국과 일본 사이의 태평양 한가운데 위치한 미드웨이섬Midway Islands을 공격하자고 주장했습니다. 미드웨이섬을 점령함과 동시에, 미 항공모함 함대를 격멸해야 한다는 것이었죠. 물론 미드웨이섬을 공격한다고 해서 미 항공모함 함대가 나타나리라는 보장은 없었습니다. 하지만 야마모토 제독은 많은 반대 의견에도 불구하고 주장을 꺾지 않았어요. 특히나 개전 초기 최대의 전과인 진주만 공습에 성공한 야마모토 제독의 권위는, 그 주장에 더욱 힘을 실어주었죠. 결국 미드웨이 작전이 결정되고, 일본 해군은 미 항공모함 격멸을 목표로 하는 공격 작전을 구상하게 됩니다.

미드웨이 공략을 위해, 일본 해군은 자신들의 자랑인 항공모함 네 척을 중심으로 구성된 함대를 파견합니다. 진주만 기습에서부터 큰 공을 세운 일본 해군의 상징과도 같은 항공모함들이었죠. 아카기赤城, 가가加賀, 소류蒼龍, 히류飛龍의 항공모함 네 대와 두 척의 전함, 그리고 다수의 보조함으로 구성된 함대는 미드웨이를 향해 출항했습니다. 하지만 일본으로서는 아쉽게도, 앞서 말한 네 척의 항공모함들과 함께 진주만 공습에 참가했던 최신 항공모함인 쇼카쿠翔鶴, 즈이카쿠瑞鶴를 투입하지 못했는데요. 지난달 있었던 산호해 해전 Battle of the Coral Sea 21에서 쇼카쿠는 함체에 큰 손상을 입었고, 즈이카쿠는 항공기를 다수 잃어버렸기 때문이었습니다. 일본은 진주만 공습을 감행했던 항공모함 여섯 척 중 네 척만으로, 국가의 명운을 건 해상 결전에 나서야만 했죠.

하지만 그 네 척만으로도 함대의 규모와 능력은 이미 충분히 입증되었습니다. 일본 해군의 여러 군함 중에서도 그들의 위상은 특히나 엄청났어요. 아카기와 가가는 전함으로 건조되던 중에 항공모함으로 변경되었기 때문에, 다른 함선에선 찾아볼 수 없는 거대한 크기가 주는 위압감이 있었습니다. 소류와 히류 또한 빠른 속력과 균형 잡힌 성능으로, 함대의 주력이 되기에 충분한 능력을 갖추고 있었고요. 일본 해군은 그처럼 강력한 항공모함 함대를 바탕으로, 다시 한번 미군 함대를 격멸하겠다는 자신감에 차있었습니다.

---

21 1942년 5월, 산호해 인근 해역에서 벌어진 미군과 일본군의 해상전.

그러나 쇼카쿠와 즈이카쿠의 불참보다 더 큰 문제가 있었는데요. 일본군이 진주만 공습 이후 벌어진 일련의 침공 작전에서 연전연승을 거두며 너무 방심하고 있었던 것이죠. 그리고 그러한 방심은 일본군의 작전 보안에 대한 무신경에서 드러나고 맙니다. 무선통신에서는 물론이고, 휴가를 나간 장병들마저 공공연하게 '우리는 미드웨이로 간다'라며 이야기를 해댔습니다. 오죽하면 미군 측에서도 '저 정도로 떠들썩하게 말하는 걸 보면, 미드웨이로 온다는 건 속임수가 아닐까?'라고 생각할 정도였답니다. 개전 이후 계속된 승리가 일본에 내려준 커다란 페널티였죠.

그와는 정반대로 미국은 미드웨이섬의 방비를 철저히 하는 한편, 일본군의 암호 해독에 열을 올리고 계속해서 첩보를 수집하는 노력을 게을리하지 않았어요. 물론 미드웨이 해전에서 여러 가지 우연들이 겹친 덕도 있겠지만, 모든 결과는 그런 노력이 바탕이 되었을 겁니다. 게다가 일본군과 달리, 미군은 산호해 해전에서 심각한 손상을 입은 항공모함 'USS 요크타운 USS Yorktown'을 빠르게 수리해 미드웨이 방어전에 투입할 수 있는 준비를 끝마쳤죠. 압도적인 일본 해군에 대항하기 위해, 미군은 그토록 안간힘을 쓰고 있었던 거예요.

1942년 6월 4일 새벽, 일본 항공모함에서 날아오른 항공기들이 미드웨이섬을 폭격하기 시작하면서, 미드웨이 해전의 서막이 오릅니다. 일본 항공모함에서 발진한 전투기와 폭격기 들이 미드웨이섬을 강타했지만, 이미 일본군의 공격 첩보를 받아 제대로 방어 준비를 마친 미군은 큰 피해가 없었습니다. 일본 해군의 예상에 따르면, 미드웨이를 공격하면 이를 막기 위해 미 항공모함이 근처 해역에 출몰해야만 했어요. 그러나 미군 항공모함은 일본 해군의 예상과 달리 모습을 드러내지 않았죠. 일본군은 언제 미 항공모함이 출몰할지 모르는 불안감을 안은 채, 미드웨이섬 공략에 나서야만 했습니다. 일본 해군은 미 항공모함이 출현하기 전에 후딱 미드웨이섬을 점령하고 싶었던 겁니다.

현장에서 일본 함대를 통솔한 사령관은 진주만 기습을 지휘했던 나구모 주이치 제독인데요. 그는 세밀하고 정교한 사고방식의 소유자였지만, 페이스를 한 번 잃으면 계속해서 악수를 두는 타입이었죠. 나구모 제독은 미드웨이섬을 공격하기 위해 항공기에 지상 공격용 폭탄을 장착하던 중에, 미 항공모함이 나타났다는 소식을 듣고 다시 함선 공격용 어뢰로 바꾸는 등 우왕좌왕하는 모습을 보였습니다. 그런 식으로 몇 번의 호기를 놓치며 스스로 조급함을 드러냈죠. 게다가 진주만 공습과 달리, 이번에 상대해야 할 미군은 가만히 정박해 있는 상태가 아니었습니다. 미드웨이섬에서 날아오른 미군 항공기들뿐만 아니라, 모습을 감추고 있던 엔터프라이즈와 요크타운도 등장해 항공기들을 발진시켰죠. 그들이 일본 항공대와 격돌하면서, 미드웨이 근해에서는 치열한 항공전이 전개되었습니다.

양측의 함대는 망망대해에서 서로의 항공모함을 찾아 헤맸습니다. 미군에게도 일본군에게도 쉬운 일은 아니었어요. 미드웨이섬에서 날아오른 미군 항공대 중 몇몇은 일본 해군을 찾지 못하고, 결국 연료 부족으로 바다 위에 비상착륙을 강행해야 할 정도였죠. 망망대해에서의 전투가 얼마나 어려운 일인지, 미군과 일본군 모두 뼈저리게 느꼈습니다. 양측은 서로의 함대를 찾기 위해 수십 대의 정찰기를 날리면서, 자신들의 주력인 폭격기와 뇌격기를 출격시킬 타이밍을 재고 있었습니다.

지루한 항공 정찰전이 계속되던 중, 선공을 시작한 건 미국 측이었습니다. 미 항공모함에서 날아오른 항공기들은 각각 일본의 항공모함에 달려들었죠. 그러나 불행하게도, 미국 항공기들은 일본 함대를 명중하지 못했는데요. 전황이 만들어 낸 아비규환 속에서, 공격을 시도하는 항공대끼리도 혼선을 빚었기 때문이죠. 아직 경험이 미숙했던 미국 항공대는 표적을 향해 매끄럽게 분산 돌격하지 못하고, 하나의 표적에만 집중해서 강하를 감행하다 격추되는 일이 허다했습니다.

미 항공대는 어마어마한 희생을 치르면서도, 일본 함대에 피해를 주지 못하고 있었습니다. 그러나 미국 측의 공격은 계속되었죠. 이윽고 미 항공대 뇌격기들이 낮게 깔린 채로, 죽을 각오를 다해 덤벼들기 시작했습니다. 하지만 그들은 일본 제로센零戰 전투기에 '완벽하게' 격멸되었고, 공격은 결국 실패로 돌아가고 맙니다. 그러나 그들의 희생은 결코 헛된 게 아니었으니, USS 엔터프라이즈에서 날아오른 급강하폭격기 부대가 전장에 도착하고 있었던 거예요.

대부분의 일본 해군 전투기들은 낮게 깔려오는 미군 뇌격기를 저지하기 위해, 낮은 고도에서 급격한 비행을 하고 있었습니다. 마침 그때, 높은 상공에서 미군의 급강하폭격기 부대가 등장한 것이었죠. 그야말로 찰나의 순간이었지만, 미군의 급강하폭격기 부대는 완벽한 공격 위치를 잡을 수 있었습니다. 그들을 저지하기 위해 일본 제로센 전투기들이 황급히 고도를 올리며 달려들었지만, 너무 뒤늦은 발악이었어요. 그렇듯 미군은 하늘이 내린 정확한 타이밍이 겹치는 행운의 순간을 노릴 수 있었습니다.

편대 비행을 하던 미군 폭격기들은 하나둘씩 급강하하기 시작했습니다. 그리고 가장 가까이에 있던 거대 항공모함인 가가를 향해 날아들었죠. 마치 먹잇감을 노리고 잽싸게 하강하는 독수리 떼처럼, 폭탄이 하나둘씩 가가의 갑판에 쏟아졌어요. 가가가 미군의 급강하폭격 대부분을 두들겨 맞는 동안, 미군 항공대는 서로 우왕좌왕하고 있었습니다. 미드웨이 상공에서 여러 항공대가 겹치면서 벌어진 혼선이었어요. 공격대를 나누어 진행해야 했는데, 거의 모든 항공기들이 가가를 향해 급강하하는 실수를 저지른 것이죠. 그 덕에 가가 옆에 있던 일본 항공모함 아카기는 비교적 자유롭게 기동하면서, 대공포화를 쏘며 저항할 수 있었습니다.

그러나 후미에 있던 몇 대의 항공기는 급강하 직전에 그 모습을 보고 하강을 멈추었습니다. 그리고 불타오르는 가가를 보면서 '우리는 아카기를 때린다!'라고 목표를 수정, 아카기를 향해 강하하기 시작했죠. 하지만 불과 세 대로 이뤄진 아카기 공격대는 항공모함을 타격하기에는 너무나도 적은 수였어요. 세 발 중 최소한 한 발 이상은 반드시 맞혀야만 했고, 게다가 폭격기가 너무 적었기 때문에 각 기체가 감당해야 할 일본군의 대공포화가 너무 많았습니다. 적어도 확률적으로는 그랬죠.

집중적인 미군의 타격으로 가가가 불타오르는 동안, 아카기에 급강하한 세 발의 폭탄 중 한 발이 아카기 갑판에 제대로 직격했습니다. 나구모 제독의 무장 변경 명령으로 인해 각종 폭탄과 폭약이 굴러다니던 갑판과 격납고 내부에 떨어진 이 한 발은, 차례로 유폭을 일으키면서 아카기를 불태웠죠. 나머지 두 발은 아쉽게도 아카기 바로 옆 바다에 떨어졌는데, 그중 한 발이 아카기의 함교 근처에 떨어지면서 함교의 통신 기능을 마비시켰습니다. 그때 발생한, 폭발로 인해 거대하게 솟아오른 물기둥이 함교를 덮치면서, 잠시나마 지휘부 인원들이 심리적으로 얼어붙은 것은 덤이었죠. 일본 해군의 항공모함 중 가장 거대한 두 대가 불과 몇 분 만에 무력화되는 순간이었습니다.

그렇게 USS 엔터프라이즈의 항공기들이 전과를 올리는 동안, USS 요크타운의 항공기들도 새로운 목표물을 포착합니다. 가가가 폭격을 당하는 모습을 본 항공모함 소류는 자신들의 전투기를 발진시키기 위해서 기동 중이었는데요. 가가가 불에 휩싸이는 모습을 바라보며 망연자실해 있던 소류의 승조원들은, 이윽고 자신들의 머리 위에서도 미군 항공기의 항적을 식별할 수 있었습니다. 바로 요크타운의 항공대였죠. 가가와 아카기가 불타오르는 모습에 넋을 놓고 있던 소류의 승조원들은, 이제 그들과 같은 처지가 되지 않으려 대공포화를 쏟아부으며 저항하기 시작했습니다.

소류는 급히 방향을 틀며 대공사격을 퍼부었고, 요크타운의 공격을 피하기 위해 안간힘을 썼어요. 그러나 결국 두 발의 급강하폭격에 항공모함 중앙과 꼬리 부분이 직격당하고, 서서히 함체가 기울면서 완전히 전투 기능을 상실해 버리고 말았죠. 그 모든 일이 불과 5분 만에 벌어졌습니다. 가가, 아카기, 소류는 이제 전투력을 모두 상실했고, 돌아갈 항공모함이 사라져 버린 일본 항공기들은 자신들의 항모가 불타는 모습을 보면서 망연자실 상공을 날아다닐 뿐이었습니다.

미군은 그러한 대성공에 쾌재를 불렀습니다. 그렇다고 전투에서 완벽하게 승리한 건 아니었죠. 아직 일본 항공모함인 히류가 남아있었거든요. 세 척이 모두 불길에 휩싸이는 것을 본 히류는, 즉각 미군에게 반격하기로 결정하고 태세를 갖추었습니다. 히류에 탑승한 야마구치 다몬山口多聞 제독은 '내가 지금부터 항공전의 지휘를 맡겠다'라는 신호를 발신한 뒤, 항공대를 재정비하고 공격에 나섰죠. 히류에서 날아오른 일본 항공기들은, 공격을 마친 후 요크타운으로 돌아가는 미군 폭격기를 발견하고 은밀히 그 뒤를 밟기 시작했어요. 그대로 비행하기를 수십 분, 마침내 요크타운을 식별하기에 이릅니다.

마치 복수라도 하듯이, 히류의 항공대는 USS 요크타운을 향해 폭격과 어뢰 공격을 시도했어요. 요크타운은 1차 공격의 폭격은 잘 버텼지만, 2차 공격의 어뢰 사격은 피하기 어려웠습니다. 진주만 기습에서부터 착실히 경험을 쌓아온 일본군은 연계된 공격을 통해 요크타운을 궁지로 몰아넣었고, 요크타운은 결국 어뢰에 피격되고 말죠. 요크타운의 분전에도 불구하고, 피해를 복구하기란 쉽지 않아 보였습니다.

그러나 히류를 지휘하던 일본의 야마구치 다몬 제독은 한 가지 실수를 범하는데요. 요크타운에 시도한 두 번의 공격에서, 한 번은 요크타운을 다른 한 번은 엔터프라이즈를 공격한 것으로 착각한 겁니다. 사실은 요크타운에 두 차례의 모든 공격을 쏟아부었음에도, 미군 항공모함 두 척 모두에 피해를 주었다고 오해한 것이죠. 미 항공모함 두 척을 모두 기동 불능으로 만들었다고 판단한 야마구치 제독은, 오후 늦은 시각 야음을 틈타 마지막 공격을 하기 위한 준비에 들어갑니다. 미 항공모함 두 척을 모두 격침한다면, 전세의 무게추를 간신히 돌려놓을 수 있었기 때문이죠. 야마구치 다몬 제독의 공격적인 지휘는 좋았지만, 적에 대한 성급한 정보 판단이 아쉬운 순간이었어요.

그러나 일본군이 재공격을 준비하던 바로 그때, 미 항공대가 다시 히류의 상공 위로 모습을 드러냈습니다. 그들은 히류를 향해 수십 발의 급강하폭격을 퍼부었고, 말 그대로 히류는 난타당하고 맙니다. 그럼에도 갑판만 집중적으로 얻어터진 덕(?)에, 갑판이 날아가 항공기의 이착륙이 불가능해졌다는 점을 제외하면 항해 자체에는 문제가 없었습니다. 그러나 갑판이 파괴되어 항공기의 이착륙이 불가능해졌다는 점에서, 이미 전투의 향방은 결정된 것이나 마찬가지였죠.

히류 내부의 화재는 걷잡을 수 없이 번져나갔습니다. 미군의 항공대에서 벗어나기 위해, 속도를 높이는 과정에서 불길은 더더욱 거세졌죠. 히류는 바다 위의 불지옥으로 변해버렸고, 결국 일본군은 히류를 포기하고 자침 처분을 결정합니다. 단 하루의 해상 결전 패배로, 마지막 남은 히류마저 그처럼 허망하게 침몰하고 말았던 거예요. 일본군에게 그나마 위안이 된 건, 히류의 마지막 공격을 받고 예인되던 요크타운이 결국 침몰했다는 것뿐이었습니다.

그 소식을 늘은 일본 해군 지휘부는 경악했습니다. 항공모함 네 척이 모두 침몰당했다는 소식은, 일본 해군의 작전 반경이 축소되었음을 뜻했죠. 그럼에도 일본 해군은 연합함대를 총집결하고, 야간전을 벌일 요량으로 미 함대를 찾아 나서기 시작합니다. 항공모함끼리의 항공전에서 겪은 엄청난 패배를, 야간 근접전을 통해 만회하고자 한 것이죠.

그러나 미군도 바보는 아니었습니다. 야간 근접전에 강점을 지닌 일본 해군과 굳이 싸워줄 이유가 없었던 미 해군은, 미드웨이 해전의 승리 이후 빠르게 전장에서 이탈했습니다. 날이 밝은 후 다시 원거리에서, 이젠 항공모함이 없는 일본 함대에 항공 폭격을 하면 그만이었으니까요. 반면에 일본 해군은 다른 지역의 항공모함들이 합류해 오기 전까진 항공전을 벌일 수 없었습니다. 결국 일본 해군은 6월 5일 야간, 미드웨이 공격 작전을 모두 중지하고 전장에서 이탈합니다. 그렇게 미드웨이 해전은 끝나고 말았죠.

미드웨이 해전의 여파로, 일본 해군은 태평양 전선에서의 주도권 일부분을 미군에 넘겨줄 수밖에 없었습니다. 물론 일본 해군의 주력 연합함대가 남아있었지만, 항공모함 네 척을 잃은 것은 매우 뼈아픈 일이었죠. 그에 반해 미 해군은 아직 진주만에서의 피해를 복구하느라 여력이 없었음에도, 미드웨이 해전의 승리로 한숨 돌릴 수 있었습니다.

이제, 미군은 태평양 지역에서의 반격을 준비할 수 있게 되었습니다.

미드웨이 해전에서 최후까지 살아남았던 히류의 마지막 모습.
선수 부분의 갑판이 모두 불타버렸고, 전투 능력을 상실한 뒤 결국 자침 처분되었다.

미드웨이 해전의 치열한 교전 모습.
미 해군 항공모함 USS 요크타운이 일본 항공모함 히류의 항공대로부터 공격받고 있다. 하늘엔 대공포화가 만들어 낸 포연이 가득하다.

15장
쿠르스크 전투 — 사상 최대의 전차전

"적과의 첫 접촉 이후 살아남는 계획은 없다."
독일 제국 참모총장 헬무트 폰 몰트케(Helmuth von Moltke)

스탈린그라드의 패배 이후, 남부 지역의 독일군은 그야말로 궁지에 몰린 쥐와 같은 처지가 되었습니다. 독일군의 정예 부대인 제6군이 거의 전멸 상태였고, 스탈린그라드에서도 30만 명이 순식간에 증발해 버렸죠. 캅카스를 겨우 빠져나온 A 집단군의 전력도 바닥난 상태였고요.

소련군은 그런 호기를 놓치지 않았고, 그야말로 파죽지세로 공세를 개시합니다. 주요 도시인 하르키우와 로스토프Rostov가 소련군에게 함락되고, 이윽고 남부 집단군의 사령부가 있던 도시 자포리자Zaporizhia까지 위협받기 시작했죠. 전선을 시찰하러 항공기를 타고 자포리자의 남부 집단군 사령부를 방문한 히틀러의 귀에까지 포성이 들렸다고 하니 오죽했겠어요. 은은히 들려오는 소련군의 포성 속에서, 히틀러는 만슈타인을 질책했습니다. 왜 자꾸 소련군을 상대로 밀려나느냐는 둥 후퇴하지 말고 전선을 고수하라는 둥 이야기를 늘어놓았죠.

히틀러는 스탈린그라드의 패배 이후 소련군의 파죽지세가 계속되는 와중에도, 현지 지휘관들의 건의를 모두 묵살하고 무조건적인 현지 사수를 명령했습니다. 모든 독일 병사는 그들이 서있는 바로 그 진지에서 죽어야 한다는 게 히틀러의 지론이었어요. 그럼에도 파울 하우서Paul Hausser를 비롯한 몇몇 독일군 장성들은 차후 계획을 위해 과감한 철수 작전을 실행했고, 이에 격분한 히틀러가 자포리자까지 직접 찾아와 남부 집단군 사령관으로 영전한 만슈타인을 호되게 질책한 것이죠.

그러나 만슈타인은 거꾸로 히틀러를 설득했습니다. 기세를 타고 오는 소련군에게 지금은 정면 승부를 할 때가 아니고, 기회를 보아 단 한 번의 기동전으로 전세를 뒤집어야 한다는 점을 거듭 강조하며 설득했죠. 만슈타인의 설득과 작전 계획을 듣고 난 히틀러는 그에게 기갑사단 일곱 개를 추가로 부여했고, 만슈타인의 계획을 마지못해 승인하고 맙니다.

소련군의 파죽지세는 멈출 줄 몰랐습니다. 히틀러의 승인을 얻은 상태였으나, 만슈타인은 때를 기다렸습니다. 히틀러의 히스테릭한 신경질에도 불구하고, 만슈타인은 결정적인 기동전을 벌이기 위한 소중한 기갑부대를 전선으로 투입하지 않았으며, 오히려 소련군이 더 많은 지역을 점령하기를 기다렸어요. 더 적절한 시기가 오기를 기다린 것이죠. 그 '적절한 시기'란 바로 소련군이 공세 종말점에 다다르는 시점이었습니다.

방어 작전에 비해 공격 작전은 많은 보급품과 전투력을 필요로 합니다. 공격 작전은 방어 진지를 구축한 적을 상대로 병력과 자원을 지속적으로 소모하며, 전력을 집중해서 투입해야 하는 위험한 작전이기 때문이죠. 그렇게 계속해서 공격하다가 언젠가 보급과 재보충을 위해 반드시 공세를 멈춰야만 하는 시기가 다가오는데, 이를 군사용어로 '공세 종말점'이라고 합니다. 소련군이 더 이상 공세가 불가능해져 재보급과 재보충이 필요해 전진을 멈추는 바로 그 순간, 만슈타인은 그 순간을 기다리고 있었던 거예요.

독일군이 소련군의 무전을 감청한 결과, 보급품을 요청하는 교신이 점차 늘어나고 공격 부대들의 움직임이 둔화되기 시작했습니다. 그러자 만슈타인은 때가 되었다고 판단, 즉각적인 반격에 나섭니다. 비록 수적으로는 1 대 5로 열세였지만, 독일군은 소련군에 비해 효과적으로 보급이 이루어졌고, 무엇보다 기동전을 벌일 장갑차와 전차가 충분했죠.

만슈타인은 앞만 보면서 질주해 온 소련군 후방으로, 자신의 기갑부대를 세 집단으로 나누어 돌파시켰습니다. 독일군의 갑작스러운 공세를 맞이하게 된 소련군은 당황하기 시작했어요. 소련군은 그대로 뒤통수를 맞은 꼴이 되어버렸고, 독일군을 포위 섬멸하긴커녕 오히려 포위 섬멸되어 버립니다. 그 유명한 '제3차 하리코프 공방전'이 바로 그 전투였죠. 어찌 보면 무모하다 싶을 만큼 소련군에게 요충지를 내어주는 만슈타인의 참을성, 그리고 호기를 포착한 뒤 과감하게 소련군 후방으로 포위를 위한 기동 작전을 펼친 만슈타인의 지략이 가져온 전대미문의 대승리였습니다.

그 전투의 결과로, 순식간에 수많은 소련군 부대가 그야말로 '증발'해 버렸어요. 독일군은 다시 전선을 재정비할 수 있는 시간을 확보함과 동시에, 주요 도시인 하리코프, 즉 하르키우를 재탈환했습니다. 스탈린그라드 전투 이후 동부전선의 주도권이 소련군으로 완전히 넘어간 것 같았던 상황에서, 다시 동등하게 균형추를 맞추게 된 전투였죠. 물론 아직도 소련군이 수적으로 더 우세하며 갈수록 강력해지고 있었지만, 독일군은 패배하는 중에도 여전히 방심할 수 없는 상대라는 것 또한 깨닫게 해주었습니다. 그렇게 처절하고도 추웠던 1943년 3월이 끝나고, 독일과 소련은 모두 다시금 숨 고르기에 들어갑니다.

양측 모두 전열을 가다듬으면서, 다음번 전장이 어디가 될지 촉각을 곤두세우고 분석에 나섰습니다. 독일과 소련의 참모장교들 모두 제3차 하리코프 공방전으로 형성된 소련군의 돌출부에 집중했는데요. 그 지역은 바로 쿠르스크 Kursk였습니다. 독일군은 쿠르스크 지역의 툭 튀어나온 돌출부를 향해 새로운 공격 작전을 계획합니다. 그 돌출부를 제거함으로써 얻을 수 있는 이득은 크게 두 가지였어요. 첫 번째는 당연히 소련군 주력을 포위 섬멸함으로써 전선의 주도권을 잡을 수 있다는 것이었고, 두 번째는 전선이 단축되어 병력을 보존할 수 있다는 점이었죠. 전선의 길이가 단축되면, 전선에 투입되는 병사들의 수도 줄일 수 있을 테니까요. 소련 침공 3년 차, 독일은 서서히 넓은 전선과 병력 부족에 부담을 느끼고 있었던 겁니다.

독일군은 그 돌출부를 남과 북의 두 방향에서 거대한 집게발처럼 동시에 공격해, 소련군을 섬멸할 계획을 세웠습니다. 그러나 소련군 또한 쿠르스크 지역의 중요성을 모르는 바가 아니었어요. 소련군은 강력한 전력을 그 돌출부에 집결시켜 독일군에 대응하는 한편, 돌출부 내부에 다섯 겹에 걸친 깊고 견고한 방어 진지를 건설해 독일군의 공격을 맞을 채비를 마쳤습니다. 방어 진지에 의지해 독일군의 공세를 받아내다가, 독일군이 공격을 거듭하며 전력이 약화되는 때를 노려 반격을 감행할 계획을 준비했죠.

작전을 처음 계획할 당시, 독일군은 공격 개시일을 6월 중순으로 정했습니다. 물론 그 공격 작전을 강하게 주장한 만슈타인은 보다 빨리 5월에 개시해야 한다고 건의합니다. 지난번 제3차 하리코프 공방전에서 잃은 전력을 소련군이 보충하기 전에, 기세를 몰아 단번에 쳐야 한다는 것이었죠. 그러나 히틀러의 반대에 직면하는데요. 히틀러는 더 많은 기갑부대를 최전선에 보충하고 최신 전차인 5호 전차 '판터Panther'를 현장에 투입해야 한다는 이유로 계속 작전을 연기했고, 최종적으로는 7월 5일을 작전 개시일로 승인합니다. 그 이름은 '성채 작전 Unternehmen Zitadelle'이었습니다.

히틀러의 의견으로 계속해서 전력을 보충한 독일군은, 90여만 명의 병력과 3,000여 대의 전차라는 거대한 규모의 기갑부대를 집결하는 데 성공합니다. 동부전선에서 펼쳐진 독일군의 단일 공세 작전 가운데, 이처럼 대규모의 전차부대가 투입된 사례는 없었어요. 이를 보고받은 히틀러는 작전의 성공을 자신했습니다. 독일군의 강력한 전차부대의 전력으로 볼 때, 독일군의 압승은 당연한 것이었죠.

그러나 히틀러의 작전 연기는 엄청난 문제점을 하나 안고 있었는데요. 바로 소련군의 보충 속도가 독일군의 보충 속도보다 거의 두세 배쯤 빠르다는 것이었습니다. 독일군이 시간을 끌며 전력을 보충하는 동안 소련군도 가만히 있지 않았고, 그 결과 소련군은 독일군보다 많은 대군을 방어선 내부로 집결하는 데 성공합니다. 소련군이 그 돌출부에 집결한 병력은 독일군을 훨씬 압도했는데, 무려 병력 170만여 명에다 6,000여 대의 전차였죠. 이미 그 시점에서 독일군의 작전 성공은 장담할 수 없게 되었습니다. 그럼에도 독일로서는 선택권이 없었어요. 시간을 계속 끌면 소련의 전시경제 체제가 더 많은 전차들을 생산하게 될 테니, 그 전에 전쟁을 끝내야만 했기 때문이죠.

1943년 7월 5일 이른 아침, 쿠르스크 전선의 독일군 진지에서 어마어마한 포병 사격과 함께 호루라기 소리가 울려 퍼졌습니다. 그 소리를 신호로, 독일군은 자신들의 진지에서 뛰쳐나와 돌격했습니다. 드디어 쿠르스크 전투가 시작된 거예요. 독일군은 이미 소련군이 그곳에 견고한 방어 진지를 구축했다는 사실을 익히 알고 있었기 때문에, 소련군의 방어선을 돌파할 수단을 단단히 준비해 온 채였죠. 강력한 포병 사격과 공군의 폭격, 그리고 이후 소련군 전선을 분쇄할 강력한 전차부대의 정면 돌격이 전개될 것이었습니다. 독일군의 공병들은 최전방에서 소련군의 지뢰 지대를 개척하느라 분주히 움직였고, 요란한 소리를 내며 시동을 건 전차들은 소련군 방어진을 정면에서 열어젖힐 계획이었어요.

독일 공군이 개전 초기의 영광을 재현하러 날아올랐지만, 소련 공군이 하늘에 등장하면서 치열한 공중전이 벌어졌습니다. 소련 공군은 많은 희생을 밟고 이뤄낸 경험을 통해, 이제 독일 공군을 위협할 만큼 성장해 있었어요. 거기다 소련 공군의 수적 우세까지 더해져 더 이상 독일군은 완벽한 제공권을 확보할 수 없었죠. 이제 독일 육군은 공군의 지원 없이, 소련 육군과 정면충돌을 벌여야만 했습니다.

그러나 독일군의 철저한 사전 준비에도 불구하고, 소련군의 어마어마한 벙커와 지뢰밭, 포병 사격은 독일군에게 엄청난 인명 피해를 안겨주었습니다. 수많은 사상자를 낸 독일군은 겨우 5km를 전진했을 뿐이었죠. 특히 북쪽의 집게발 역할을 맡은 중부 집단군에서 많은 피해가 발생했는데요. 소련군의 거대한 방어 진지에서 독일군은 그야말로 엄청나게 '소모'되었습니다. 독일군 전차가 소련군 전차 다섯 대를 격파하면, 그다음엔 여섯 대의 전차가 새로 나타나는 식이었어요.

소련군은 어마어마한 예비대를 후방에 편성해 두고, 독일군의 공세가 집중되는 부근으로 예비대를 투입하면서 방어선을 강화했습니다. 이미 소련군의 예비 병력 규모는 독일군을 압도하고 있었죠. 공세를 펼치던 중부 집단군은 자신들의 엄청난 인명 피해와 장비 손실에 경악했고, 히틀러의 공격 지속 명령에도 불구하고 현장의 판단으로 공세를 중지합니다. 소련군이 구축한 어마어마한 방어 진지를 뚫기엔 너무나도 역부족이었던 거예요. 쿠르스크 북부에서의 독일군 공세가 초기부터 그처럼 난관에 부딪히면서, 이제 작전의 성패는 남쪽의 남부 집단군에게 달리게 되었습니다.

남부 집단군은 중부 집단군의 개시일과 같은 날인 7월 5일 공세를 시작한 후, 주력인 전차부대를 선봉으로 내세워 소련군의 진지를 돌파해 나갔습니다. 처참한 피해를 겪은 중부 집단군에 비해, 남부 집단군은 수월하게 전진할 수 있었어요. 그러나 소련군이 두 겹, 세 겹, 네 겹으로 촘촘히 편성한 종심 방어진은 서서히 독일군의 전투력을 갉아먹기 시작했습니다. 양파껍질처럼 쌓여있는 소련군의 방어선을 한 겹씩 벗겨내고 겨우 돌파하면, 또 다른 방어선에 부딪히는 식으로 전투가 이어졌죠. 소련군은 엄청난 방어 진지를 종심 깊이 편성해 두었고, 공격 중인 독일군은 자신들의 머리 위로 떨어지는 소련군의 포탄과 무수한 지뢰밭 속에서 살아남아야만 했습니다.

독일군은 계속해서 마주치는 소련군의 깊은 방어 진지들에 학을 뗀 나머지, 새로운 방향으로의 공격을 통해 소련군의 측면을 강타, 전황을 뒤집으려는 시도를 계속했습니다. 독일군은 다른 방향에서 소련군 측면을 향해 공세에 나섰고, 프로호로프카 Prokhorovka라는 이름의 작은 마을은 이제 수백 대의 독일군 전차부대가 깔아뭉개고 지나갈 예정이었죠. 독일군의 공격을 막아내기 위해 엄청난 규모의 소련군 전차부대도 현장에 급파되었고, 이제 불과 3km 너비의 전장에서 양측 도합 1,000대가 넘는 전차들이 정면 대결을 벌이게 될 터였어요.

그 전장에서 격돌하게 된 독일군 전차는 약 300대였던 데 반해, 소련군 전차는 약 900대에 달했습니다. 그 전차들은 서로를 향해 맹렬하게 달려들었고, 프로호로프카 인근의 들판은 파괴된 전차들이 널브러진 강철의 무덤으로 변해버렸죠. 소련군의 T-34 전차는 독일군의 티거Tiger 전차에 상대가 되지 않았기에, 소련군 지휘부는 아예 차체를 이용해 들이받는 전술을 지시합니다. 독일군 전차들이 지닌 긴 사거리의 강점을 활용할 수 없도록 근접전을 벌이라는 것이었어요. 전술도 전략도 작전도 없이, 양측의 전차는 그저 눈앞에 있는 적의 전차와 죽고 죽이는 결투를 벌여나갔습니다.

독일군은 그 전투에서도 소련군에게 압도적인 교환비를 강요하며, 일방적인 승률을 보였습니다. 그러나 거기까지였죠. 독일군 전차부대는 피해를 보충받을 수 없었던 데 반해, 소련군 전차부대는 연이어 보충되고 있었거든요. 그럼에도 독일군의 공격은 계속되었습니다. 독일군이 60여 대의 전차를 잃는 동안, 소련군은 약 400대의 전차를 잃어야만 했습니다.

만슈타인은 쾌재를 불렀죠. 피해는 막심했지만, 소련군의 예비 전차부대를 모두 격파했다는 판단 때문이었어요. 이제 남부 집단군은 예비로 두고 있던 제24기갑군단을 즉각 투입해, 소련군의 나머지 예비 병력마저 돌파해 버릴 계획이었습니다. 만슈타인은 공격을 계속할 요량이었던 것이죠.

그러나 프로호로프카 전투 이틀 전 연합군이 이탈리아의 시칠리아에 상륙했다는 소식이 들려오자, 히틀러는 쿠르스크의 병력을 이탈리아로 보내려고 했습니다. 만슈타인이 소련군에게 최후의 결정타를 날리기 위해 아끼고 아껴두었던, 남부 집단군의 소중한 주요 전력 제2친위기갑군단은 그렇게 히틀러에게 이탈리아 방위 임무를 부여받고 전선에서 이탈하고 말았습니다. 만슈타인은 조금만 더 공격하면 승리할 수 있다고 건의했으나, 히틀러는 일언지하에 거절하고 말죠.

훗날 만슈타인이 쓴 회고록인 『잃어버린 승리』의 제목은 이 쿠르스크 전투의 일화에서 따왔다고 합니다. 프로호로프카 전투 이후 독일군 전차부대가 공격을 계속했다면 쿠르스크 전투는 물론이거니와 동부전선 전체의 전황을 바꾸어 승리도 바라볼 수 있었는데, 히틀러의 그릇된 판단으로 전쟁에서 승리를 안겨줄 유일한 가능성을 잃어버렸다고 생각해 자신의 회고록에 그런 제목을 붙인 것이죠. 물론 오늘날의 연구에 따르면, 독일군이 공세를 지속했어도 전쟁에서 승리했을 확률은 거의 '0'에 수렴하지만요.

오히려 문제는 지금부터였습니다. 이제 독일군은 공세를 할지 말지를 고민하는 게 아니라, 엄청난 예비 병력을 바탕으로 역공세에 나서는 소련군을 어떻게 막아내느냐 걱정해야 하는 처절한 상황에 놓였습니다. 소련군이 보여준 반격의 규모는 그야말로 엄청난 것이었죠. 이번 공격 작전으로 거의 모든 예비 병력을 쏟아부은 독일군으로서는, 바람 앞의 등불처럼 위태로운 순간이 찾아온 겁니다.

독일군이 공세 역량을 상실했다고 판단한 소련군은, 방어에서 공격으로 일제히 전환하기 시작했습니다. 독일군은 점차 모든 전선에서 무너져 갔고, 소련군에게 주도권을 빼앗긴 채 이리저리 방어 부대의 배치만 바꾸는 수준에서 대응할 수밖에 없었어요. 독일군은 소련군에게 결정적인 타격을 입히지도 못했을뿐더러, 요충지를 점령하는 데도 성공하지 못했습니다. 독일군 전차부대가 보여준 엄청난 활약과 달리, 쿠르스크 전투는 독일군의 완패로 끝나버린 거예요.

쿠르스크 전투는 독일군이 동부전선에서 마지막으로 가했던 대규모의 공세 작전이었습니다. 독일은 쿠르스크 전투 종료 이후,

전쟁이 끝날 때까지 다시는 그러한 규모의 공세 작전을 펼칠 역량을 모두 상실했으며, 모든 전선에 병력을 배치하기에도 부족한 상태가 되어버렸죠. 그런 상황을 타개하기 위해, 독일군은 이제 기동방어를 어떻게든 완성해야 했습니다. 또한 점차 소수 정예화된 독일군 전차부대는 공격 작전은 고사하고, 전선 곳곳을 뚫고 나오는 각지의 소련군을 막으러 동분서주하게 될 것이었어요.

이제 연합군은 시칠리아에 상륙했고, 곧 이탈리아로 넘어올 움직임을 보이고 있었습니다. 스탈린이 그토록 원하던 제2전선이 열렸고, 독일군은 양면 전쟁의 악몽 속으로 다시 빠져들고 말았습니다.

길고도 길었던 제2차 세계대전도, 이제 중반부를 넘어가고 있었습니다.

쿠르스크 전투에서 소련군을 공격 중인 독일군 티거 전차의 모습.

1943년 7월, 전차의 엄호를 받으며 반격 작전을 개시하고 있는 소련군 병사들의 모습.

16장
되짚어 보는 전반전 — 전쟁의 향방, 그리고 전세 역전

"죽은 자만이 전쟁의 끝을 본다."
플라톤

독일의 폴란드 침공으로 시작된 제2차 세계대전도 어느새 3년을 넘어가고 있군요. 그래서 지금부터는 한숨 돌리는 의미로, 지난 전쟁의 진행 경과와 양상을 짚어보며 중간 정리를 해보고자 합니다. 너무나 많은 사건과 전투 들이 세계 각지에서 동시다발적으로 벌어지다 보니, 많은 분들이 혼란스럽고 어려워하시는 시점이 바로 이쯤이 아닐까 해요. 따라서 지금까지의 이야기를 전쟁의 전반부로 보고, 이후부터 전쟁 후반부로 넘어간다고 생각하시면 되겠습니다. 중간 정리를 할 때 아마도 가장 좋은 방법은 시간대별로 사건을 나열해 뼈대를 만든 뒤, 세부 내용의 살을 붙이는 게 아닐까 하는데요. 이전의 각 장에서는 개별 사건에 대한 스토리텔링 방식으로 서술했다면, 이번엔 사건과 흐름 위주로 간결히 설명하는 방식을 통해 지금까지의 진행 경과를 짚어보려 합니다.

1939년 9월 1일, 독일의 폴란드 침공으로 제2차 세계대전이 시작되었죠. 독일의 전격적인 침공으로 폴란드는 개전 초기부터 고전을 면치 못했고, 이를 본 영국과 프랑스가 독일에 선전포고를 하면서 전쟁은 걷잡을 수 없이 확대되었습니다. 폴란드군의 용감한 분투에도 불구하고, 독일군과 소련군의 양면 공세 모두를 막아낼 순 없었는데요. 결국 폴란드는 전쟁에서 패배했고, 영토가 동서로 분할, 독일과 소련에 양분되었습니다.

　1940년 4월, 독일과 프랑스 전선은 매우 조용했어요. 바로 가짜 전쟁의 시기였죠. 서로 눈치만 보고 공격하지 않던 그때, 독일이 기습적으로 덴마크와 노르웨이를 침공합니다. 스칸디나비아반도의 풍부한 자원을 확보함과 동시에, 그곳의 항구와 군사 공항을 활용해 북해에서의 진출로를 확보할 수 있기 때문이었어요. 영국이 황급히 작전에 참가하고 노르웨이군이 분투했지만, 결국 노르웨이도 독일에 항복하고 맙니다. 작전 내내 독일군, 정확히는 독일 해군이 자멸하는 모습을 보였지만, 그것을 제대로 활용해내지 못한 영국의 아쉬움이 엿보이는 전역이었죠.

　1940년 5월 10일, 베저위붕 작전이 중반부로 넘어가던 바로 그 시점에서 독일군의 전격적인 프랑스 침공이 벌어집니다. 프랑스는 대규모의 포병과 콘크리트 방어 진지로 이뤄진 방어선을 구축하고 독일군을 맞아 대항했어요. 그러나 독일군의 경이로운 진격 속도와 아르덴 숲 돌파, 프랑스군의 사기 저하 등의 문제로 순식간에 무너져 버렸고, 결국 6주 만에 독일에 항복하고 괴뢰정부를 수립하는 참사를 겪게 됩니다. 그나마 위안이 되어준 것은, 덩케르크에서 수십만 명에 달하는 연합군을 구조할 수 있었다는 점이죠. 이제 독일은 프랑스의 항구와 공항을 마음껏 사용할 수 있게 되면서, 유럽을 석권하게 되었습니다.

　독일은 프랑스에서의 승리를 발판으로, 영국을 상대로 하는 대규모 상륙작전인 바다사자 작전을 계획합니다. 그러나 해군력이 취약했던 독일이 그 계획을 실행하기란 역부족이었죠. 그래서 공군을 이용해 영국을 타격, 협상 테이블로 영국을 끌어내는 전략을 세웠고, 이는 영국 본토 항공전으로 이어지는 계기가 되었어요. 영국 본토에서 양측의 공군은 치열한 공중전을 벌였고, 가까스로 승리한 영국은 생존할 수 있었습니다. 공군만으로 영국을 굴복시키겠다는 히틀러의 야망은 그렇게 무너지고 말았죠.

한편 프랑스와 유럽 대륙에서 독일이 이룬 승리에 고무된 이탈리아는, 영국령 이집트를 침공하며 북아프리카 전선을 열게 됩니다. 하지만 그곳에서 자신들보다 소규모였던 영국군에게 난타당한 뒤, 독일에 SOS 요청을 하기에 이르죠. 이탈리아의 요청을 받고 날아온 구원투수는 다름 아닌 사막의 여우 에르빈 롬멜이었어요. 롬멜은 이후 신출귀몰한 전술로 영국군을 상대하며, 기동전의 대가로 이름을 날리게 되었습니다.

유럽의 프랑스가 정신없이 털리고 있는 와중, 친독 국가였던 일본은 프랑스의 식민지인 인도차이나반도를 노리고 그곳에 진출합니다. 그리고 인도차이나의 고무 자원을 손에 넣게 되죠. 이에 격분한 미국은 점령지에서 철수하라는 최후통첩을 일본에 보내며, 대륙에서의 전쟁을 모두 무효화하고 남방으로 진출도 하지 말라는 엄중 경고를 하게 됩니다.

1941년 6월 22일, 독일군은 독소 불가침 조약을 일방적으로 깨고 소련을 대대적으로 침공합니다. 무려 300만 명이 넘는 대군이 동원된 최대 규모의 지상 작전에서, 소련군은 연전연패를 거듭했지만 특유의 저항 정신으로 독일군에게 커다란 시련을 안겨주었어요. 소련군의 그러한 저항은 수백만 명의 인명 피해를 낳았지만, 결코 헛된 것은 아니었는데요. 소련군의 강력한 저항에 시간을 빼앗긴 독일군은, 결국 모스크바 바로 앞에서 진격을 멈추게 되죠. 겨울이 오기 전 전쟁을 끝내기 위해 월동 장비를 챙겨오지 않았던 독일군에게, 러시아의 혹독한 겨울이 시작된 겁니다.

결국 모스크바 공방전은 소련군의 승리로 돌아가게 되었고, 양측은 다시 날씨가 풀릴 때까지 불쾌한 소강상태를 유지해야만 했습니다.

지구 반대편인 태평양에서도 전운이 감돌기 시작했습니다. 미국은 계속되는 일본의 폭주에 석유 수출 금지라는 강경책을 내놓았는데요. 국가 석유 소비량의 80퍼센트를 미국산에 의지하고 있던 일본에는 그야말로 크나큰 충격이었죠. 군부의 강한 입김이 작용하던 일본은 결국 대미 개전을 결의합니다. 개전 초반 미국 함대에 큰 피해를 줌으로써 시간을 벌고, 차후 결전에서 승리한 뒤 미국과 협상한다는, 러일 전쟁 때와 같은 승리의 시나리오를 쓰고 싶었던 거예요. 그리하여 일본은 진주만에 주둔해 있는 미 태평양 함대의 주력함대를 기습, 격침하고, 미국이 전력 공백을 보충하는 동안 동남아시아를 장악해 결전을 위한 태세를 완비하기로 계획하죠.

1941년 12월 7일, 하와이 진주만에서 일본이 완벽한 기습에 성공하면서, 미 태평양 함대는 궤멸하고 맙니다. 마침 천우신조로 미 항공모함은 그때 진주만에 있지 않았기에, 기습을 피할 수 있었어요. 울며 겨자 먹기로, 미국은 남아있는 항공모함을 중심으로 함대를 재편성해 작전할 수밖에 없게 되었죠. 하지만 전화위복으로, 미군은 오히려 현대 해전에서 항공모함의 유용성을 확인하게 되었으며, 이후 태평양 전역의 해전에서 항공모함이 전장의 주역으로 떠오르는 결과를 낳았습니다. 일본 해군이 자랑하던 거함거포주의巨艦巨砲主義: 거대한 대포와 함선을 중시하는 해군 분야의 군사 사상는 그렇게 막을 내리게 되었죠.

1942년 소련과의 전쟁에서 다시 여름을 맞이한 독일군은 강력한 하계 공세를 펼칩니다. 목표는 더 이상 모스크바가 아닌, 남부 지역의 자원 지대였어요. 특히 캅카스 지역의 석유 생산 시설이야말로 전쟁의 장기화에 대비할 수 있는 독일의 중요한 카드였죠. 독일의 초기 공세는 매우 성공적으로 진행되었고, 소련군은 이를 막기 위해 모든 것을 동원했습니다.

전진을 계속하던 독일군은 볼가강 유역의 도시, 스탈린그라드에서 소련군의 강력한 저항에 부딪혔고, 그곳에서 치열한 시가전을 벌여야 했어요. 독일군이 스탈린그라드에 온 전력을 집중하고 있을 때, 소련군은 겨울이 다가오는 틈을 타 스탈린그라드의 외곽을 포위하는 데 성공하면서 전세를 뒤집습니다. 불리한 상황에서 빛난 만슈타인 장군의 구출 작전에도 불구하고, 결국 스탈린그라드의 독일군은 소련군에게 거의 죽거나 항복하면서 약 30만 명의 독일군이 증발해 버리는 결과를 낳게 되었죠.

북아프리카 전선에서도 독일군의 패배가 이어졌는데요. 스탈린그라드의 포위가 한창 진행될 무렵, 북아프리카 이집트의 엘 알라메인에서는 롬멜의 북아프리카 군단이 영국 몽고메리 장군의 대규모 공세에 패배하고 후퇴하기 시작합니다. 독일의 전쟁 수행 능력이 점차 한계를 보이고 있었던 거예요. 엘 알라메인 전투 이후로도 공격의 고삐를 늦추지 않는 연합군의 공세로, 독일군은 튀니지, 심지어 시칠리아까지 연합군의 진격을 허용하고 말았죠.

추축국으로서는 태평양의 전세 또한 이상하게 돌아가기 시작했습니다. 미국의 계속되는 일본 본토 공습으로, 일본은 미국의 항공모함 함대를 끌어내 격파하기로 결정, 미드웨이섬 공격을 계획합니다. 그러나 작전 보안 실패와 갈팡질팡하는 지휘력의 문제로, 작전에 참가한 항공모함 네 척이 모두 격침되는 초유의 사태에 큰 충격을 받게 되죠. 미국은 그 승리로 전열을 가다듬을 만한 여유를 얻게 되었습니다.

1943년에 접어들면서, 승리의 무게추는 연합국으로 기울기 시작합니다. 앞으로 자세히 다루겠지만, 태평양 전선에서는 미국이 함대를 재정비하고 일본군의 최남단 진출 지역인 솔로몬제도 Solomon Islands의 과달카날 Guadalcanal을 향한 공격을 주도합니다. 미국이 일본을 향한 최초의 육상 반격에 나선 것이죠. 함대 간 야간 근접전이 벌어질 정도로 치열했던 그 전투에서 미국이 승리하면서, 일본은 동남아시아 진출 지역에 대한 안전을 담보할 수 없게 되었어요. 그러나 아직 일본의 함대는 건재했고, 미국은 그런 일본군을 공격하기 위해 나양한 방법을 상구할 계획이었습니다.

유럽의 정세도 마찬가지였는데요. 특히 동부 유럽에서 소련은 비록 제3차 하리코프 공방전에서 패배했지만, 여전히 독일에 비해 어마어마한 전력을 보유한 강대국이었습니다. 독일은 주도권을 되찾고자, 쿠르스크 돌출부 지역의 소련군을 남북에서 차단해 포위 섬멸하려고 했죠. 그러나 소련군의 강력한 방어와 거대한 규모의 예비대 투입으로 좌절되고 맙니다. 쿠르스크 전투의 패배로, 이제 독일은 동부전선에서 전략적 주도권을 완전히 잃게 되었고, 소련군의 공세를 막아내기에 급급해졌습니다.

아프리카 전선에서는 추축군의 30만여 명 병력이 증발했고, 연합군은 이탈리아의 시칠리아섬에 상륙했습니다. 이제 독일은 양면 전쟁의 위험을 감수해야 하는 상황에 몰렸습니다. 가뜩이나 병력이 부족한 동부전선에서 병력 일부를 이탈리아로 돌려야 했죠. 전쟁의 양상이 바뀌기 시작한 거예요.

독일은 전쟁에서 이길 수 없음을 깨닫고 있었습니다. 동부전선의 소련군이 쿠르스크 전투 이후로 잠시 숨을 고르고 있었으나, 곧 대규모 공세를 펼쳐올 것임은 자명한 일이었죠. 독일군은 전략적 공세를 펼칠 만한 역량을 모두 상실한 상태였고, 연합군이 상륙한 이탈리아는 무솔리니가 실각하고 연합국과의 협상에 나서면서 상황은 급박하게 돌아갔어요. 게다가 연합군의 대규모 상륙작전(노르망디 상륙작전)이 프랑스 지역에서 벌어질 것이라는 첩보까지 들어오면서, 독일은 진퇴양난에 빠지게 됩니다.

전쟁의 향방이 크게 뒤바뀐 1943년이 지나고, 이제 전쟁의 종반부에 접어드는 1944년이 되었습니다. 추축국은 암담한 전황 속에서도 절대로 전쟁을 포기할 생각이 없었는데요.

자, 지금부터 세계대전의 가장 처절한 국면으로 들어가 볼까요?

2부

반격 —
승리와 패배,
그 사이에서

17장

디데이—노르망디 상륙작전 개시

"이 고귀한 임무를 수행하는 우리에게 신의 가호가 있기를."
연합군 총사령관 아이젠하워의 '노르망디 상륙작전' 명령문 중 일부

전쟁의 판세가 뒤집힌 1943년이 지나고, 1944년이 되었습니다. 독일군은 1943년 3월 스탈린그라드, 같은 해 7월 쿠르스크에서 각각 뼈아픈 패배를 당하면서 전쟁의 주도권을 완전히 잃어버렸고, 심지어는 북아프리카에서도 쫓겨나고 말았죠. 연합군은 그 기세를 몰아 시칠리아에 상륙한 뒤 이탈리아로 진격했고, 그 결과 이탈리아에서는 무솔리니가 권력을 잃고 쫓겨나 새로운 정부가 연합군과 평화 협정을 맺기에 이릅니다.

지구 반대편에서도 일본이 미군과의 해상전에서 패배하며 전황이 뒤바뀌었습니다. 미드웨이 해전의 패배 이후, 과달카날 전역[22]의 육상전에서도 미군에게 첫 반격을 호되게 당한 뒤로 일본의 호주 공략의 꿈은 무너졌습니다. 진주만에서의 피해를 복구한

---

[22] 1942년 8월부터 1943년 2월까지, 솔로몬제도의 과달카날섬에서 미군과 일본군 사이 벌어진 전투가 '과달카날 전투'이다. 호주를 공략하기 위한 일본이 그곳을 점령하고 비행장들을 건설하자 이를 막기 위해 미군이 상륙해 전투를 벌였고, 일본군이 큰 타격을 입게 되면서 태평양 전선에서 미군의 첫 전략적 반격 작전은 성공할 수 있었다.

미 태평양 함대의 주력 전함들이 복귀하고 신형 항공모함이 합류함으로써, 점차 해상 주도권이 넘어가고 있었던 것이죠.

그런 전황이 계속되던 1944년 초, 독일군이 가장 신경 쓴 것은 두 가지였습니다. 하나는 동부전선에서 쿠르스크 전투 이후 또다시 벌어질 소련군과의 대규모 전투였고, 다른 하나는 서유럽, 특히 프랑스를 향한 연합군의 상륙작전에 관한 것이었어요. 이미 연합군의 대규모 상륙작전은 공공연한 사실이 된 터라, 이제 중요한 것은 언제 어디에서 연합군의 상륙이 감행되느냐 하는 것이었습니다.

연합군은 프랑스 노르망디 해안에 대규모 상륙작전을 준비하기 위해, 영국 본토에 집결했습니다. 그들은 철저한 보안 속에서 상륙작전을 준비했고, 나아가 독일군을 완벽하게 속이기 위해 노르망디가 아닌 다른 지역에서 상륙작전을 벌이는 것처럼 보이는 여러 기만 작전을 준비, 시행했어요. 이미 연합군은 제공권과 제해권을 바탕으로 자신들의 작전지역을 완벽히 압도하고 있었기 때문에, 상륙지 선정에서 훨씬 더 유리한 상황이었죠. 역사상 최대 규모의 단일 상륙작전이 될 이 '오버로드 작전Operation Overlord'은, 상륙 당일에만 15만 명의 병력을 프랑스 해안에 투입할 계획이었습니다. 중요한 건 작전 개시일인 '디데이'가 과연 언제냐는 것이었죠.

반면 독일군은 연합군의 압도적인 전력을 견뎌내기에 현실적인 한계가 있었어요. 가뜩이나 중요한 소련과의 동부전선에 대부분의 최정예 병력이 묶여있는 상태였기 때문에, 정반대편인 프랑스 해안 방비는 극소수의 병력만으로 감당해야 했죠. 그래서 독일군은 연합군의 상륙 지점이 과연 어디가 될 것인지, 그에 따라 부대들을 어디에 어떻게 배치해야 할지 고민하느라 애를 먹고 있었습니다. 독일군은 연합군이 상륙 후 착실한 전력을 갖추기 전, 즉 연합군이 해안에 막 상륙하고 있을 때를 노려 성공적인 방어 전투를 치러야만 했습니다. 그런 이유로 무엇보다도 어떤 부대를 어디에 배치하느냐 하는 문제로 골머리를 앓고 있었던 것이죠. 대다수 독일군 장군들은 연합군의 유력한 상륙 예상 지역으로 프랑스 북부의 '파드칼레 Pas-de-Calais' 지역을 꼽았는데요. 아무래도 영국 본토에서 가장 가까운 해안이었기에, 연합군이 그 짧은 거리를 이용해서 후속 병력을 더 빠르게 해안으로 투입할 수 있으리라 예상한 겁니다.

그러나 독일군 장교단의 소수는 그렇게 생각하지 않았습니다. 특히 포병 장군이었던 에리히 마르크스 Erich Marks 는 회의 도중, 부상한 다리 때문에 절뚝거리는 걸음으로 지도에 다가간 후, 연합군의 예상 상륙지로 노르망디 지역을 정확하게 손가락으로 짚었습니다. 게다가 상륙작전의 기본인 화창한 날이 아닌, 오히려 악천후를 이용해 연합군이 자신들을 공격하리란 말도 마치 예언하듯 술술 풀어냈죠.

하지만 연합군이 파드칼레나 노르망디로 오는 게 확실시된다고 하더라도, 가장 큰 문제는 따로 있었는데요. 바로 병력 배치 문제였죠. 완고한 보수파 노장인 게르트 폰 룬트슈테트 Gerd von Rundstedt 장군은 해안에는 최소한의 방어 병력만 배치하고 기동화된 정예 기갑부대는 후방 내륙지역에 대기시킨 뒤, 연합군의 상륙 지점이 확실하게 정해지면 그때 가서 기갑부대를 해안으로 보내 연합군을 물리치자고 제안했습니다. 아직 연합군의 상륙 지점이 확실치 않으니, 상황에 따라 여기저기 위급한 곳으로 기갑부대를 옮겨가며 기동전을 벌이자는 것이었어요. 연합군의 상륙 지점이 불확실한 상황에서, 룬트슈테트 장군의 제안은 나름대로 합리적인 것이었습니다. 만일 정확한 상륙 지점을 예측하는 데 실패한다고 해도, 기갑부대가 즉각 이동해 어느 정도는 대응할 수 있다는 장점이 있었기 때문이죠.

그러나 북아프리카에서 연합군의 압도적인 항공력을 경험한 사막의 여우 에르빈 롬멜 장군이 강력히 반대했습니다. 룬트슈테트 장군의 제안대로 기갑부대를 후방에 배치하면, 유사시 해안으로 이동해 보기도 전에 연합군의 공군 폭격으로 엄청난 피해를 볼 것이라는 이유에서였죠. 롬멜은 기갑부대를 포함해 이용할 수 있는 모든 기동부대를 최대한 해안 가까이 배치하고, 연합군의 상륙이 시작되면 즉각적인 반격으로 상륙군의 해안 교두보 마련을 아예 차단해야 한다고 주장했습니다. 즉 연합군의 상륙이 진행되는 바로 그 해변에서 결판을 봐야 한다는 것이었죠. 롬멜은 상륙 개시 이후 24시간 안에 전투의 향방이 결정되리라 보았는데요. 이는 노르망디 상륙작전을 다룬 명작 영화「지상 최대의 작전」의 영어 제목인 'The Longest Day'의 배경이 되었습니다. 그날의 24시간은 연합군과 독일군 모두에게 가장 긴 시간이 될 터였으니까요. 그렇게 독일군이 옥신각신하며 복잡한 지휘 체계로 혼란을 겪는 동안, 결국 연합군의 지상 최대의 작전이 개시되었습니다.

1944년 6월 5일에서 6일로 넘어가는 깊은 밤, 노르망디 상공은 어마어마한 굉음에 휩싸였습니다. 연합군의 수송기들이 밤하늘을 가르면서 내륙을 향해 계속 항진했고, 지상의 독일군은 비상벨을 울리며 각자의 방공포대로 달려 나갔죠. 잠시의 침묵이 이어진 뒤 독일군의 방공포대에서 불이 뿜어져 나오자, 밤하늘은 마치 하얀 대낮처럼 밝아졌습니다. 연합군의 대규모 상륙에 앞서, 이를 지원하기 위한 연합군의 공수부대가 해안 후방 내륙지역으로 낙하하기 시작한 겁니다.

그렇게 치밀한 연합군의 사전 공수 작전이 개시되자, 독일군은 우왕좌왕하기 시작했습니다. 독일군의 복잡한 지휘 체계는, 그런 비상시에 보고와 명령 하달 사이에서 각종 부대가 뒤엉키며 혼선을 일으키는 문제점을 드러냈는데요. 심지어 서부전선 사령관이었던 룬트슈테트와 B 집단군 사령관인 롬멜의 상이한 의견(기갑부대를 후방에 둘지, 해안 가까이 둘지)을 조율하는 과정에서, 히틀러가 '그럼 절반은 해안에, 절반은 내륙에 두면 되겠네!'라는 타협안(?)을 내놓으며 이도 저도 아니게 된 작전 계획의 혼란을 가중시켰습니다. 그렇게 엉켜버린 지휘 체계 탓에, 각 부대는 B 집단군의 지시를 받아야 하는지 서부전선 사령부의 지시를 받아야 하는지 헷갈릴 정도였죠.

게다가 전쟁 말기로 갈수록 점점 더 이상해지는 히틀러의 정신 상태도 발목을 잡았습니다. 원래 계획은 연합군의 상륙 징후가 보이는 대로 내륙의 전차부대가 해안을 향해 기동하는 것이었는데, 정작 이를 승인해야 할 최종 결정권자인 히틀러는 각종 약물을 복용한 뒤 늦잠에 빠져있었죠. 노르망디 전선의 여러 장군들이 전화로 '내륙의 기갑부대를 해안으로 즉각 출동시켜 역습해야 하니 총통을 깨워달라'고 애원하기까지 했으나, 총통 관저의 부관들은 히틀러를 깨울 순 없다며 일축했습니다.

설상가상으로, 6월 6일 침공 당일 롬멜은 아내의 생일을 맞아 후방으로 잠시 휴가를 나간 상태였습니다. 연합군의 움직임이 심상치 않다는 것은 당연히 롬멜도 첩보를 통해 알고 있었어요. 그럼에도 날씨가 좋지 않을 것이라는 기상예보에 연합군의 상륙은 없으리라 판단, 조금은 마음을 놓고 지휘 현장을 잠시 떠나있었던 거예요. 그러나 연합군은 바로 그러한 악천후를 극복하고 상륙작전을 결행한 참이었죠. 아내랑 아들과 함께 단란한 시간을 보내고 있던 롬멜은 참모에게 침공 사실을 전화로 보고받게 됩니다. 롬멜은 이내 어느 사단이 역습에 나섰는지를 물었죠. 참모가 '아직 그 어느 부대도 역습을 시도하지 않았습니다'라고 보고하자, 롬멜은 즉각 수화기에 대고 고래고래 소리를 질렀습니다.

"당장 모든 부대를 해안으로 보내! 모두 해안으로 가서 역습하라고!"

롬멜의 닦달에 많은 기갑부대들이 해안으로 이동하기 시작했지만, 너무 늦었습니다. 결국 수많은 독일군 기갑부대들 가운데, 제21기갑사단만이 유일하게 디데이 당일 역습을 시도한 부대가 되었죠. 그러한 호재 속에서, 연합군은 강력한 공중폭격과 함포사격을 동반하며 대부분 지역에서 수월하게 상륙작전을 전개했습니다. 단 한 곳, 오마하 해변을 제외하고 말입니다.

오마하 Omaha 해변은 사실 독일군의 가장 강력한 방어가 배비配備된 곳 중 하나였습니다. 독일군 제352보병사단은 나름대로 향후 소련과의 전쟁에 투입하기 위해 창설된 부대로서, 전투력이 주변에 있는 다른 방어 부대보다는 훨씬 나은 편이었어요. 게다가 상륙 당일 악천후의 도움으로 연합군의 사전 포격이 대부분 빗나가며, 사단 방어 전력의 대부분을 보존한 채 연합군의 상륙에 대응할 수 있었죠.

그 때문에 오마하 해변에 상륙한 미군은 그야말로 피의 대가를 치러야 했습니다. 다른 해변인 유타 Utah, 주노 Juno, 골드 Gold, 소드 Sword 의 연합군은 비교적 적은 피해만 보고 상륙한 데 반해, 오마하 해변의 미군은 상륙 당일에만 약 3,000명에 달하는 사상자를 내면서 교두보 확보 가능성이 불투명해졌어요. 그러나 계속되던 지원 포격과 후속 증원부대, 그리고 겨우 살아남은 상륙 전차들이 버텨주면서, 간신히 약 3km를 돌파할 수 있었죠. 오마하 해변의 참혹한 실상은 영화 「라이언 일병 구하기」를 통해서도 우리에게 잘 알려져 있습니다.

오마하 해변에서의 피해에도 불구하고, 연합군은 내륙을 향해 계속해서 진격해 들어갔습니다. 다른 곳에서의 상륙은 매우 성공적인 데다가 독일군의 역습이 제대로 이뤄지지 않은 덕에, 아직 승산은 연합군에게 있었죠. 독일군은 최후의 카드로 자신들이 자랑하는 무장친위대 Waffen SS 의 전차부대를 노르망디 전선에 증원하면서 연합군을 격파하기로 합니다.

먼저 노르망디 인근의 가장 큰 도시 중 하나였던 캉 Caen 부근에 제12SS기갑사단 '히틀러 유겐트 Hitlerjugend'가 도착했고, 최강의 기갑 전력을 보유하고 있던 '기갑교도사단 Panzer-Lehr-Division' 또한 연합군의 공중 공격에서 살아남아 전선에 도착할 수 있었습니다. 그러나 기갑사단들의 도착에도 불구하고, 전황은 암울하기만 했는데요. 롬멜이 주장했던 것처럼, 해안에서 연합군을 격파하기엔 이미 너무 많은 시간이 지난 뒤였기 때문이죠. 그들은 해안으로 투입되기는커녕, 이제 상륙을 마치고 내륙으로 쏟아져 들어오는 연합군 부대들을 막아내기 위해 방어전을 펼치는 수밖에 없었습니다.

그러나 독일군 기갑부대의 전투력 하나만큼은 확실했습니다. 새로 투입된 그들은 악명 높은 전차인 티거 1과 판터로 무장하고 있었고, 수적 열세에도 불구하고 연합군의 전차를 마구잡이로 격파하면서 그 무서운 기세를 꺾는 데 성공합니다. 독일군은 소련과의 전쟁에서 단련된 기동방어 전술을 유감없이 선보였고, 연합군은 그런 독일군의 방어 작전에 흔들리고 있었죠. 이후 전투의 양상은, 연합군이 어느 한 지점에서 공세를 시작하면 전선 후방의 어딘가에서 독일군 기갑부대가 나타나 저지한 후, 다시 독일군 후방으로 사라지는 식으로 전개되었어요. 연합군은 자신들의 공격을 막아내고 다시 홀연히 사라지는 기갑부대들 때문에, 엄청난 피해를 보고 있었습니다.

당연히 연합군 수뇌부는 그런 상황이 답답하기만 했습니다. 노르망디의 하늘과 바다를 모두 점령해 전투의 승기를 잡긴 했지만, 독일군의 방어선을 돌파하기란 쉬운 일이 아니었죠. 연합군은 독일군의 기갑부대가 나타나 자신들의 공격 작전을 방해하고 사라지는 전투 양상을 근본적으로 바꿔야 한다는 결론에 도달합니다. 그리하여 영국군이 '굿우드 작전 Operation Goodwood'을 계획, 시행하게 되는데요. 영국군이 노르망디 전선의 동쪽에서 공세를 펼쳐 독일군 기갑부대를 자신들 앞으로 유도하고, 그 틈을 타 전선 서쪽의 미군이 '코브라 작전 Operation Cobra'으로 공격을 개시한다는 것이었어요. 독일군 기갑부대를 영국군이 붙잡고 있는 동안 다른 곳의 미군이 방어선을 뚫는다는 이 발상은, 독일군보다 더 많은 부대를 투입할 수 있는 연합군의 역량을 보여주는 것이기도 했습니다.

굿우드 작전을 다룬 책 『노르망디의 쿠르스크 Kursk in Normandy』는 당시 영국군의 작전 계획을 상세히 기술하는데요. '노르망디의 쿠르스크'라는 제목에서도 알 수 있듯이, 좁은 구역에 양측의 전차부대가 혼전을 벌인 것으로 묘사하고 있습니다. 그처럼 영국군 전차부대는 교통체증에 시달릴 정도로 대규모의 기갑부대를 좁은 길목에 투입, 공세를 위한 전개에 어려움을 겪었고, 독일군은 그 타이밍을 재빠르게 이용했습니다. 독일군 기갑부대의 신속하고도 강력한 역습이 성공하면서, 영국군은 막대한 손실을 보고 공세를 중지하는 수밖에 없었죠.

그럼에도 연합군에게는 한 가지 다행스러운 일이 있었습니다. 독일군이 영국군 정면으로 유인되어 전투를 치르는 동안, 다른 전선에선 서쪽 방면의 미군 부대가 코브라 작전을 벌여 독일군 전선을 돌파하는 데 성공한 것이었죠. 코브라 작전에서 독일군은 부족한 여건임에도 미군과 치열한 근접전을 벌일 정도로 분투했지만, 대세를 바꾸기엔 역부족이었어요. 무엇보다 항공 전력의 열세가 너무 심각한 수준이었을 뿐만 아니라, 동쪽과 서쪽의 모든 방면으로 투입할 만한 예비 병력이 없었거든요. 독일의 패배는 기정사실이 되어가고 있었습니다. 독일군 기갑사단이 전투에서 승리한다 해도, 점차 넓어지는 전선의 붕괴를 막을 순 없었던 겁니다.

방어전에서 역량의 한계에 도달한 독일군은 이제 패퇴하는 길밖에 남지 않았습니다. 이후 계속해서 이어지는 노르망디 인근의 전투에서 마지막 남은 최정예 기갑부대 대부분을 소모하게 되면서, 독일군에겐 빠른 퇴각을 통한 재정비만이 남아있는 선택지였습니다. 문제는 그 재정비가 언제 어디에서 가능한가 하는 것이었죠. 독일군은 연합군의 계속되는 공세 작전으로 빠르게 패주를 거듭했고, 뒤이어 8월 15일에는 남프랑스에서도 연합군의 상륙작전인 '용기병 작전 Operation Dragoon'이 벌어지면서 서부전선의 전황은 급속도로 악화되었어요.

독일군은 이제 네덜란드 국경까지 쫓겨났고, 8월 말엔 프랑스 파리가 드디어 연합군에게 해방됩니다. 노르망디 전선에서 붕괴되어 버린 독일군의 후퇴 속도가 얼마나 빨랐던지, 연합군이 그 속도를 따라가지 못해 보급체계가 마비될 정도였죠. 영화 「머나먼 다리」에는 독일 룬트슈테트 장군이 '우리가 너무 빨리 후퇴해서 (연합군이) 못 따라오는 모양이군'이라고 말하는 장면이 나오는데, 그야말로 당시 상황을 적절히 묘사했다고 볼 수 있습니다.

비록 많이 밀려나긴 했지만, 독일군은 이제 재정비를 할 수 있는 시간적 여유를 갖게 되었습니다. 그리고 연합군에게는, 여느 전쟁의 신이 그렇듯이 승리한 자에게 내리는 달콤한 기쁨과 더불어 오만이라는 불행을 안겨주었죠. 연합군은 노르망디 상륙작전에서의 대성공을 바탕으로, 대담한 작전을 통해 공수부대를 투입, 1944년 크리스마스 이전에 전쟁을 끝내겠다는 과감한 계획을 세우게 됩니다.

노르망디에서 양측의 치열한 접전이 벌어지는 동안, 동부전선에서는 어떤 일들이 벌어지고 있었을까요? 노르망디에 상륙한 연합군을 상대하기 위해 회의를 거듭하던 독일군 수뇌부는, 이윽고 동부전선에서 더욱 기함할 만한 소식을 듣게 되는데요.

공교롭게도 자신들이 소련을 침공했던 날짜인 6월 22일에, 소련이 대규모 반격 작전에 나섰다는 것이었습니다.

1944년 6월 6일, 노르망디 상륙작전이 진행된
해안 다섯 곳 중 가장 참혹한 피해를 보았던
오마하 해변으로 미군 상륙부대가 접근하고 있다.
영화 「라이언 일병 구하기」의 장면으로도
유명한 장소.

18장
바그라티온 작전 — 소련의 복수가 시작되다

"중부 집단군의 상황은 재앙 그 자체였다.
우리는 전선을 유지할 병력도, 시간을 벌 수단도 없었다."

발터 모델 장군, 바그라티온 작전 직후 독일 국방군 최고사령부 회의 기록에서

1943년 7월에 독일군의 패배로 끝나버린 쿠르스크 전투 이후, 동부전선의 독일군은 이제 일방적으로 소련군에게 밀리는 처지가 되었습니다. 독일군 주력 부대의 대다수가 쿠르스크 전투에서 무리한 공세 작전을 펼친 뒤 소련군의 강력한 방어 진지에서 소모되었고, 이후 소련군의 반격 작전으로 전력의 균형은 서서히 무너지기 시작했죠. 게다가 이탈리아에 상륙한 미국과 영국의 연합군을 막기 위해 추가적인 부대가 이탈리아로 이동해야 했기에, 가뜩이나 병력이 부족했던 동부전선의 독일군은 처참할 만치 불리한 상황에 직면했습니다.

그러던 중 1944년 6월 6일 프랑스 북부 노르망디 해변에서 연합군의 대규모 상륙작전이 전개되자, 상황은 더욱 악화되었는데요. 이제 소련군과 맞선 동부전선, 아프리카로부터 진격해 온 연합군과 맞붙은 이탈리아 전선에다, 프랑스 노르망디 해안의 전선까지 추가된 겁니다. 노르망디의 연합군을 막기 위해 다른 전선의 주요 기갑부대가 차출되었고, 그에 따라 다른 전선, 특히 동부

전선의 공백은 점차 심각해졌습니다.

　소련 또한 그런 독일의 상황을 잘 알고 있었으며, 5월 말부터 동부전선에서의 대규모 공세 작전을 준비하고 있었습니다. 극도의 기밀을 유지한 채로 준비되던 공세 작전의 개시일은 1944년 6월 22일로 정해졌죠. 독일의 소련 침공 작전인 바르바로사 작전이 개시된 1941년 6월 22일로부터 정확히 3년째 되는 날이었습니다. 소련군은 그만큼 독일군에게 장엄하고 거대한 규모의 반격 작전으로, 피의 복수를 하고 싶었던 거예요.

　독일군도 소련군의 대규모 공세가 임박했음을 알고 있었습니다. 하지만 항상 그렇듯이 문제는 그 장소를 예측하는 것이었죠. 많은 고민 끝에, 독일군은 소련군의 공세 방향이 우크라이나의 남부 집단군이라고 판단합니다. 소련군이 우크라이나를 돌파해 폴란드 남측으로 진격, 발칸반도의 루마니아와 헝가리 등 독일 동맹국들로부터 독일을 격리할 것이라는 예측 때문이었어요. 특히 루마니아 플로이에슈티 Ploiești 유전 지대의 석유는 독일의 생명줄과도 같았으니까요. 그 중요성 때문에, 부족한 병력에도 불구하고 독일군이 우크라이나 지역의 남부 집단군에 가장 많은 병력을 배치한 것이고요.

　그로 인해 병력이 부족해진 중부 집단군은, 이미 자신들의 역량에 비해 너무도 광대한 지역을 방어하게 되었습니다. 그처럼 병력이 부족한 탓에 모든 곳을 지킬 수 없게 된 중부 집단군은, 큰 도시와 주요 방어 거점을 중심으로 주둔하는 수밖에 없었죠. 이는 독일군 방어 부대 사이사이에 엄청난 공백 지역이 있다는 것을 의미했습니다.

　그리고 소련군은 그런 상황을 아주 잘 파악하고 있었죠. 독일군의 예상을 깨고, 소련군은 중부 집단군을 상대로 한 대규모 작전인 '바그라티온 작전 Operatsiya Bagration'을 계획하고 있었던 겁니다. 이미 병력 차이는 돌이킬 수 없는 수준이었는데요. 소련군은 약 200만 명의 병력과 3,500대가 넘는 전차, 4만여 문의 야포와 8,000여 대의 항공기를 공격에 동원했습니다. 그에 맞서는 독일군은 겨우 병력 60만여 명과 전차 400대, 야포 3,000여 문과 항공기 900여 대뿐이었죠.

1944년 6월 21일 야간, 소련 영공의 밤하늘 속에서 검은 비행체들이 나타났습니다. 그들은 소련 쪽 진지에서 출발해, 독일군 방향으로 사라져 갔어요. 이윽고 심야의 적막을 깨고 날아오른 소련 공군의 무지막지한 폭격이 시작됩니다. 소련군의 대공세가 개시된 것이죠. 날이 밝아오자 소련군 전차와 보병 들은 독일군의 배치가 취약한 곳에 집중적으로 몰려들기 시작했고, 소련군의 다방면 공격으로 독일군은 유기적인 대응을 할 수 없게 되었습니다.

독일군은 모든 전선에서 패퇴하기 시작했습니다. 소련군은 독일군에게 피의 대가를 치르면서 배웠던 포위 전술을 능숙하게 사용했죠. 독일군에게는 소련군의 대규모 공격에 대응할 시간이 없었어요. 주요 도시와 거점에 위치한 병력들을 모두 후퇴시키면서 전선을 단축하고, 보다 밀도 있는 방어 전선을 꾸려야 했습니다.

중부 집단군은 더 이상 전선을 유지할 능력이 없었어요. 병력은 부족하고, 지켜야 할 전선은 너무 넓었기 때문이죠. 장군들은 히틀러에게 후퇴를 건의했습니다. 방어가 힘든 지역에서는 병력을 과감히 철수시킨 뒤, 방어가 유리한 지역에서 소련군을 막아내야 한다고요. 그러나 히틀러는 장군들의 건의를 모두 일축했고, 모든 독일 병사들은 현재 서있는 위치에서 한 발짝도 후퇴해서는 안 된다는 명령으로 일관합니다. 작전 초기 후방으로 물러나 재편할 수 있었던 독일군의 많은 부대들은, 그처럼 어이없는 이유로 소련군에게 포위된 채 각개 격파당하기 시작했습니다. 가뜩이나 병력이 부족한 독일군에겐 너무나도 뼈아픈 타격이었어요.

거대한 파도와 같은 소련군의 공세가 계속해서 이어졌습니다. 소련군은 독일군 전선에서 취약한 곳을 돌파한 뒤, 더 많은 수의 독일군을 포위하기 위해 후방으로 넓게 우회하는 전술을 사용했어요. 모든 곳이 격전지였지만, 특히나 비텝스크 Witebsk 지역의 상황이 가장 심각했는데요. 소련군이 비텝스크 시가지를 우회한 뒤 도시 전체를 포위하자, 독일군은 비텝스크 시내에 갇혀버리고 말았죠. 비텝스크 포위망을 완성한 소련군은 일부 병력을 남겨 포위전을 계속하고, 나머지 기동부대는 다시 남서쪽으로 방향을 틀어 다른 지역의 독일군 포위를 위해 진격에 나섰습니다. 그처럼 소련군은 수적 우세를 철저하게 활용하고 있었어요.

비텝스크에 이어 모길료프 Mogilew 지역의 상황도 심각했습니다. 소련군의 진격 속도가 어찌나 빨랐던지, 심지어 후퇴하는 독일군 부대보다도 더 빠르게 전진할 정도였죠. 소련군의 전진을 막기 위해, 한줌의 독일군 중전차부대가 전선으로 나섰습니다. 그러나 중전차부대들은 소규모 교전에서는 승리를 거둘 수 있었지만, 전반적인 전세를 뒤집기엔 역부족이었어요. 독일군 전차부대가 할 수 있는 일이라고는, 뛰어난 전투 능력을 발휘해 몰려오는 소련군들이 다른 곳으로 우회하도록 만드는 것뿐이었습니다.

또 다른 전장인 하늘에서도 소련군의 우세가 이어졌습니다. 이제 소련 공군은 전쟁 초기의 숫자만 많은 허약한 군대가 아니었어요. 반대로 독일군에게선 더 이상 개전 초기의 강력함과 규모를 찾아보기 어려웠죠. 소련군에게 포위된 독일군은 소련 공군의 강력한 폭격에 그대로 노출되었고, 이는 독일군의 탈출을 더욱 어렵게 만들었습니다. 독일군은 탈출에 성공하는 소수를 제외하고는, 소련군의 공세에 그저 녹아내릴 뿐이었습니다.

공격이 개시된 지 겨우 5일째던 6월 27일, 소련군은 주요 지점에서 독일군의 전선을 돌파하는 데 성공합니다. 앞선 모스크바 공방전의 르제프 전투에서 활약한 독일군 정예 부대 제9군은 붕괴된 채로 필사의 대탈출을 시도하고 있었고, 소련군의 돌파구를 막기 위해 추가로 투입할 수 있는 예비부대도 전무했습니다. 다급하게 여기저기서 긁어모은 병력을 철도 수송으로 파견해 보았으나, 언 발에 오줌 누는 격이었죠.

독일군은 그저 소련군의 공세를 기다리다가, 공세가 시작되면 피해를 최소화하면서 버티는 것밖에 할 수 있는 일이 없었습니다. 소련군의 진격이 멈출 때는 보급이나 휴식이 필요할 때뿐이었죠. 공세가 지속되면서 중부 지역의 주요 대도시인 민스크 Minsk가 7월 3일 소련군에게 함락되었고, 독일군의 사기는 더욱 더 바닥을 치게 되었습니다. 민스크가 함락되었다는 것은, 그보다 전방에서 방어전을 펼치고 있던 수십만의 독일군이 포위되었음을 뜻했으니까요.

7월이 지나 8월에 접어들면서, 소련군은 폴란드의 수도인 바르샤바까지 작전 반경을 넓힐 정도로 진출하게 되었습니다. 그러나 이미 약 400km를 달려오면서 부대들이 많이 지친 상태였고, 보급 역량을 넘어서는 진격 속도로 말미암아 소련군의 공세도 조금씩 느려지고 있었어요. 그나마 다행인 것은 독일군의 최일선 전투 능력이 아직 건재하다는 점이었습니다. 소련군이 비록 수적 우세를 바탕으로 주도권을 쥔 채 공세를 계속해 왔지만, 실제로 최일선의 전투에서는 독일군보다 더 많은 피해를 보고 있었거든요. 규모의 열세에도 불구하고 독일군은 수년간의 전투 경험과 우수한 기갑부대를 통해서, 소련군에게 피해를 강요하고 있었습니다.

독일군은 최후의 최후까지 남은 마지막 기갑부대를 집결시켰습니다. 다양한 부대에서 패퇴해 온 전차들이 뒤섞여 마구잡이로 재편성된 혼성 부대였죠. 중구난방 부대였음에도 불구하고, 그들은 바르샤바로 들어가는 소련군 기동부대 옆구리에 마지막 펀치를 날리는 데 성공합니다. 깜짝 놀란 소련군은 막대한 피해를 입고 추가 공세를 중지했고, 이를 마지막으로 중부 지역에서의 소련군 공세는 마무리되었어요.

그러나 소련군의 바그라티온 작전 결과는 매우 효과적이었습니다. 독일군 중부 집단군은 붕괴되었고, 전선은 400km나 서쪽으로 이동했죠. 이제 소련군은 폴란드를 눈앞에 두고 있었어요. 자국 본토까지 소련군을 맞이하게 된 발칸반도의 독일 동맹들은, 이제 자신들의 처지를 다시 한번 생각해 볼 수밖에 없었습니다. 소련군의 공세를 목도한 바르샤바의 반나치 저항 세력과 민중은 대규모 봉기를 일으켰어요. 봉기를 일으키면 소련군이 즉각 개입해 주리라 생각했던 것이죠. 그러나 그런 기대와 달리 소련군은 아무런 개입도 하지 않았고, 봉기군은 독일군의 친위대에 처참히 진압되고 맙니다.

1944년 8월, 독일 중부 집단군이 소련군에 대패함과 동시에, 서부전선의 노르망디에서는 독일군 정예 기갑부대가 연합군에게 패배했습니다. 이제 독일의 전쟁 수행 능력은 한계에 부딪혔고, 그저 시간을 끄는 것 말고는 할 수 있는 게 없었어요. 그러나 아직 최일선 독일군의 전투력을 완전히 무시할 수는 없었습니다. 전쟁에서는 분명히 연합군이 승리하고 있었지만, 전투에서 독일군은 여전히 방심할 수 없는 상대임이 분명했죠.

1944년 후반, 전쟁의 향방이 결정된 것과는 다르게 최전선 전투의 처절함은 더욱더 거세지고 있었습니다.

독일군 무장친위대의 기갑척탄병이 파괴된 소련 전차가 내뿜는 연기를 뚫고 달려 나가고 있다. 바그라티온 작전은 독일 중부 집단군의 붕괴를 불러왔다.

1944년 6월 말, 바그라티온 작전으로 궤멸한 독일 중부 집단군의 파괴되고 버려진 각종 장비들 모습.

19장
레이테만 해전 — 일본 해군의 최후 결전

"이 결전에서 연합함대 전부를 잃는다 해도,
후회는 없다는 것이 사령관의 결심입니다."

연합함대 작전참모 가미 시게노리(神重德)

전쟁의 막바지로 달려가던 1944년은 비단 독일에만 가혹한 시기가 아니었습니다. 유럽에서 독일이 개전 초기의 승리를 뒤로하고 연합군과 소련군에게 협공당하는 동안, 일본도 미드웨이 해전과 과달카날 전역에서 잇따라 패배, 해상과 지상에서 모두 주도권을 빼앗기면서 점차 전쟁의 무게추가 서서히 미국 쪽으로 기울어지고 있었죠. 일본은 전쟁 수행 능력의 대부분을 동남아시아의 석유와 고무 등 자원에 절대적으로 의존하고 있던 터라, 이를 지켜내기 위해 온갖 노력을 쏟아부었습니다. 그런 상황을 모르지 않던 미국 역시, 해군 전력이 보충될 때를 기다려 일본에 결정적인 한 방을 먹이고 싶어 했죠.

    진주만에서 전함 여덟 척 중 네 척이 침몰하고 나머지 네 척이 막대한 피해를 보면서 순식간에 전함 전력의 공백을 마주했던 미 해군은, 울며 겨자 먹기로 항공모함 위주로 함대를 편성할 수밖에 없었습니다. 하지만 오히려 그 일이 전화위복이 되는데요, 현대 해전에서 항공기의 역할이 대두되면서 오히려 엄청난 작전

효율을 보인 겁니다. 미 해군은 진주만에서의 피해를 복구하고, 다시 건실한 해군력을 건설하기 시작했습니다. 새롭게 건조되는 항공모함과 신형 전함은 물론이고, 진주만에서 심각하게 손상되었던 구형 전함들도 수리를 끝내고 하나둘씩 최일선으로 복귀하고 있었죠. 게다가 미군 잠수함들의 과감한 공격 탓에, 일본의 제해권은 점차 줄어들고 있었습니다.

그런 상황에서 일본의 가장 큰 문제는 해상 운송로의 확보였어요. 동남아시아에서 확보한 석유와 고무 등의 자원을 일본 본국으로 수송하는 일조차 매우 버거워지고 있었거든요. 일본이 국가적으로 보유한 모든 수송선의 3분의 1이 미군에게 격침되었고, 특히나 중요한 석유 운반용 유조선은 50퍼센트를 상실했기 때문이죠. 일본의 전쟁 수행 능력을 고사시킬 목적으로, 미국은 이제 중부 태평양에서의 대규모 반격을 시도합니다. 바로 미국의 권역 아래 있던 필리핀 탈환 작전이었죠. 그리고 그 탈환 작전은 레이테만 Leyte Gulf 상륙작전으로 시작될 예정이었습니다.

일본은 그러한 미군의 상륙작전을 저지하기 위해, 그때까지 아끼고 아껴뒀던 연합함대의 거대 전함들을 움직이기 시작했습니다. 이미 정규 항공모함이 모두 격침되고, 즈이카쿠 단 한 척만 남았을 정도로 항공모함 전력이 소모되어 버린 일본 해군에게는, 전함을 활용한 근접 결전만이 유일한 방법이었죠. 애초에 미국과의 전쟁에서 패할 것을 알면서도 개전을 강행한 이유 중 하나였던, 거대 전함 함대로 해상 결전을 벌여 승리한다는 마지막 희망을 부여잡고 있었던 거예요. 그런 의미에서 레이테섬을 둘러싸고 있는 좁은 수로는, 사정거리가 짧은 전함들이 항공모함들의 항공기들로부터 안전하게 미 함대에 접근할 기회를 마련해 줄 터였습니다. 드디어, 대체 언제 할 것인지 말도 많고 탈도 많았던 일본 해군의 '해상 결전'의 날이 밝아오고 있었습니다.

    1944년 10월 중순이 넘어가면서, 미군의 레이테만 상륙은 점차 현실이 되었습니다. 윌리엄 홀시 William Halsey 제독이 이끄는 미 함대는 항공모함을 주력으로 완전한 개편을 마쳤고, 항공 전력에서 일본 해군을 압도하고 있었어요. 그럼에도 미 함대는 매우 조심스럽게 접근하며 항공 정찰에 열을 올렸는데요. 비록 일본의 항공모함 전력이 부족하다 해도, 일본 해군의 강력한 전함 함대가 근거리에서 출몰한다면 매우 위험해지기 때문이었죠. 전함의 사거리가 겨우 20km 내외로 짧다 해도 근거리에서 출몰한다면, 항공모함보다도 더 무서운 존재감을 과시할 게 뻔했습니다. 항공모함 전력을 거의 잃고, 전함 부대만을 보유하고 있던 일본 해군의 마지막 가능성이었죠.

    그러한 미군의 조심성을 간파하고, 전함 부대를 미 함대의 바로 앞까지 들키지 않고 기동할 일본군의 계획은 다음과 같았습니다. 먼저 오자와 지사부로 小澤治三郎 제독이 이끄는 항공모함 함대가 레이테의 북쪽 멀리에서 모습을 드러내며 미끼 역할을 수행, 미 함대가 오자와 함대를 공격하기 위해 북상하는 바로 그때 구리타 다케오 栗田健男 제독이 이끄는 전함 주력함대가 좁은 수로를 통해 레이테만에 출몰해 과감한 근접 해전으로 미 수송 함대를 격멸해 버린다는 것이었습니다. 주력인 구리타 함대의 진입을 위해 니시무라 쇼지 西村祥治, 시마 기요히데 志摩清英의 보조 함대는 레이테만 남쪽의 수리가오해협 Surigao Strait을 통해 돌입, 지원할 계획이었고요.

    그러나 일본 해군은 그 내부에서부터 삐걱거리기 시작했습니다. 오자와 제독의 항공모함이 미끼가 된 타이밍에, 근접전을 벌일 구리타 제독의 함대가 돌입한다는 것까진 좋았습니다. 하지만 연합함대 장관의 명령은 '적 수송 함대 격멸'을 최우선 목표로 하라는 것이었죠. 목표의 우선순위에 대해서 최일선의 해군 제독들은 '적 수송 함대 격멸이 아닌, 적 주력함대를 격멸하는 게 더 중요하다'라며 따져 물었고, 그처럼 함대 결전을 중시하는 사고가 과연 어떤 결과를 낳을지는 아무도 알 수 없었습니다. 그렇게 입만 열면 함대 결전을 주장하는 일본 해군이었지만, 그 작전 계획은 자신들의 예측대로 미군이 움직여 줄 것이라는 막연한 희망에 기반한다는 한계를 지니고 있었어요. 명확한 작전 목적을 가지고 공격해 들어온 미군과는 달리, 시작 단계에서부터 완전히 방향을 잃은 것이었죠.

일본 해군은 그처럼 모호한 작전 목적을 지닌 채 각자의 항구에서 출항, 레이테만을 향해 항진하기 시작했습니다. 그중에서도 가장 중요한 것은 구리타 제독이 이끄는 전함 함대의 임무였는데요. 세계에서 가장 거대한 전함인 야마토大和와 무사시武藏를 중심으로 구성된 그 함대는, 미 주력함대가 비어있는 레이테만에 돌입, 근거리에서 미 함대를 때려 부술 작정이었어요. 그러나 각자의 목표를 가지고 출항한 일본 해군이었음에도, 작전 초기부터 미군의 강력한 항공대에 의해 엄청난 피해를 보기 시작했습니다.

가장 먼저 전함 무사시가 미군의 항공기 공격에 치명적인 손상을 입었습니다. 야마토와 함께 세계에서 가장 큰 전함이었던 무사시는 거대한 몸집을 부여잡고 버텨내는 분투를 보여주었지만, 여섯 차례에 걸친 미 항공기의 대공습에 따른 피해로 작전을 계속할 수 없는 상태가 되어버렸죠. 구리타 제독은 무사시에 항구로 귀환할 것을 명령했지만, 견디다 못한 무사시는 1944년 10월 24일 저녁 7시 30분경 결전장인 레이테만에는 가보지도 못하고 시부얀해 Sibuyan Sea 의 깊은 바닷속으로 가라앉기 시작했습니다.

구리타 제독의 적극적인 지시로 구조 활동이 펼쳐졌으나, 2,400여 명의 승조원 가운데 약 1,000명이 현장에서 사망하고 말았습니다. 무사시의 잔해는 지난 2015년 심해에서 발견되어 화제가 되기도 했죠. 야마토와 함께 일본 해군의 최종 병기였던 무사시는 그렇듯 허망하게, 미 전함을 만나보지도 못하고 격침되고 말았습니다. 항공기 공격만으로 거대 전함이 침몰했다는 점에서, 점차 해전의 양상은 변하고 있었습니다. 아니, 이미 변했다는 것이 더 정확한 표현이겠죠. 무사시의 침몰로 사기가 꺾였음에도 구리타 함대는 항진을 계속했고, 목표 수로를 향해 속도를 더욱 높였습니다.

미군도 일본 함대의 움직임을 지속적으로 포착하고 있었고, 사전에 그 계획을 차단하기 위해 계속해서 작전을 수행했어요. 그러나 미군은 줄곧 불안감을 느끼고 있었는데요, 일본 해군의 항공모함 전력을 찾아 격멸하고 싶었기 때문이죠. 게다가 기습적으로 근접전을 걸어올지 모를 일본 전함에 대한 걱정도 있었고요.

미군의 우려가 하늘에 닿았는지, 홀시 제독은 이윽고 오자와 제독의 일본 항공모함 함대를 발견했다는 보고를 받습니다. 홀시 제독은 그것을 일본 함대의 주력으로 판단하고, 즉각 소수의 함대를 남겨둔 뒤 북상하기 시작했죠. 소수의 구축함과 경輕항공모함만을 남겨놓은 채로, 미 해군 함대는 그렇게 일본의 미끼를 물어버렸습니다. 홀시 제독은 일본 해군에 남아있는 단 하나의 정규 항공모함이자 진주만 공습에 참여해서 유일하게 살아남은 항모 즈이카쿠를 잡고 말겠다는 복수심에 불타올랐어요.

그 와중에 다른 함대들의 상황도 시시각각 변하고 있었습니다. 니시무라 제독과 시마 제독의 별동대도 수리가오해협으로 항해해 야간에 해협으로 돌입한 후, 레이테만에서 구리타 제독의 함대와 합류해 미 함대 잔존 세력을 근접전으로 격파할 요량이었습니다. 미 해군 주력이 북쪽으로 가버린 지금이야말로 일본군에겐 다시 오지 않을 기회였죠. 물론 수리가오해협을 지키는 미 해군의 구식 전함이 있겠지만, 그 해상 결전을 통해 전쟁의 판도를 바꿀 수 있다고 판단한 일본 해군은 그대로 해협에 돌입하기 시작했어요. 니시무라 제독은 구리타 제독의 함대에 '예정대로 수리가오해협으로 돌입하겠다'라는 전문을 보내고, 해협을 향해 쏟아져 들어갔습니다.

해협 주변에 위치하고 있던 미 함대는 니시무라 함대를 발견하자마자 즉각적으로 대응하기 시작했습니다. 수리가오해협의 좁은 출구 부분에 구식이나마 전함을 배치하고, 해협의 사이사이에 구축함과 어뢰정을 배치해 근거리에서 일본 함대를 기습할 준비를 끝마쳤어요. 그들 대부분은 진주만에서 가라앉았다가, 복수를 위해 수리를 마치고 돌아온 전함들이었습니다. 그야말로 복수를 위한 완벽한 스토리텔링이었죠.

10월 24일에서 25일로 넘어가는 야간, 니시무라 함대가 수리가오해협의 입구에 도착해 일제히 돌입하기 시작했습니다. 비록 구형이었지만 강력한 화력을 자랑하는 일본 전함 야마시로山城와 후소扶桑를 중심으로, 니시무라 함대는 깊은 밤의 어둠을 틈타 해협을 항진해 나갔어요. 기습을 위해 절대적인 무선침묵을 지키고 있던 가운데, 후소의 좌현에 의문의 배가 등장했습니다. 후소는 즉각 포문을 열어 사격을 개시했죠. 그러나 그 의문의 배는 같은 함대 소속의 순양함 모가미最上였습니다. 극도의 긴장감이 불러온 불길한 징조였습니다.

이윽고 계속해서 전진하는 일본 함대를 향해, 매복 중이던 미군 어뢰정들이 양쪽에서 급작스럽게 어뢰 공격을 퍼부었습니다.

일본 함대는 회피기동을 시도했지만, 가뜩이나 좁은 수로에 몰려 있던 탓에 여의치 않았죠. 게다가 본 함대에서 뛰쳐나온 구축함들이 발사한 어뢰들까지 정면에서 날아들었고, 이는 일본 함대에 치명적인 결과를 가져왔습니다. 좁은 해협인지라 어뢰를 피할 만한 공간이 없었던 일본 해군은 그야말로 속수무책이었어요. 전함 후소가 어뢰에 피격된 뒤 속도가 느려져 대열에서 이탈해 버렸고, 니시무라 제독이 탑승한 전함 야마시로마저 어뢰에 맞고 맙니다. 그럼에도 니시무라 제독은 해협 진입을 멈추지 않았습니다. 어떻게든 구리타 함대의 북쪽 돌입을 위한 여건을 마련해 줘야 한다고 생각한 것이죠.

이윽고 거대한 강철의 비가 니시무라 함대를 360도의 모든 방향에서 강타하기 시작했습니다. 어두운 해협이 순식간에 대낮처럼 환해지고, 육중하고 거대한 함포에서 발사된 포탄들이 일본 전함들에 정확히 떨어지며 거대한 폭발과 불길을 일으켰어요. 양측이 쏘아 올린 조명탄의 밝은 빛과 포탄의 화염 때문에, 전장이었던 좁은 수로는 마치 대낮처럼 환해졌죠. 양측 함대는 이제 서로의 존재와 규모를 완벽히 파악할 수 있게 되었습니다. 거대하고 육중한 강철의 전함들이, 한쪽은 뚫기 위해서 다른 한쪽은 막기 위해서 필사의 노력을 다해가며 서로를 향해 끊임없이 사격을 퍼부었습니다.

니시무라 제독은 미 해군의 공격에 대응하기 위해, 후소와 야마시로에 대응 사격을 지시합니다. 그러나 레이더가 부족했던 일본 해군은, 그저 미군 전함이 발사하는 불빛을 향해 무작정 포탄을 쏘아대는 것 말고는 아무것도 할 수 없었죠. 게다가 측면을 드러내고 모든 주포를 사용해 사격하는 미군에 비해, 함선의 머리를 보인 채 뛰어든 일본 함대는 전면부에 있는 포탑으로만 대응할 수밖에 없었어요. 화력에서 압도적으로 불리한 상황이었습니다.

　불리한 위치 선정, 그리고 불의의 기습이라는 악조건 속에서도, 니시무라 제독은 함대를 계속해서 해협으로 진격시켰습니다. 그렇게 함으로써 미 전함 부대의 주력을 그곳에 묶어두어야, 구리타 제독의 함대가 자유롭게 레이테만으로 향할 수 있다고 생각했기 때문이죠. 니시무라 제독은 수리가오해협에서 고전 중인 자신의 상황을 설명하며, 계속해서 돌진하겠다는 내용을 담아 구리타 제독의 함대로 전문을 보냅니다. 하지만 그처럼 비장한 각오로 보낸 니시무라 제독의 전문은 구리타 함대에 전달되지 못했는데요. 니시무라 제독의 전함 야마시로는 이미 엉망진창이 되어버린 상태로 통신 기능이 마비되었기 때문입니다.

　수리가오해협의 미군 전함들은 계속해서 전진해 오는 일본 해군을 향해 어마어마한 포격을 쏟아부었습니다. 진주만 공습에서 큰 피해를 본 뒤 복귀한 미군 전함들은 복수의 칼을 갈고 있었고, 완벽한 위치 선정과 기습의 이점을 제대로 활용한 포격을 이어나갔죠. 미군의 강력한 공격으로, 야마시로는 결국 새벽 4시경 어뢰를 맞고 전복되어 침몰하고 맙니다. 폭발 때문에 배 밖으로 튕겨 나간 십여 명의 생존자를 제외하고, 니시무라 제독을 포함, 모든 승조원이 현장에서 전사하고 말았습니다.

　시마 제독의 함대는 니시무라 함대의 불나방과도 같은 결말을 알지 못했어요. 그러다 전투의 소음을 들으며 빠르게 해협으로 뒤따라 돌입하던 중, 불길 속에서 어마어마한 손상을 입고 궤멸하는 니시무라 함대의 모습을 보게 되었죠. 시마 제독의 함대는 해협 중간쯤에서 뱃머리를 돌려 후퇴하기 시작했습니다. 수리가오해협에서의 야간전은 그렇게 미군의 완승으로 끝나버리고 맙니다.

　수리가오해협의 교전이 미군의 승리로 끝날 즈음, 북쪽에서 오자와 제독이 지휘하는 일명 '미끼 함대'의 전황도 시시각각 어두워졌습니다. 그들은 미끼가 되는 데엔 성공했지만, 그 대가로 미 해군 주력을 상대해야만 했죠. 일본 정규 항공모함의 마지막 생존자였던 즈이카쿠가 미군의 공습으로 결국 격침되고, 경항공모함 치토세千歳도 함께 수장되었습니다. 물론 아직 휴가日向나 이세伊勢 등 구식 전함이 남아있었지만, 수백 킬로미터 밖에서 항공기를 날려 공습을 감행하는 미 항공모함을 구식 전함들이 찾아내기란 불가능한 일이었죠. 결국 오자와 함대도 큰 손상을 입고 퇴각하기로 결정하면서, 최초 공격대로 편성된 네 함대 중 구리타 제독의 함대만 남게 되었습니다.

그럼에도 일본 해군에게 승리의 기회가 아예 사라진 건 아니었는데요. 오자와 함대가 미끼 역할을 완벽히 수행했고, 미 해군 전함은 수리가오해협에서의 전투에 발이 묶인 상황. 물론 일본군은 앞선 전초전에서 모두 패배했지만, 오히려 그 때문에 구리타 제독은 몰래 레이테만에 도달할 수 있었습니다. 구리타 제독의 주력함대가 레이테만의 북쪽에서 미군 상륙부대 앞에 출몰, 기습하는 데 성공한 것이죠. 밤새 달려온 구리타 함대는 아직 다른 함대가 모두 패배했다는 사실을 모른 채 전투에 돌입했습니다. 그런 상황에서 구리타 제독은 스스로의 결단으로 일본 해군의 승리를 이뤄내야만 한다는 엄청난 부담을 떠안고 있었죠.

레이테만에 도착한 일본군에게, 저 멀리 미군의 항공모함 함대가 식별되었습니다. 그들은 경항공모함과 구축함으로 이뤄진 소규모 상륙 지원 함대에 불과했죠. 그런 미 해군을 이제 세계 최대 크기의 전함인 야마토와 그 함대가 기습하게 된 거예요. 레이테만 돌입에 성공한 구리타 함대와 참모들은 환호했습니다. 미 해군의 상륙 함대를 궤멸시킬 수 있는 절호의 기회였죠. 특히나 눈앞에서 미 항공모함을 식별한 일본 참모장교들은, 그들을 미군의 상륙 함대가 아닌 주력함대라고 오인했습니다. 미 주력함대를 향한 근접 기습 작전에 성공했다고 여긴 나머지, 눈물을 흘리는 이도 있었다고 하는군요. 그야말로 일본 해군에게는 기적과도 같은 기회가 찾아온 거예요.

환호하는 일본 해군과는 정반대로, 미 해군은 엄청난 충격에 빠졌어요. 북쪽 해협에서 모습을 드러낸 거대한 주력함대는, 미군에게 공포를 불러일으키기에 충분했습니다. 이윽고 거대한 일본 전함 야마토와 곤고金剛가 포문을 열기 시작했습니다. 미 잔존 함대를 이끌고 있던 킨케이드 Thomas Cassin Kinkaid 제독은 즉각 주변의 미군 함대에 구원을 요청했고, 남아있던 모든 항공기를 동원해 일본 함대를 공격하고자 했어요. 그러나 이미 일본 전함의 주포 사거리 안에 들어가 있던 상태였죠. 이윽고 미군 항공모함에는 일본 전함의 포탄이 쏟아지기 시작했습니다.

비록 다른 지역의 전투에서 철저하게 패배해 버린 일본 해군이었지만, 소기의 목적은 달성했습니다. 미 해군의 주력은 저 멀리 북쪽의 오자와 제독의 함대를 추격하고 있었고, 근접전을 벌여줄 미군 전함들은 수리가오해협에 있었어요. 그런 상황을 이용해 구리타 함대가 레이테만에 잔존한 미 상륙 함대를 모두 격파해 상륙작전을 막는다면, 미국의 필리핀 공격을 원천 봉쇄할 수 있을 터였죠. 미군의 필리핀 상륙을 저지하고 함대를 궤멸시켜 엄청난 인명 피해를 주는 데 성공한다면, 미국과의 협정을 보다 유리한 위치에서 진행할 수 있을지도 몰랐습니다.

야마토 전함의 18.1인치 46cm 주포에 대항해, 미군의 경항공모함들은 자신들이 가지고 있던 보잘것없는 5인치 12.7cm 함포를 쏘면서 끝까지 저항했습니다. 그야말로 손에 잡히는 건 모두 던져가면서 분투하고 있었던 것이죠. 절체절명의 위기 상황이었어요. 그러던 와중, 갑자기 미군 구축함들이 적을 향해 달려 나가기 시작했습니다. 배수량 2,500톤급의 미군 구축함이 7만 2,000톤의 야마토를 향해 무모한 돌격 작전을 펼쳤습니다. 소중한 항공모함을 살리기 위해, 구축함이 전함을 향해 생존을 포기하고 스스로 총알받이가 되기로 한 것이었죠.

    돌격을 감행한 미 구축함 네 척은 한 척을 제외하고 모두 침몰했지만, 그들의 용기는 정말이지 대단한 것이었습니다. 그들은 자신들과는 비교도 되지 않는 규모의 전함에 다가가 어뢰를 발사했고, 그 공격에서 벗어나기 위해 회피기동을 하던 전함 야마토와 나가토長門는 선회하던 방향 그대로 전장에서 이탈해 버리는 참사를 겪고 맙니다. 어뢰를 피하고 나서 정신을 차려보니, 미군 상륙 함대와는 너무 멀어져 있었죠. 야마토에 탑승한 구리타 제독이 전황을 확인하기엔 지나치게 멀리 떨어져 버린 탓에, 일본 해군은 지휘 통제의 문제까지 겪게 되었습니다. 그러나 아직 전함 곤고, 그리고 다수의 순양함이 미 해군의 항공모함을 사거리에 두고 있었죠. 그들의 집중 사격으로 미 해군 항공모함 USS 갬비어 베이Gambier Bay가 격침되었고, 점차 일본군의 포탄으로 불길에 휩싸이는 미군 함선은 늘어만 갔습니다. 그렇게 일본 해군의 승리가 다가온 듯했어요.

    그러나 갑자기 기적 같은 일이 일어납니다. 맹렬한 기세로 공격하던 일본 함대가 갑자기 반전, 되돌아가기 시작한 거예요. 바로 그 유명한 '구리타 턴 Kurida Turn'으로 불리는, 구리타 제독의 단독 판단으로 결행된 급작스러운 철수였습니다. 구리타 제독이 그렇게 판단한 데는 어느 정도 합리적인 이유가 있었는데요. 첫째, 미끼 역할을 맡은 오자와 함대로부터 '미 해군 주력을 유인하는 데 성공했다'라는 연락을 받지 못한 점, 둘째, 구리타 제독의 함대 후방에 새로운 미 함대가 나타났다는 보고를 받은 점이었죠. 게다가 앞에서 말씀드렸다시피, 구리타 제독은 지금 자기가 상대하고 있는 미 함대가 상륙을 위한 잔존 함대가 아닌, 주력함대의 일부라고 잘못 판단하고 있었어요. 따라서 구리타 제독은 자신이 미 주력함대 사이에 포위되었다고 착각, 승리의 바로 그 순간에 철수를 감행하고야 만 겁니다.

구리타 제독의 그 극적인 철수 탓에, 다른 지역에서 엄청난 피해를 보면서도 공격을 감행하며 작전 성공을 기원했던 일본군의 해상 결전 계획이 모두 수포가 되고 말았습니다. 특히나 레이테만 돌입은, 마지막 남은 정규 항공모함 즈이카쿠를 희생하면서까지 반드시 성공해야만 했던 작전이었죠. 그런 면에서 승리를 눈앞에 두고 되돌아가버린 구리타의 판단은, 두고두고 크나큰 비판의 대상이 되었습니다.

그런 반면, 미군에게는 그야말로 천운이었습니다. 당시 생존자들의 증언에 따르면, 이젠 정말 죽었다고 생각한 바로 그때 일본 해군이 갑자기 영문 모를 철수를 한, 정말이지 영화와도 같은 순간이었다고 하는군요. 그러한 미 해군의 분투와 승리를 바탕으로 미군의 레이테만 상륙은 성공적으로 이뤄졌고, 나아가 필리핀 탈환도 달성하게 되었습니다.

이제 일본은 필리핀을 잃게 되면서 동남아시아의 자원을 가져오는 모든 루트를 상실했을뿐더러, 지난 7월 잃었던 사이판 Saipan에서 날아오르는 B-29의 폭격으로 본토가 쑥대밭이 되어가고 있었습니다. 많은 이들이 바로 그 시점에서, 일본이 전쟁에서 승리하는 일말의 가능성마저 완전히 사라져 버렸다고 평가하는데요. 실제로 당시 일본 국내에서도 점차 전쟁을 멈춰야 한다는 여론이 고개를 들고 있었어요. 그러나 아직 육군을 중심으로 한 강경파의 목소리가 너무나 강력했고, 오히려 미군의 본토 상륙을 기다리면서 죽창으로 무장하는 광기마저 보여주게 됩니다.

이제, 전쟁의 후반부가 시작되었습니다.

레이테만 해전이 벌어지던 1944년 10월 24일,
미 해군 항공대에 공격받아 손상된 일본 해군의 거대 전함 야마토의 모습.

20장

마켓 가든 작전 — 연합군의 방심이 불러온 실패

"우린 너무 먼 다리까지 가려고 하는 것 같습니다."

영국군 프레더릭 아서 브라우닝 중장,
몽고메리에게 마켓 가든 작전의 어려움을 보고하며

1944년 6월 6일 벌어진 노르망디 상륙작전은 독일군에게 파멸적인 결과를 불러왔습니다. 가장 중요한 전장이었던 소련과의 동부전선에서 병력을 차출해 서부전선으로 보내야만 했고, 노르망디 상륙작전에서 있었던 연합군과의 교전에서 정예 기갑부대 대부분을 소모함으로써 방어 역량은 더욱 줄어들고 말았죠. 상륙작전이 진행된 지 두 달이 지난 8월 중순을 넘기면서, 독일군은 거의 모든 전선에서 공세 역량을 상실하고 말았습니다.

프랑스 파리가 연합군에게 해방되자 독일군은 후퇴를 거듭해, 1940년 프랑스 침공 당시 점령했던 네덜란드 인근까지 밀려나게 되었습니다. 독일군의 후퇴 속도가 얼마나 빨랐던지, 연합군은 독일군이 무너지는 속도에 맞춰 진격조차 할 수 없었는데요. 전선이 너무나 빠르게 돌파되자, 연합군의 보급부대가 진격하는 전투부대의 속도를 맞추지 못할 정도가 되었던 거예요.

서부전선의 독일군은 거의 무너진 듯 보였고, 연합군은 잠시 숨 고르기에 들어갑니다. 후방에서 전방으로 이동 중인 연합군의 여러 보충 부대와 보급품이 도착하면, 전쟁은 끝날 터였죠. 연합군은 독일군의 주력이 궤멸했다는 판단 아래, 1944년 크리스마스 이전에 전쟁을 끝내고자 하는 강한 유혹에 휘둘리기 시작했습니다. 그리하여 연합군은 대규모 공수 작전을 골자로 한 강력한 돌파 작전을 계획, 네덜란드 해방과 독일 국내로의 진공이라는 목표 달성을 위한 '마켓 가든 작전 Operation Market Garden'을 준비하게 됩니다.

연합군의 대략적인 작전 계획은 다음과 같았어요. 먼저 독일군 후방에 있는 주요 도시인 에인트호번 Eindhoven, 네이메헌 Nijmegen, 아른험 Arnhem의 세 곳에 공수부대를 투입해 주요 지점과 교량을 확보합니다. 이후 전선에서 출발한 기갑부대가 단일 통로를 통해 찌르듯이 진격, 공수부대가 미리 확보해 준 교량을 통과해 에인트호번 – 네이메헌 – 아른험을 단숨에 바늘처럼 꿰뚫어, 네덜란드 전선에 구멍을 내버린다는 것이었죠. 얼핏 보기에도 위험 부담이 큰 작전이었지만, 연합군은 독일군이 이미 전투 능력을 상실했다고 판단, 무모할 정도로 대담한 작전 계획을 구상한 거예요.

그렇듯 어마어마한 규모의 공수부대를 동시에 투입해야 하는 마켓 가든 작전의 특성 때문에, 연합군은 엄청난 수송 자산을 확보하기 위해 많은 노력을 기울입니다. 게다가 아무리 독일군이 약화되었다 하더라도, 적지의 깊은 후방으로 강하해야 하는 공수부대에겐 여간 부담스러운 임무가 아니었는데요. 드라마 「밴드 오브 브라더스」에서 미군 공수부대 윈터스 Richard Winters 대위가 '우린 공수부대야. 포위당하는 게 일이지'라고 말한 것처럼, 공수부대는 적지 한가운데에 낙하산으로 투입되며 사방의 적에게 공격을 받기 때문이었죠. 또한 교량 확보에 성공한다고 하더라도, 적에게 포위된 채로 며칠 동안이나 아군의 기갑부대가 자신들을 구하러 오기를 기다려야만 하는 공수부대만의 한계점이 있었고요.

그러한 공수부대의 투입인 '마켓 작전', 그리고 그들을 구출하기 위한 기갑부대의 돌진인 '가든 작전'을 합쳐서, 그 작전은 마켓 가든으로 명명되었습니다. 작전 성공에서 관건은 계획된 시간에 기갑부대가 각 교량에 도착할 수 있느냐 하는 것이었어요. 연합군의 전선과 가장 가까운 에인트호번에는 기갑부대가 작전 개시 당일에 도착할 예정이었지만, 전선의 가장 깊은 곳이었던 아른험으로 투입되는 공수부대는 3일을 버텨내야만 했거든요. 그토록 위험하고 무모한 계획이었음에도, 서부전선의 독일군이 약화되었다고 판단한 연합군 사령부는 작전을 강행했습니다.

하지만 연합군의 바람에도 불구하고, 그 지역의 독일군은 그리 만만한 존재가 아니었죠. 물론 노르망디 전선에서 궤멸적인 패배를 경험한 부대들이 대부분이었으나, 중요한 건 그 독일군 부대가 대다수 기갑부대라는 사실이었습니다. 게다가 그들은 정규군인 국방군이 아닌, 독일군 최정예 부대인 무장친위대의 기갑부대였어요. 나치에 대한 광신적인 믿음을 바탕으로 한 그들은, 아른헴 지역에서 장비와 병력을 보충하며 전열을 가다듬는 중이었습니다. 연합군의 사전 정보 판단이 완전한 실패한 것이죠.

낙하산이라는 투입 자산의 한계로, 공수부대는 중장비를 가지고 갈 수 없었습니다. 중장비를 포기하는 대신, 적 후방 지역을 향한 공중 침투로 기습의 효과를 노려 투입되는 것이 공수부대죠. 그런 공수부대가 강하한 후 전차를 맞닥뜨리게 된다면, 그에 대항할 수 있는 것은 보병의 대전차 화기밖에 없었습니다. 이는 연합군 공수부대의 치명적인 약점이 되었죠. 게다가 독일군 부대는 무장친위대, 즉 SS 부대로서 독일군 내에서도 최신 장비로 무장한 최정예 부대였고요. 무엇보다 그들을 지휘하는 사령관은 발터 모델 원수로, 르제프 방어전 등 동부전선의 여러 방어 전투에서 성공적인 작전을 수행해 방어전의 명수로 명성이 자자한 인물이었습니다.

결국 마켓 가든 작전에서 연합군에게 가장 중요한 요소는, '공수부대의 교량 확보'와 '정해진 시간에 기갑부대가 교량에 도착하는 것'이었습니다. 그러나 독일군의 상황은 전혀 달랐는데요. 독일군은 연합군 부대를 일일이 격파할 필요가 없었으며, 공수부대를 빠르게 격멸하거나 교량을 폭파하기만 해도 연합군의 작전 목표를 좌절시킬 수 있었죠. 그만큼 연합군의 작전 계획은 어느 하나라도 삐끗하는 순간, 모든 것이 실패로 돌아갈 위험성을 내포하고 있었어요.

먼저 에인트호번에 강하를 시작한 미국 제101공수사단은, 다른 곳에 비해 성공적으로 작전을 수행해 나갔습니다. 9월 17일 강하해 교량을 확보했지만, 북쪽의 교량은 이미 독일군에게 파괴된 상황이었죠. 그래서 공병부대를 요청한 뒤, 북쪽 네이메헌의 미 제82공수사단과 협공을 준비했습니다.

그러나 문제는 가장 북쪽이자 깊숙한 곳에 투입되었던 영국 제1공수사단이었어요. 그들은 아른험 인근에서 교량의 북쪽 부분을 확보하는 데 성공했지만, 교량의 반대편까지는 확보하지 못했습니다. 이후 교량의 반대편에서 몰려드는 SS 부대를 맞아 방어전을 펼쳤으나, 독일군이 전차부대를 추가로 투입하면서 점차 위기가 고조되었죠. 독일군은 연합군의 공수 작전에 즉각적으로 반응했습니다. 약화되었다고는 하지만, 아직은 전차를 다수 보유한 기갑부대가 남아있었기 때문이죠. 특히 발터 모델 장군의 유기적인 방어 전술, 즉 부대를 잘게 쪼개 취약 지점을 적시에 보강하는 방식의 지휘가 빛을 발했습니다.

연합군 공수부대가 그렇게 피를 흘리며 교량을 확보하기 위해 동분서주하고 있을 때, 연합군의 기갑부대도 전선을 뚫어내면서 기동하기 시작했습니다. 제시간에 공수부대를 구출해 내려면 한시라도 빨리 가야만 했어요. 그러나 연합군의 기동로는 단 하나뿐이었죠. 이를 파악한 독일군이 그 도로를 중심으로 연합군의 이동 대열을 소규모로 타격하면서, 연합군 기갑부대의 진격 속도는 점차 줄어들기 시작했습니다.

9월 17일인 강하 당일에 도착하기로 계획했던 에인트호번은, 결국 그다음 날인 18일이 되어서야 도착할 수 있었습니다. 그렇다 보니 작전 계획이 잇따라 뒤로 연기되면서, 연합군 사령부의 고심은 더욱 깊어만 갔죠. 그다음 날인 9월 19일, 연합군이 두 번째 목표인 네이메헌에 도착하면서 조금은 실낱같은 희망이 생기기 시작했습니다.

그러나 결정적인 문제는 해소되지 못한 채 남아있었는데요. 아른험에 포위된 영국군 제1공수사단은 지속적으로 독일군의 강력한 공세에 피해를 보고 있었죠. 미 제82공수사단은 보트를 활용해 도하 작전을 벌여가면서, 네이메헌의 다리를 확보하는 데 마침내 성공했습니다. 그러나 독일군 잔존 병력이 계속해서 주변으로부터 소규모 반격을 가해왔고, 연합군 보병부대가 너무 늦게 도착하는 바람에 정작 다리는 확보했음에도 전진하지 못했어요. 독일군의 강력한 저항이라는 외부적 요인과, 연합군의 엉망으로 꼬여버린 작전 시간표라는 내부적 요인이 겹치면서, 마켓 가든 작전의 성공 여부는 불투명해지고 말았습니다.

아른험에 강하한 영국 제1공수사단은 최악의 상황에서 분투를 벌이고 있었습니다. 사단의 주력은 목표였던 아른험 대교에서 너무 멀리 떨어진 곳으로 강하한 탓에 대교를 확보하지 못했고, 존 프로스트John Frost 중령이 이끄는 한 개 대대 규모의 병력만이 대교를 점거하고 버티는 형국이었죠. 독일군이 이를 놓칠세라 즉각적으로 반격을 시도하면서, 영국군은 절체절명의 위기에 빠져버리고 말았어요. 아른험 대교 인근에서는 치열한 전투가 벌어졌고, 영국군 공수부대는 점차 탄약과 보급품이 고갈되어 갔습니다.

작전 종료 예정일이던 9월 20일이 되었는데도, 연합군은 네이메헌조차 돌파하지 못한 상태였습니다. 하지만 그때도 아른험의 영국군은 굳건히 버텨주고 있었어요. 연합군은 추가로 폴란드 공수부대를 아른험으로 강하시키면서 영국군 제1공수사단을 지원하려 했지만, 이미 주변엔 독일군 기갑부대가 집결을 마치고 파상 공세를 펼치고 있던 터라 할 수 있는 일이 아무것도 없었습니다.

그럼에도 포위된 영국군은 전투를 포기하지 않았습니다. 아른험의 영국군은 3일을 버틴다는 애초의 작전 목표를 훨씬 웃돌며 8일을 버텨내고 있었어요. 그러나 연합군의 기갑부대는 점차 둔화될 수밖에 없었는데요. 좁은 도로에서 지속적인 반격을 펼쳐오는 독일군을 일소하지 못해 진격 속도가 너무나 느렸고, 피해도 예상보다 훨씬 컸기 때문이죠. 영국군의 분투가 무의미해질지도 모르는 위기 상황이었습니다.

독일군 또한 그러한 연합군의 상황을 인지하고 있었어요. SS 기갑부대는 점차 예비대를 집결시키면서 연합군 기갑부대의 진격을 방해하는 한편, 하루빨리 영국군 공수부대를 포위 섬멸하기 위해 공세를 계속했습니다. 독일군의 반격이 점차 거세지자, 연합군 사령부는 9월 25일 아침 결국 모든 공세 작전을 중지, 영국 제1공수부대에 탈출 작전을 벌일 것을 지시하면서 마켓 가든 작전은 끝이 나고 말았습니다.

영국 제1공수사단은 어마어마한 피해를 보았음에도, 깊은 밤을 틈타 철수하기 시작했죠. 그러나 당연하게도 영국군의 탈출을 허락해 줄 마음이 없었던 독일군은 공격을 계속했습니다. 영국군은 스스로 걸어 나갈 수 있는 인원들만 선발, 도하를 강행했고, 그렇게 살아서 강을 건너 연합군 본대로 돌아온 사람은 1만 2,000여 명 가운데 2,000여 명에 불과했어요. 걷지 못하는 부상자와 그들을 돌봐야 하는 의무병, 그리고 철수 사실을 숨기기 위한 기만 작전에 투입된 통신병과 군의관 들은 현장에 남아 포로로 잡히고 말았고요. 연합군의 완전한 패배였습니다. 또한 존 프로스트 중령과 그 대대원들도 탄약과 보급품이 떨어지자, 결국 독일군에게 항복하고 말았죠.

마켓 가든 작전의 결과, 독일군은 노르망디 상륙작전 이후 무너졌던 서부전선을 재정비할 만한 시간적·물리적 여유를 확보할 수 있었습니다. 파죽지세로 진격하던 연합군은 마켓 가든 작전의 실패로, 전진을 멈추고 차후 작전을 위해 숨 고르는 시간을 가져야만 했죠. 독일군은 연합군 주력의 공세를 저지함으로써 자신감과 사기를 되찾았으며, 다시금 전력을 보충할 시간을 벌 수 있었습니다.

연합군은 그 패배로, 1944년 크리스마스 전에 전쟁을 끝낸다는 허황한 꿈을 접어야만 했습니다. 이제 연합군은 엄청난 피해와 보급품 소모로 말미암아, 다시 전략을 수정해야만 했어요. 그렇다고 전쟁의 판세가 뒤바뀔 만큼 절대적이고 궤멸적인 패배는 아니었습니다. 네이메헌까지 진격하는 데는 성공했기 때문이죠. 하지만 중요한 점은 연합군이 작전 목표 달성에 실패했고, 그 과정에서 바람직하지 않은 작전 수행으로 불필요한 희생을 낳았을 뿐만 아니라, 독일군에게 재정비할 수 있는 여유를 주었다는 것이었습니다.

그러한 연합군의 패배는 고전 명화인 「머나먼 다리」에도 잘 나타나는데, 특히 영국군 장군의 말이 당시 상황을 충분히 대변합니다. 겨우 탈출에 성공해 죽다 살아난 제1공수사단장인 어카트 Roy Urquhart 소장이 자신의 상관 브라우닝 Frederick Browning 중장에게 반문하는 장면입니다.

브라우닝 중장: 몽고메리를 보고 왔네. 매우 자랑스럽고 기쁘다고 하시더군.
어카트 소장: 기쁘다고요?
브라우닝 중장: 그렇다네. 원수께서는 마켓 가든 작전이 90퍼센트 성공했다고 생각하시니까.
어카트 소장: 그러면 중장님은 어떻게 생각하십니까?
브라우닝 중장: 자네도 알다시피, 나는 항상 우리가 너무 먼 다리 a bridge too far 까지 가려 한다고 생각했다네.

이제 서부전선은 잠시나마 소강상태가 되었습니다. 다시 한번 모든 것을 거는 도박이 일어나기 전까지는….

1944년 9월 17일, 아른험 인근으로 강하하는 영국군 제1공수사단의 모습.
눈부신 분투를 보여주었으나, '너무 먼 다리'까지 가는 바람에
대다수가 돌아오지 못했다.

21장
아르덴 대공세 개시 — 히틀러의 마지막 도박

"지금의 상황에선 한 장의 카드에
모두 걸어보는 것을 주저해선 안 된다."
독일 국방군 최고사령부 작전 부장 알프레트 요들 대장

마켓 가든 작전이 실패로 돌아간 후, 서부전선의 연합군은 다시 한번 숨 고르기를 하고 있었습니다. 1944년 크리스마스 이전에 전쟁을 끝내기란 사실상 불가능한 일로 판명되었죠. 그런 마당에 더 이상 불필요한 희생을 낳는 대공세보다는, 착실하게 전력을 보충하면서 다음 공격 지점을 신중하게 선정하는 것이 더 중요했기 때문입니다.

그러나 최전선의 연합군 부대들은 어마어마한 보급난에 직면하고 있었는데요. 사실 그렇게 된 데는 연합국의 보급품이 부족했던 까닭도 있지만, 너무 빠른 진격 속도와 길어진 거리 탓에 보급품이 전방으로 수송되기까지 시간이 걸렸기 때문이죠. 주요 보급 지점으로 사용할 예정이었던 거대한 항구인 쉘부르Cherbourg 항구는 독일군에게 철저히 파괴되었고, 노르망디 인근의 간이 항구에서 운반되는 보급품은 거의 수백 킬로미터가 넘는 대장정을 거쳐서야 전선에 도착할 수 있었습니다.

독일군의 상황 또한 만만치 않았습니다. 마켓 가든 작전에서의 승리로 연합군의 공세를 꺾는 데는 성공했지만, 전쟁의 판세를 뒤집는 정도는 아니었거든요. 그저 우세한 연합군의 대공세를 한 번 막아낸 것에 불과했죠. 독일군은 자신들의 상황을 아주 잘 알고 있었고, 할 수 있는 일이라곤 그저 연합군의 다음 공세를 기다리는 것뿐이었습니다. 대부분의 정예 병력이 동부전선에서 소련군과 치열한 혈전을 벌이는 중이기도 했고요.

그때, 일일이 최일선에 간섭하며 장군들의 진을 뺐던 히틀러가, 다시금 어마어마한 도박 카드를 제안합니다. 동부전선으로 가야 할 최후의 예비 기갑 전력을 몽땅 모아 아르덴 숲을 다시 한번 돌파, 연합군의 후방으로 질주하자는 계획이었는데요. 그 계획이 성공한다면 벨기에의 항구 '안트베르펜Antwerpen'을 확보해 연합군의 보급품 부족 사태를 더 악화시킬 수 있었고, 운만 따른다면 또 한 번 연합군을 포위 섬멸해 버릴 수도 있었죠.

룬트슈테트나 발터 모델 등 여러 장군은 히틀러의 그러한 공세 작전 계획에 반대합니다. 당장 동부전선에선 예비 병력이 없어서 비명을 지르는 중인데, 그 병력을 빼서 방어 작전도 아닌 엄청난 피해를 초래할 것이 분명한 공세 작전을 펼치겠다니. 그것도 서부전선에서! 어디서부터 어떻게 반박해야 할지 모를 정도로 장군들은 어이없어했죠. 그러나 이미 1944년 7월에 있었던 히틀러 암살 미수 사건23과 뒤이은 숙청으로 말미암아, 히틀러의 발언권은 더없이 강력해졌고, 결국 작전은 강행되고야 맙니다. 작전명

23   1944년 7월 20일 벌어진 히틀러 암살 미수 사건. 독일군 슈타우펜베르크 (Claus von Stauffenberg) 대령은 히틀러를 암살하기 위해 회의장에 시한폭탄이 든 가방을 갖고 들어가 암살을 시도했고, 이후 히틀러가 죽었다고 판단, 정부 전복을 꾀했다. 그러나 히틀러는 치명상을 피해 생존했으며, 이후 슈타우펜베르크 대령을 비롯한 여러 동조자들이 전부 처형당하면서 히틀러의 군부 내 권력이 강화하는 계기가 되었다.

'가을 안개 Herbstnebel', 그렇게 아르덴 대공세가 준비되었습니다.

비록 마켓 가든 작전은 실패했지만, 연합군은 독일군에 비해 어마어마한 수적 우세를 바탕으로 강력한 전력을 보유하고 있었습니다. 독일군은 휘르트겐 숲 전투 Battle of Hürtgen Forest [24] 등에서 끈질기게 버텨주었으나, 이미 전략적 수준의 공세 능력은 잃었다고 판단되었죠. 사실 연합군의 그런 분석은 조금 성급하긴 했지만, 완전히 틀린 건 아니었는데요. '독일군은 공세를 펼 역량도 없고, 만약 있다고 해도 걱정할 정도는 아닐 것'이라는 연합군의 정보 판단은 나름 합리적인 분석이었습니다. 그러나 연합군이 놓친 것은 독일의 독재자, 히틀러의 무모함과 예측 불가능성이었죠. 독일군이 '동부전선의 기갑 예비 전력'까지 모조리 끌고 올 만큼 무모하리라곤 예상하지 못한 거예요.

1944년 12월 16일, 추운 겨울날 새벽의 고요를 깨면서 독일군의 공세가 시작되었습니다. 독일군은 연합군의 강력한 항공 전력을 피하기 위해 짙은 안개를 이용해 전진하기 시작했고, 경험 많은 보병부대가 연합군의 주요 진지를 타격하며 기동로를 확보했어요. 이후 흐린 날씨로 점차 시야가 어두워지기 시작하자, 보병이 확보해 둔 기동로에 독일군 전차들이 모습을 드러냈죠. 그들은 엄청난 속도와 파괴력으로, 미 제8군단의 정면을 박살 내며 공격해 들어왔습니다.

연합군은 아르덴의 울창한 숲으로 독일군의 대규모 기갑부대가 공격해 오는 주공主攻이 되리라고는 예상하지 못했고, 독일군의 기습은 그런 연합군의 허를 완벽히 찌른 셈이 되었습니다.

---

[24] 1944년 9월부터 1945년 2월까지 있었던 미국과 독일의 공방전. 독일군은 휘르트겐 숲의 지형을 이용해 미군을 괴롭혔고, 그들의 진격을 방해했다.

4년 전의 프랑스 침공 때와 같은 기적을 다시 한번 일으킬 수 있을지는 기상 상태와 독일군 전차부대의 연료 보유량에 달려있었죠. 기습 초기, 독일군의 공세는 상상 이상으로 맹렬했어요.

전차부대의 강력한 공격과 더불어, 독일군의 정예 부대인 공수부대, 팔쉬름예거 Fallschirmjäger가 미군의 후방으로 공수 강하를 마치고 교란작전에 나서면서, 그러한 혼란은 더욱 가중되었습니다. 영어 회화가 가능한 인원으로 구성된 그들은 미군 복장을 하고 다니며 후방에서 헛소문을 퍼뜨리거나, 도로 표지판 방향을 반대로 바꾸어 후방에서 전방으로 이동하는 미군 부대들이 완전히 뒤엉키게 만들어 버렸죠.

독일군은 완벽한 기습에 성공했습니다. 병력의 규모와 기습 장소, 그리고 시간과 그 방법까지 히틀러의 마지막 도박에 걸맞을 만큼 과감한 공세였는데요. 독일의 군수 장관 알베르트 슈페어 Albert Speer의 발언이라고 알려진, '정상인이라면 동부전선에 집중할 것'이라는 명제를 완전히 뒤집은 히틀러의 독선이 낳은 결과물이었죠. 서부전선의 연합군으로서도, 독일군이 동부전선을 포기하고 그곳에 마지막 대공세를 날리리라고는 생각지도 못했습니다. 이후 그 전투는 '벌지 전투 Battle of the Bulge'라는 이름으로 불리게 되는데, 독일군의 대규모 반격으로 전선이 돌출된bulge 모습에서 비롯된 것이죠.

어쨌거나 독일군의 초기 공세는 매우 성공적이었습니다. 많은 미군이 사로잡히거나 전사했고, 미군의 최일선은 붕괴 직전이었어요. 후방 지역에서 원군이 오기 전까지, 미 제8군단은 독일군 기갑부대에 일방적으로 강타당하고 있었습니다. 독일군의 기갑부대는 다시 한번 같은 장소에서 4년 전의 영광을 누릴 수 있을 듯 보였죠.

하지만 그러한 공세를 당하고도 가만히 있을 미군이 아니었습니다. 연합군 총사령관 아이젠하워 Dwight David Eisenhower 는 곧바로 자신의 모든 권한을 활용해 부대를 지휘하기 시작, 예비로 보유한 부대들을 즉시 아르덴 인근으로 파견합니다. 가장 중요한 것은 통제 가능한 범위에서 독일군의 돌파구 확장을 멈추는 것이었어요. 강력한 독일군 기갑부대가 연합군 후방으로 진격해 들어와 기동전을 펼친다면, 또 어떤 변수가 나타날지 모르기 때문이었죠.

일선의 연합군 내부에서도 분투의 열기는 여전히 타오르고 있었습니다. 아르덴 숲 남쪽 입구의 주요 길목인 바스토뉴 Bastogne 에서 독일군에 포위된 미 제101공수사단은 매우 열악한 상황이었음에도, 거의 신들린 수준의 기동방어를 통해 공세를 기어코 막아내며 독일군의 발목을 붙잡았죠. 독일군은 그들과 씨름하기보다는, 그 전투를 끝내고 빨리 진격해야만 했어요.

그리하여 독일군 측에서 바스토뉴 포위망에 장교를 파견, 미군에게 항복을 종용합니다. 독일군은 미군에게 명예롭게 항복할 것을 권유함과 동시에, 항복하지 않는다면 강력한 포병 공격으로 포위망을 섬멸하겠노라는 요구 사항도 분명히 전달했죠. 하지만 독일군의 요구를 들은 제101공수사단의 맥콜리프 Anthony McAuliffe 장군은 단 한 단어만 써서 답장을 보냅니다.

"X나 먹어 NUTS!"

맥콜리프 장군의 답장을 받은 독일군은 포위 섬멸전을 예고했고, 실제로 제101공수사단은 병사들의 높은 사기와는 별개로 커다란 위협에 직면하게 되었습니다. 그러나 다행히도 12월 23일이 되면서 날씨가 맑아졌고, 연합군의 항공 작전이 개시됨으로써 전황은 빠르게 뒤바뀌기 시작합니다. 항공 작전을 통해 포위된 여러 부대에 공중 보급이 가능해진 것은 물론이고, 다양한 전폭기와 폭격기가 해당 공역에 등장, 독일군 기동부대에 폭격을 가하기 시작했죠.

독일군은 점차 한계에 부딪혔어요. 이미 기습이 시작된 지 열흘이 다 되어가는 시점이라, 연합군도 전열을 가다듬고 있었습니다. 더불어 연합군의 항공 작전이 시작된 데다가, 특히 아르덴 숲에 오밀조밀하게 펼쳐져 있는 산림지대는 독일군 전차들의 빠른 기동을 제한했죠. 독일군의 기계화부대는 4년 전처럼 날렵한 소형 전차들이 아니라, 전쟁을 거치면서 더욱 강력해지고 거대해진 중형 전차들로 무장했기 때문에, 비포장도로인 산길을 통한 전진이 더욱 어려웠어요. 또한 가뜩이나 부족했던 연료가 이제 바닥을 드러내고 있을 뿐 아니라, 연합군의 연료 저장소를 탈취하기로 했던 애초의 계획이 실패하면서 작전 성공은 더욱 요원해졌습니다.

그에 더해 또 다른 문제가 있었는데요. 독일군이 비록 초기에 눈부신 승리를 거두었다고는 하나, 명색이 공세 작전이었기 때문에 기갑부대의 피해가 아예 없던 것도 아니었거든요. 이제 독일 장군들도 공세 작전을 멈추고 남아있는 전력이라도 살려 제대로 활용, 방어 작전으로 전환해야 한다고 히틀러에게 건의합니다. 하지만 히틀러는 여전히 고집을 굽히지 않았죠.

해가 바뀌어 1945년 1월 1일이 되자, 독일군은 마지막 공세 작전을 시작합니다. 얼마 남지 않은 독일 공군 루프트바페의 마지막 대규모 공중 작전인 보텐플라테 Bodenplatte 작전이 개시되었고, 그에 발맞추어 마지막 남은 독일군 기갑부대가 각자의 통로를 이용해 미군의 정면을 타격했죠. 그에 질세라 미군이 대응하면서, 벌지 전투의 막바지는 치열한 혈전을 동반하게 되었습니다.

일주일간의 치열했던 혈전 끝에, 독일군이 결국 공세 종말점에 도달하면서 공세는 끝이 나고 맙니다. 독일군은 보텐플라테 작전 초기에 연합군 공군에게 많은 피해를 주는 데는 성공했지만, 문제는 연합군에게 그 피해를 상쇄할 만큼의 보충 전력이 충분하다는 것이었죠. 연합군의 공군이 계속해서 날아올라 제공권을 확보하고, 이를 바탕으로 독일군 기갑부대를 하늘에서부터 타격했습니다. 독일 기갑부대는 돌출부 안에서 점차 고립되어 갔어요.

1월 7일, 히틀러가 마지못해 여러 장군들의 철수 건의를 수락하면서 작전은 중지되었고, 독일군은 공세를 시작한 곳으로 되돌아가야 했습니다. 독일군은 연합군에게 엄청난 피해를 주는 데 성공했지만, 작전 목표를 달성하지 못했을 뿐 아니라 가뜩이나 부족했던 기갑부대를 너무 많이 소모하고 말았죠. 그 공세에 참여했던 독일군 기갑부대가 원래 동부전선의 소련군과 싸우러 가야 했던 부대라는 점을 고려할 때, 그 작전의 실패는 이제 서부전선뿐만 아니라 동부전선에도 파멸적인 결과를 초래할 것임을 예상할 수 있었습니다.

병력을 아끼면서 효율적인 방어를 해도 모자랄 판에 승산이 희박한 공세 작전으로 주력 부대를 모두 잃으면서, 독일은 이제 공세 작전의 여력을 완전히 상실하게 되었죠. 그야말로 독일군은 빈껍데기만 남은 상태로 전락해 버렸고, 마켓 가든 작전에서 연합군을 패퇴함으로써 겨우 안정시켜 놓은 서부전선은 활짝 열리게 되었습니다.

연합군은 이제 독일 국내로의 진공을 꿈꾸고 있었습니다. 라인강 Rhine 인근에 미군 부대가 집결하기 시작했고, 라인강을 넘어서 독일 남부를 향한 공격을 앞두게 되었어요. 게다가 그 소식을 전해 들은 소련군도 1월 중순이 넘어가며 오데르강 Oder 인근에서 공세를 시작하면서, 베를린을 향한 레이스의 첫걸음을 내디

뎠습니다.

독일군은 이제 전쟁에서의 승리는 물론이거니와, 최소한의 전쟁 수행을 위한 예비 병력마저 모두 소모해 버린 나락으로 빠지고 말았습니다. 그러나 히틀러는 포기할 생각이 없었죠. 양측에서 몰려드는 연합군과 소련군 사이에서, 히틀러는 수도 베를린을 최전선 도시로 선언하며 마지막 결전을 벌일 요량이었습니다.

아르덴 대공세 도중 지도를 바라보며 토의하는 독일군들의 모습.
독일군은 기습 공격으로 미군을 당황케 하는 데엔 성공했지만,
이미 많은 역량을 상실한 상태였다.

22장
유럽 전선의 최종장 — 베를린 전투로 가는 길

"더 이상 한 개인의 운명은 아무런 가치가 없다."

독일 제12군 사령관 발터 벵크,
포위된 베를린을 구원하라는 히틀러의 명령을 거부하며

1944년 8월, 서부전선에서 프랑스 파리가 해방되는 극적인 변화가 생겨날 무렵, 동부전선에서도 변화의 움직임이 있었습니다. 바로 독일의 주요 동맹국 중 하나인 루마니아의 영토로 소련군이 진군해 들어오기 시작한 것이었는데요. 루마니아는 독일의 동맹으로 전쟁에 참여한 발칸반도 국가 가운데 그나마 나은 수준의 군사력을 보유하고 있었고, 무엇보다도 플로이에슈티 인근의 유전 지대를 차지하고 있었습니다. 독일이 사용하고 있는 석유 자원의 대부분을 그곳에서 공급한다는 점에서, 루마니아는 독일의 매우 중요한 동맹국 중 하나일 수밖에 없었죠. 그러나 전쟁 후반부에 소련군이 루마니아 영토로 침입하기 시작하자, 약삭빠른 루마니아는 소련과 단독 강화를 맺은 뒤 독일군에게 루마니아 영토에서 철수할 것을 강력히 요구합니다. 어제의 아군이 순식간에 적군이 되는 순간이었습니다.

　루마니아는 독일의 소련 침공 당시 우크라이나 지역에서 많은 소련인을 학살했고, 더욱이 발칸반도 국가 중 가장 큰 규모의 군대를 파병한 바 있죠. 따라서 루마니아의 그런 박쥐 같은 행태는 소련으로서도 매우 껄끄러운 것이었어요. 그럼에도 일단 발칸반도를 확보해야 했던 소련은, 루마니아를 독일에서 이탈시킨다는 점에 주목해 루마니아와의 강화 협정에 응합니다. 독일군은 이제 중요한 동맹국의 군대와도 싸워야 했으며, 무엇보다 플로이에슈티 유전 지대에서 루마니아가 제공해 오던 석유를 잃게 됨으로써, 당장의 전쟁 수행에 적신호가 들어오게 되었습니다.

    소련군과 루마니아군은 카르파티아산맥Carpathian Mountains을 넘어서 헝가리로 진격해 왔고, 독일의 또 다른 동맹국 헝가리 또한 가혹한 운명의 선택 앞에 놓이게 되었습니다. 헝가리의 섭정 호르티 미클로시Horthy Miklós가 소련과의 협상을 꾀하자, 독일군은 특수부대를 전격 투입해 미클로시의 아들을 납치하고 헝가리를 불법적으로 접수합니다. 헝가리가 뚫리면 오스트리아와 남부 독일이 그대로 노출될뿐더러, (루마니아의 유전 지대보다는 작지만) 헝가리에 있던 소규모의 유전이 필요했기 때문이죠. 그러나 소련군은 아랑곳하지 않고 진격을 계속하며, 헝가리의 수도 부다페스트Budapest까지 도달하는데요. 독일군과 잔존 헝가리군, 심지어 경찰까지 동원된 수비군들은 부다페스트에서 소련군의 공세를 맞이할 준비를 계속했습니다.

    소련군은 무자비한 공세를 부다페스트에 쏟아부었습니다. 독일군과의 수많은 전투로 단련된 소련군을 막을 수 있는 것은 아무것도 없었어요. 독일군과 헝가리군은 소련군에 대응해 계속해서 방어 태세를 유지했고, 진지를 빼앗기면 즉각 역습함으로써 다시금 전선을 회복하는 탄력적 방어를 선보였습니다. 그러나 소련군의 거대하고 강력한 공격은 약화된 독일군에게 크나큰 위협이 되었으며, 점진적으로 전선이 붕괴되는 것을 막을 수는 없었죠.

어느덧 해가 바뀌고, 1945년 1월이 되었습니다. 서부전선에서는 벌지 전투로 알려진 아르덴 대공세의 마지막 장이 열리고 있을 무렵, 부다페스트 방어전도 마지막 불꽃이 타오르고 있었어요. 소련군의 공세를 이겨내지 못한 다뉴브강 Danube 동쪽의 페스트 Pest 에서 결국 모든 수비군은 소련군에게 포위되었고, 그들을 향한 소련군의 공세는 더욱 강력해져만 갔습니다.

군사학적으로 볼 때, 부다페스트 공방전에서 독일군이 보여준 분투는 눈부신 것이었습니다. 소련군은 전쟁에서는 승리하고 있었지만, 전투에서는 독일군을 훨씬 웃도는 손해를 입고 있었는데요. 독일군이 소련군보다 1 대 4의 교환비를 보이며 선전하고 있었던 것이죠. 그러한 통계를 본 히틀러는 '소련군의 주력이 궤멸되고 있다'는 말도 안 되는 근거를 대면서, 또 다른 공세를 펼치고자 했습니다. 부다페스트에서 큰 피해를 본 소련군이 공세를 지속하긴 어렵다는 이유를 들면서, 부다페스트 남부에 있는 유전지대를 확보하기 위한 새로운 공세 작전을 지시합니다.

독일군 참모 본부는 당연히 강경하게 반대했지만, 히틀러의 고집을 꺾을 수는 없었어요. 세 방향에서 자신들보다 훨씬 우세한 소련군의 돌출부를 향해 일제히 공격을 가한다는 이 공세 작전은, 다가오는 봄을 뜻했는지 '봄의 새싹 작전 Unternehmen Frühlingserwachen'으로 명명되었습니다. 결국 독일군이 제2차 세계대전에서 실시한 마지막 공세 작전이 되고 말지만요. 공세 작전은 원래 상대방보다 전투력이 더 우세한 군대가 실시하는 것인데, 전력 면에서 소련군보다 더 열세임에도 불구하고 공세를 명령하는 히틀러는 이미 제정신이 아니었습니다.

독일군의 대규모 공세 작전은 1945년 3월부터 4월까지 전개되었는데요. 소련군은 강력한 방어전 전개 이후 대규모의 기동 예비를 투입해, 지칠 대로 지친 독일군의 옆구리를 강타하는 방식으로 그들의 공세를 좌절시킵니다. 독일군은 잠시나마 소련군에게 큰 피해를 주는 데 성공했지만, 그 대가로 지불한 '기갑 전력의 증발'은 너무나도 치명적인 것이었죠. 1945년 4월에 접어들면서, 이제 베를린으로 가는 길을 막아설 독일군 부대는 전혀 없는 듯 보였습니다.

1945년 4월, 젤로 Seelow 고지의 독일군은 만반의 준비를 마친 상태였습니다. 그 고지를 소련군이 돌파한다면, 아우토반과 각종 도로를 타고 베를린까지 진격할 수 있는 하이패스를 부여받는 것과 마찬가지였죠. 그렇기에 독일군은 소련군의 공세에 대응, 고지와 주변 지역에 겹겹이 방어 진지를 구축했습니다. 봄이 되어 따뜻해진 날씨에 진창이 되어버린 땅은, 수비군에게 더욱 유리한 환경을 조성해 주었고요. 독일군으로서는 베를린을 혈투의 장으로 만들지 않기 위해, 반드시 그 고지에서 소련군을 막아내야만 했어요.

젤로 고지의 독일군 방어 진지를 돌파할 임무를 부여받은 인물은 게오르기 주코프 원수였습니다. 모스크바와 스탈린그라드에서의 전투를 승리로 이끈 주코프 원수는, 이제 베를린으로 가기 위한 마지막 산을 넘어야 했죠. 소련군과 독일군의 규모는 10 대 1을 넘는 압도적인 차이를 보였고, 주코프는 그러한 힘의 차이를 이용해 장엄하고도 완벽한 승리를 거두어 한시바삐 베를린으로 가야 했습니다. 다른 지역의 장군들 또한 베를린 함락의 영광을 누리고 싶어, 엄청난 속도로 달려 나가고 있었거든요. 스탈린은 장군들의 그런 전공 욕심을 앞세워, 소련군이 빠르게 베를린에 당도하길 바랐습니다.

젤로 고지를 공격하기 위해, 소련군은 어마어마한 공격준비사격을 실시해 독일군 수비대의 진을 빼놓으려고 했습니다. 소련군 포대는 독일군의 방어 진지에 강철의 비를 쏟아부었고, 포격이 끝나자 독일군 진지를 향해 탐조등을 쏘는 동시에 일제히 공격해 들어갔죠. 그 탐조등으로 독일군 수비대의 눈을 멀게 하려는 심산이었는데요. 그러나 막상 탐조등이 비추자, 그 강한 빛이 조금 전 실시했던 포격으로 인한 먼지에 난반사되면서, 순식간에 전장을 뿌옇게 만들어 버렸습니다.

공격을 시도했던 소련군은 순식간에 전장에 안개가 낀 듯한 느낌을 받을 수밖에 없었습니다. 강력한 포격에도 비교적 잘 엄폐해 살아남아 있던 독일군 수비대가 강하게 저항하면서, 소련군은 어마어마한 피해를 보고 말았죠. 그 전투는 당연히 독일군에게 더 유리하게 끝났으며, 전쟁 말기 압도적인 전력을 보유한 소련군에게 오히려 창피를 안겨주었습니다.

그럼에도 독일군은 소련군과의 압도적인 전력 차이를 끝끝내 극복해 내지 못했어요. 피의 대가를 지불하며 젤로 고지를 넘어온 주코프는, 눈에 불을 켜고 베를린을 향한 레이스를 시작했습니다. 이전까지 젊은 청년을 징집했던 독일군은 이제 '국민돌격대 Volkssturm'라는 이름으로, 15세에서 60세까지의 모든 남성을 징집해 전투 병력으로 전환하고자 했습니다.

드디어 4월 25일, 엘베강 Elbe 연안에서 역사적인 만남이 이루어집니다. 서쪽에서 들어온 미군과 동쪽에서 들어온 소련군이 처음으로 대면하게 된 것이었죠. 그 만남으로 독일군의 잔여 지역은 남과 북으로 분리되었으며, 독일군은 조직적인 저항이 불가능해졌습니다. 이제, 길고도 길었던 유럽에서의 전쟁도 끝이 보이기 시작했어요.

그러나 베를린에 있던 독재자는 아직 자신의 전쟁을 끝낼 생각이 없었습니다. 히틀러는 베를린을 최전선의 도시로 지정함과 아울러, 도시를 요새화하기 시작했습니다. 또한 서부와 동부에서 동시에 압박받고 있는 상황에서, 자신들을 구원하러 달려와 줄 부대를 계속해서 호출했죠. 시시각각 소련군의 포위가 완성되어 가는 동안, 히틀러는 탈출을 거부했습니다.

이제 베를린은 더 이상 그가 꿈꿔온 천년 제국 게르마니아 Germania의 수도가 아닌, 제2차 세계대전의 끝을 아쉬워하는 사신의 둥지처럼 마지막 지옥도가 될 준비를 마쳤습니다.

부다페스트 교외에서 대전차포를 운용하고 있는 헝가리군의 모습.
헝가리군은 전력에 비해 잘 싸웠지만, 강력한 소련군에게 압도될 수밖에 없었다.

23장
미국의 결정타 — 이오지마, 오키나와의 대혈투

'철의 폭풍鐵の暴風'

오키나와 전투를 묘사한 일본의 책 제목

1944년 10월, 세계 역사상 최대 규모의 해전이었던 레이테만 해전은 미군의 완벽한 승리로 돌아갔습니다. 일본 해군은 그 패배로 정규 항공모함을 모두 잃었고, 강력했던 전함 무사시까지 잃으면서 사기마저 곤두박질쳤습니다. 게다가 1944년 중반에 빼앗긴 사이판에서 미국의 폭격기들이 날아와, 시도 때도 없이 본토를 타격하고 있었죠. 그야말로 진퇴양난이었어요.

치명적인 결과를 낳은 사이판 전투의 패배로 도조 히데키가 총리에서 물러났으나, 여전히 정국의 주도권은 군부가 쥐고 있었습니다. 뒤를 이은 고이소 구니아키小磯國昭 총리는 연합국과의 강화를 추진한다는 점에서 전임 총리인 도조와 달랐지만, 연합군에게 강력한 타격을 주어 조금이나마 유리한 조건으로 강화를 맺어야 한다는 점에서 '즉각 종전파'는 아니었죠.

결국 일본은 계속해서 전쟁의 길을 내딛게 되었습니다. 종전 이후의 인터뷰에서 수많은 군부 인사들이 밝혔듯이, 사실상 사이판이 함락된 후 전쟁에서의 승리는 물론이거니와 더 이상 전쟁을 끌며 버티는 것조차 불가능해져 버렸음에도 말이죠. 레이테만 해전에서 해군 전력과 항공 전력을 재기 불능 수준으로 소모해 버렸기 때문에, 이제 일본이 활용할 수 있는 항공 전력은 본토의 항공 전력이 전부였어요. 그러나 본토도 이미 미국 폭격기로부터 공습을 당하고 있었기에, 그 전력을 오키나와 이오지마 등의 방어전에 투입하는 일도 쉽진 않았습니다.

미군은 폭격기 호위에 필요한 전투기를 띄울 수 있는 기착지를 확보하려 했고, 이를 위해 이오섬硫黃島, 즉 이오지마를 공격하기 시작합니다. 1945년 2월의 일이었죠. 그러나 일본군 또한 이오지마의 중요성을 잘 알고 있었어요. 그곳을 빼앗긴다면 이제 미 폭격기는 강력한 P-51 머스탱 전투기의 호위를 받을 수 있게 될 테고, 결국 일본 본토를 향한 미군의 폭격은 더욱 강력해질 것이기 때문이었죠. 그래서 일본군은 구리바야시 다다미치栗林忠道 중장을 이오지마 방어 작전의 총책임자로 임명, 구리바야시는 이오지마 방위를 위한 작전에 고심하게 됩니다.

이오지마에 부임한 구리바야시는 새로운 방어 작전을 세웁니다. 기존과는 다르게, 미군의 해안 상륙을 저지하기 위한 방어 진지를 해안에 만들지 않겠다는 것이었는데요. 그 대신 모든 방어 진지를 해안이 아닌 내륙에 구축한다는 계획을 세웠죠. 구리바야시가 생각한 방법은 과연 무엇이었을까요?

기존 일본군의 방어는 해안지역에 바로 방어 진지를 구축, 바다에서 육지로 들어오는 미군 부대와 해안지역에서 교전을 벌여 미군의 상륙을 아예 저지하는 방식이었어요. 그러나 구리바야시의 생각은 달랐습니다. 그는 미군의 강력한 함포사격과 항공기 폭격으로, 해안에 구축한 진지가 전투 개시 불과 몇 분 만에 전부 파괴될 것이라고 예상했어요. 오히려 그 전력을 내륙의 여러 요충지마다 겹겹의 깊은 방어 지대로 편성함으로써, 시간이 갈수록 미군에게 최대한의 인명 피해를 주어야 한다고 생각했죠. 쉽게 말해, 너무나 압도적인 미군과의 전력 차이로 말미암아 미군의 상륙을 성공적으로 막을 수 없다는 점을 인정하고, 내륙지역에서 험난한 지형을 이용해 미군을 지속적으로 괴롭혀야 한다는 것이었습니다. 그리고 미군과의 교전이 길어지고 인명 피해가 늘어나면서, 향후 미국과의 협상에서 일본 측에게 유리한 시간과 조건이 마련되기를 바랄 뿐이었죠. 그래서 구리바야시는 미군의 상륙을 허용하고, 내륙에서 치열한 지연전을 펼칠 요량이었습니다.

이윽고 미군의 상륙작전이 개시되었고, 미 해병대는 강력한 포격과 폭격을 동반한 채 해안에 도착했습니다. 일본군이 강력하게 저항할 것이라는 예상과 달리 해안이 잠잠하자, 상륙에 성공한 미 해병대는 일순간 당황할 수밖에 없었죠. 일본군의 방어 배치를 파악하기 위해, 미 해병대가 천천히 해안에서 벗어나 내륙지역으로 이동하던 때였습니다. 바로 그 순간, 일본군의 강력한 화력이 순식간에 쏟아지기 시작했어요. 그 기습으로, 미군은 엄청난 피해를 감수해야만 했습니다.

미군은 얼른 전열을 가다듬고, 강력한 전함의 포격과 공군의 폭격으로 일본군의 진지를 향해 화력지원을 개시했습니다. 그러나 잘 준비된 방어 진지와 일본군의 치밀한 대비로, 미군은 전진할 때마다 너무나 많은 피해를 보아야만 했죠. 구리바야시 중장은 할복이나 '반자이 공격 Banzai Attack'[25]을 시도하는 옥쇄 玉碎[26]를

[25] 일본군의 돌격 전술. '천황 폐하 만세(天皇 陛下 萬歲, 덴노 헤이카 반자이)!'를 외치며 돌격하는 일본군의 모습을 본 미군 병사들에 의해 '반자이 공격'이라 불렸다. 그러나 대부분은 미군의 막강한 화력으로 인해 자살행위와도 같은 공격이었다.
[26] '옥처럼 아름답게 깨져 흩어진다'는 뜻으로, 최후의 한 명까지 후퇴하지 않고 죽음으로 싸운다는 의미.

금지하고, 미군의 전력이 너무 강하면 후퇴하여 다음 진지에서 2차 방어를 실시하라는, 군사학적으로 지극히 정상인(그러나 일본군에서는 거의 찾아볼 수 없었던) 지시를 내립니다.

그럼에도 일본군은 미군과의 압도적인 전력 차이를 극복할 수 없었어요. 결국 미군의 승리가 다가오자 구리바야시 중장 또한 마지막 야간 돌격조에 직접 참가, 전사하면서 이오지마 전투는 미군의 승리로 돌아가게 됩니다. 그러나 강력히 요새화된 이오지마에서 살아남은 일본군 잔존 병력은 게릴라전을 강행했고, 일주일 만에 손쉽게 점령할 줄 알았던 이오지마에서 미군은 호위 항공모함 한 척이 침몰하고 7,000여 명의 사상자를 낳게 되었죠. 그에 반해 일본군은 약 2만 명의 사상자를 내면서 전멸하고 말았고요.

그 전투에서 일본의 자살 특공대인 가미카제神風가 본격적으로 투입되었습니다. 레이테만 해전에서도 그러한 자살 특공은 있었지만, 국가 차원에서 명령이 하달되고 부대 단위로 조직되어 임무를 수행한 것은 이오지마 전투가 처음이었어요. 그러나 이오지마는 미군 손에 들어가게 되었고, 이제 폭격기의 항로에서 미군을 막을 수 있는 건 아무것도 없었습니다.

이오지마 전투 승리 이후, 미군의 다음 공격 방향이 중요해졌습니다. 원래 미군의 목표는 대만-중국으로 향해 대륙에서 일본을 몰아내고, 한반도를 해방시킨 뒤 일본을 고립하는 것이었죠. 그러나 대륙에서 일본군이 아직 건재하다는 점, 이미 대만의 일본군 항공 전력이 무력화되었다는 점이 고려되어, 오키나와沖繩를 통해 일본 본토로 바로 공격해 들어가는 방안이 채택됩니다.

일본도 그러한 낌새를 눈치채고, 정예 전력을 오키나와에 투입하기 시작했어요. 미군에게 오키나와는 항로와 비행장 등이 있어 군사적으로도 고가치 목표였지만, 무엇보다 일본 본토에 매우 근접한 섬이라는 점에서, 함락 시 일본군 수뇌부의 심리적 안정감을 무너뜨리기에 아주 적절한 대상이었죠. 미군은 오키나와 공략을 위해 약 50만 명의 병력을 투입했고, 일본 역시 그들로서는 매우 많았던 15만 명을 투입하면서, 그 전투가 매우 격렬할 것임을 예고했습니다.

1945년 4월 1일, 미군의 오키나와 본섬 상륙이 시작되었습니다. 일본군은 이오지마에서 보여준 구리바야시 중장의 효과적인 방어 전술을 활용해, 해안 방어보다는 내륙에서의 지연전에 집중했어요. 이윽고 내륙으로 미 해병대가 진출하면서, 일본군의 강력한 저항이 시작됩니다. 일본군은 험난한 지형과 각종 시설물을 최대한 활용해 방어 진지를 구축했고, 이오지마 전투와 비슷한 양상으로 미군의 엄청난 인명 피해를 강요했죠. 그러나 미군의 화력은 여전히 위협적이었는데요. 특히 화염방사기를 통해 진지와 동굴에 숨어있는 일본군을 하나하나 소탕하면서, 미군은 차츰 섬을 점령해 나갔습니다. 그처럼 전투가 육지에서 이어지는 동안, 하늘과 바다에선 일본 본토로부터 날아온 항공기들의 가미카제 공격이 계속해서 벌어지고 있었습니다.

오키나와 방위를 위해, 일본 해군은 마지막 공세 작전을 실시합니다. 바로, 그때까지 살아남아 있던 거대 전함 야마토를 오키나와로 출격하는 것이었죠. 그러나 연료가 부족한 탓에, 오키나와까지의 항해만 고려해 연료 2,500톤만이 지급됩니다. 일본 해군도 야마토가 살아 돌아오리라는 기대를 하지 않았기에, 편도 항해를 위한 연료만 지급한 것이죠. 하지만 야마토는 그들의 예상처럼 미군의 거대한 전함들과 처절한 포격전 끝에 격침되지도 않았고, 심지어 오키나와에 도착하지도 못했습니다. 그저 미 항공모함에서 출격한 항공기들에 의해, 실제로 적함을 단 한 번도 만나보지 못한 채 공해상에서 거대한 폭발과 함께 침몰하고 말았습니다. 그렇게 야마토 전함마저 허무하게 쓰러지자, 오키나와 방위를 위한 일본 해군의 모든 저항은 사실상 막을 내리게 되었습니다. 남은 것은 미군의 공세를 기다리며 그저 시간을 버는 것뿐이었죠.

오키나와 전투가 격렬하게 진행되던 5월 초, 오키나와의 미군들에게 기쁜 소식이 들려왔습니다. 바로 지구 반대편에서 나치 독일이 항복했다는 소식이었습니다. 그러나 현장 일선의 병사들 분위기는 그렇게 밝지 않았다고 하는데요. 아직도 일본군과의 치열한 전투 현장에 있는 그들에게는, 마치 꿈과도 같은 이야기였기 때문이죠. 태평양 전선의 미군은 악랄하고 처절하게 저항하는 독종 일본군에게 문화적 충격을 받으며, 지옥도를 펼치는 중이었습니다.

한 가지 예로, 일본군의 가미카제는 날이 갈수록 더더욱 거세졌습니다. 특히 독일이 항복하고 바로 이틀 뒤였던 1945년 5월 11일, 미 항공모함 USS 벙커힐 USS Bunker Hill이 가미카제 두 대로부터 치명적인 공격을 받았고, 약 600명의 사상자를 낳았습니다. 벙커힐은 다행히 격침되진 않았지만 더 이상 전장에서 활동할 수 없게 되었으며, 결국 종전 순간에도 수리를 위해 조선소 신세를 져야 했죠. 가미카제는 비효율적이었지만 그 수가 너무나 많고, 무엇보다 미군에게 크나큰 충격을 주었습니다.

오키나와 전투는 끝을 향해 달려가고 있었습니다. 그 와중에 동굴에서 죽어가는 일본군 잔여 부대와 함께, 오키나와의 주민들도 엄청난 고통에 시달렸어요. 일본군은 옥쇄 명령을 민간인에게도 강요했고, 그러한 프로파간다 때문이었는지 주민들은 미군에게 항복하기보다 스스로 절벽에서 투신하는 등의 방법으로 생을 마감했습니다. 그와 같은 일본군과 민간인의 행동은, 미군에게 엄청난 정신적 충격을 안겨주었죠.

일본군은 계속해서 저항했어요. 특히 옛날 류큐국琉球國의 왕궁이었던 슈리성首里城을 기점으로 구축된 일본군의 방어 진지는 꽤 잘 편성되어 있었고, 작전 목적이 '미군에게 최대한의 출혈을 강요'하는 것이었기에 격렬한 저항은 계속되었죠. 미군은 분명히 전투에서 승리하고 있었지만, 항복조차 하지 않고 버티는 그 독종에게 슬슬 진절머리가 나기 시작했습니다.

1945년 6월 23일, 오키나와에서 일본군의 조직적인 저항이 거의 종결되고 미국의 승리로 전투는 끝납니다. 그러나 미군은 그 전투에서 약 4만 명이 넘는 사상자를 낳았죠. 그에 비해 일본은 사상자가 10만 명이 넘어갈 정도였는데요. 일본군의 비정상적인 옥쇄 명령이 낳은 엄청난 인명 피해였습니다.

일본의 격렬한 저항은 미군에게 '작은 섬도 이 모양인데, 본토에 상륙하면 어떻게 될까?'라고 걱정하게 만든 가장 핵심적인 계기가 되었습니다. 이는 현재 개발 중인 미국의 '신형 폭탄'에 대한 기대감과 더불어, 새로운 방향으로의 전개를 낳게 됩니다.

이오지마에서 가장 높은 산인 '스리바치산(摺鉢山)' 정상에
성조기를 게양하는 미 해병대의 모습. 이오지마 전투의 상징과도 같은 사진이다.

24장

베를린 공방전 — 히틀러의 마지막 발악

"러시아, 벨라루스, 폴란드의 땅속에 누워있는 이들에게
소리치고 싶었다. 동무들, 우리가 해냈소!"

소련 종군기자 바실리 그로스만(Vasily Grossman)

히틀러의 생일 바로 다음 날인 1945년 4월 20일, 소련군은 히틀러를 위해 거대한 생일 선물을 준비했습니다. 오전 8시 30분, 소련군의 야전 포병부대가 베를린 시내에 포격을 가하기 시작했죠. 그 유명한 브란덴부르크 문 Brandenburger Tor에 파편이 튈 정도의 파괴력으로 베를린을 강타했습니다. 공군 폭격이 아닌 포병의 공격이었다는 점에 베를린 시민들은 망연자실했는데요. 그만큼 소련군의 지상 부대가 베를린 가까이 다가왔다는 뜻이었기 때문이죠.

    소련군은 베를린 시내로 빠르게 진입하지 않고, 거대한 포위망을 형성하면서 베를린을 휘감는 형태로 포위하며 진격해 오기 시작했습니다. 평소라면 강력한 독일군의 기갑부대가 소련군의 측면을 강타하며, 그 포위 시도를 저지하기 위해 나서야 했죠. 하지만 이미 패전 직전의 독일군에게는 그럴 만한 역량이 남아있지 않았어요. 베를린 외곽의 독일군 잔여 부대는 그저 소련군의 포위를 지연시키는 수준에서 만족해야만 했고, 나머지는 여러 부대가 뒤섞인 채 마지막 저항을 위해 베를린 시내로 들어갈 수밖에 없

었습니다.

그렇듯 사태가 위중함에도, 히틀러는 여전히 혼자만의 망상 속에서 살고 있었습니다. 편집증적이고 신경질적인 그 독재자는 이제 더 이상 남아있지 않은, 서류상에만 존재하는 가상의 부대들을 지도 위에서 이리저리 이동시키며 자신만의 전쟁을 치르는 중이었죠. 실제로는 완전히 해체되었거나 전멸한 부대의 깃발들도, 히틀러의 지도 위에서는 아직 살아있었습니다. 하지만 측근들은 히틀러의 분노를 피하기 위해, 정확하게 보고하기를 꺼렸어요. 히틀러는 존재하지도 않는 부대들의 깃발을 지도 위에서 이리저리 옮겨놓으며, 자신의 전쟁을 끝낼 생각도 없이 무의미한 지휘를 계속하고 있었던 거예요.

히틀러는 무장친위대의 펠릭스 슈타이너 Felix Steiner 장군에게 새로운 명령을 내립니다. 주변의 다른 부대를 급조해 새로운 부대를 편성하고, 그 지휘권을 슈타이너에게 준 것이죠. 슈타이너가 받은 명령은 베를린을 포위하려는 소련군의 측면을 강타해 분쇄함으로써, 베를린을 구출하는 것이었습니다. 그러나 실제로 슈타이너가 받은 병력은 해체 직전의 미미한 소규모 부대들뿐이었고, 설상가상으로 탄약과 연료가 부족한 탓에 공세는 고사하고 지금 위치를 고수하는 일마저 기적일 정도였죠.

당연히 슈타이너의 공세는 실현되지 못했고, 그 사실을 알게 된 히틀러는 자신의 지하 벙커에서 장군단을 향해 저주에 가까운 욕설을 퍼부었습니다. 자신의 눈과 귀를 가리던 독일 장교단이 자기를 속이고 배신했다면서 말이죠. 그리고 소련군이 눈앞에 다가올 때까지 계속해서 전쟁을 지휘하던 그가, 처음으로 패배를 인정하는 말을 입 밖으로 꺼냈습니다.

"우린 전쟁에서 진 거야!"

그러자 작전참모장 알프레트 요들Alfred Jodl 장군이 히틀러를 설득하기 시작했습니다. 발터 벵크의 제12군을 서부전선에서 이동시켜 베를린을 구할 수 있다는 것이었죠. 히틀러는 마지못해 그 작전을 승인하고, 벵크는 자신의 마지막 부대를 이끈 채 제9군과의 연결을 위해 이동하기 시작했습니다. 마지막이자 유일한, 베를린 구원의 부대였어요. 그러나 소련군도 가만히 있진 않았는데요. 독일 제12군이 도착하기도 전에 수많은 소련군이 제9군을 난타했고, 제9군은 결국 소련군의 제1우크라이나전선군에게 밀려나 버렸습니다. 4월 23일 늦은 밤이 되자, 베를린 외곽에선 독일군 부대를 찾아볼 수 없게 되었어요. 대신 그 자리에, 베를린 시가지를 조준하는 소련군의 거대한 야포들과 전차부대가 들어서게 되었죠. 베를린 포위가 완성된 겁니다.

4월 24일, 독일군의 발악적인 최후 방어에도 불구하고, 소련군의 베를린 포위망은 완성되었습니다. 하지만 히틀러는 아직 전쟁을 포기할 생각이 없었어요. 베를린 시내에는 즉각 특수임무부대가 돌아다니며 국민돌격대라는 이름으로 어린이와 노인까지 강제로 징집했고, 거부하는 자들은 교수형에 처했습니다. 교수형을 당한 사람들의 목에는 '겁쟁이!' 혹은 '배신자!'라고 쓰인 표찰이 걸려있었죠.

현역 군인들, 그중에서도 엘리트인 무장친위대에도 보급이 안 되는 상황에서, 당연히 국민돌격대에게는 제대로 된 무기조차 지급되지 않았습니다. 소련군의 전차를 막기 위한 휴대용 대전차 무기, 판처파우스트 Panzerfaust: 바주카포와 같은, 전차를 향해 사용하는 무기만이 소량 지급될 뿐이었어요. 제대로 된 군사 훈련을 받지 못한 국민돌격대에게, 소련군 전차에 사격을 하고 난 뒤의 생존이란 기대할 수 없는 것이었죠. 그야말로 마지막 발악과도 같았습니다.

페르디난트 쇠르너 Ferdinand Schörner 장군이 이끄는 독일군 잔존 병력이 소규모 반격 작전을 벌이면서 시간을 끌었지만, 강력한 소련군의 전력 앞에선 언 발에 오줌 누는 격이었어요. 소련군은 베를린의 외곽 방어선을 일소하고, 이제 시가지로 쏟아져 들어오기 시작했습니다. 그러자 히틀러는 헬무트 바이틀링 Helmuth Weidling 장군을 베를린 방어 사령관으로 임명하고, 모든 지휘권을 일임합니다. 그러나 포위된 베를린을 방어할 병력은 그리 여의치 않았는데요. 방어를 위해 편성된 독일군은 모두 합쳐봐야 4만 명이 조금 넘는 수준이었고, 국민돌격대는 물론이거니와 경찰들까지도 모두 동원해야 했죠. 베를린의 서쪽에는 제20보병사단이, 북쪽엔 제9공수사단, 북동쪽엔 기갑사단 '뮌헤베르크 Müncheberg', 동쪽에는 제11SS기갑척탄병사단 '노르트란트 Nordland'가 각각 위치했습니다.

베를린 시내로 진입해 오는 소련군을 맞아, 독일군 각 부대는 베를린의 밀집된 시가지 건물에 거점을 구축하고 대항했습니다. 마치 스탈린그라드 방어전에서 소련군이 보여주었던 것과 같은 움직임이었죠. 소련군은 베를린을 각각의 구획으로 나눈 뒤, 하나하나 소탕해 나가야만 했어요. 도시 지역 작전의 어려움을 여실히 보여주는 사례였습니다. 소련군은 압도적인 전력에도, 완전하게 밀고 나가지 못했던 겁니다.

스탈린그라드 방어전의 명장, 소련의 추이코프 장군이 지휘하는 제8근위군은 베를린의 남쪽을 찌르듯이 공격해 들어왔고, 이윽고 템펠호프 Tempelhof 공항 방향으로 공세를 지속했습니다. 이를 막기 위해 독일 기갑사단 뮌헤베르크가 부리나케 달려와 교전을 벌이면서 소련군을 저지하는 데 성공하나, 문제는 뮌헤베르크의 빈자리였어요. 소련군은 사방에 있었습니다. 베를린의 중심부인 포츠담 광장 Potsdamer Platz 도 격전지가 되어버리고 말았죠. 또한 정부 주요 청사들이 위치한 몰트케 다리 Moltkebrücke 인근에서는, 다리를 건너 진입하려는 소련군과 이를 막으려는 독일군의 처절한 백병전까지 벌어지고 있었습니다.

4월 29일, 소련군이 몰트케 다리를 돌파하는 데 성공하면서 상황은 급변합니다. 소련군이 몰트케 다리를 건너면서, 독일 정부의 중심지인 국회의사당과 크롤 오페라 하우스 Krolloper, 그리고 티어가르텐 공원 Tiergarten이 교전에 노출된 것이죠. 그 널찍한 대로변으로 소련군이 무자비하게 쏟아져 들어오기 시작했습니다. 지난 몇 년간 독일이 유럽 전역에 퍼뜨린 지옥도를, 이제 자신들의 수도 한복판에서 재현하게 된 겁니다.

몰트케 다리 바로 앞에 있는 내무부 건물에서 독일군은 격렬히 저항했지만, 소련군의 야포 사격이 가해지자 곧 잠잠해졌습니다. 내무부 건물이 확보되자 소련군은 자유롭게 다리를 이용할 수 있게 되었죠. 소련군이 광장에 진입했다는 소식이 전해진 4월 29일 새벽 4시경, 히틀러는 에바 브라운과 결혼식을 올렸습니다. 죽음을 위한 단계를 착실하게 밟기 시작한 겁니다.

4월 30일, 소련군이 독일 국회의사당에 공격을 개시했습니다. 소련군은 그날 늦은 시각에 의사당에 진입했고, 내부에서는 독일군 무장친위대가 마지막 방어선을 꾸리고 있었어요. 베를린 동물원 인근의 대공포대가 아직 티어가르텐 공원 인근을 완벽히 통제하고 있었기 때문에, 소련군은 이를 피해서 이동해야 했죠. 의사당 내부에서는 매우 치열한 교전이 지속적으로 벌어졌습니다.

같은 날, 히틀러는 결국 자신의 지하 벙커에서 권총으로 스스로 목숨을 끊습니다. 남아있던 휘발유를 사용해서 그 시신은 철저하게 화장되었죠. 히틀러의 유언에 따라 총통직은 다시 대통령과 총리로 나뉘었는데, 대통령에는 해군 제독 카를 되니츠가, 총리에는 요제프 괴벨스가 각각 임명되었습니다. 5월 1일, 한스 크렙스 장군의 협상단이 교전 지역을 뚫고 와 그 사실을 소련에 알리며, 교전 중지 및 강화 협상을 위한 논의를 제안하는데요. 그러나 소련 측은 독일 정부의 무조건적인 항복만을 요구했습니다. 하지만 크렙스가 자신에겐 그것을 수용할 권한이 없다는 이유로 거부하면서 교전은 계속되었죠.

5월 1일 늦은 시각, 드디어 소련군이 국회의사당을 점령합니다. 소련군은 즉각 붉은 깃발을 게양해 그 사실을 알리려 했죠. 그러나 이를 본 독일군 잔존 부대가 최종 병기 티거 2 전차를 동원해, 크롤 오페라 하우스 인근에서 치열한 방어전을 펼칠 정도로 교전은 계속되었어요. 다음 날인 5월 2일이 되어 주변이 소강상태로 접어들자, 소련은 베를린 전투의 승리를 상징하는 사진을 촬영합니다. 폐허가 된 베를린 시가지를 배경으로 소련군이 국회의사당에 소련 국기를 게양하는 사진, 제2차 세계대전의 대미를 장식하는 것으로 유명한 바로 그 사진입니다.

소련군은 정부 주요 시설 대부분을 점거하는 데 성공했습니다. 베를린 방어 사령관 헬무트 바이틀링 장군은 5월 2일 이른 아침, 소련군에게 공식적으로 항복하며 확성기를 통해 그 사실을 도시 전역에 송출했죠. 그때까지 살아남아 저항하던 독일군은 그 방송을 듣고 자신의 거점에서 나와 무장해제 후 항복했으나, 몇몇 광신적인 무장친위대 부대는 이에 불복하고 끝까지 산발적인 교전을 지속했습니다.

게다가 아직도 많은 부대들이 서쪽으로 탈출을 꾀하면서 전투를 계속하고 있었습니다. 비단 베를린뿐만 아니었어요. 베를린 포위망 바깥에서 소련군과 교전하고 있던 많은 독일군 부대들 또한 전투를 지속했습니다. 무자비한 소련군에게 포로가 되어 시베리아로 끌려가느니, 서부전선의 연합군에게 항복하는 편이 나았던 것이죠. 지난 4년간 자신들이 소련 영토에서 저지른 가혹 행위들을 돌려받지 않으리라는 보장이 없었으니까요.

소련군은 이제 나치 독일의 심장부인 베를린을 점령하는 데 성공했습니다. 지난 4년 동안의 거대한 인종 절멸 전쟁에서 기어코 승리한 겁니다. 그러나 동부전선에서 독일군이 자행한 악행들 탓에 '복수'라는 개념이 퍼지기 시작했는데요. 베를린을 점령한 소련군은 그곳의 수많은 여성을 성폭행했으며, 약탈을 자행했습니다. 소련군 사령부는 이를 근절하기 위해 노력했지만, 일선의 모든 병사들을 일일이 단속할 수는 없는 노릇이었죠.

그렇게, 길고 길었던 제2차 세계대전의 유럽 전선은 연합국의 승리로 끝나게 되었습니다. 독일은 5월 8일 서방 연합군에게 항복하지만, 이에 포함되지 못한 소련의 반발에 부딪히고 말죠. 그러자 다음 날인 5월 9일 소련을 포함한 전체 연합군에게 독일이 다시 한번 항복 협정을 조인하면서, 유럽에서의 전쟁은 공식적으로 종식되었습니다.

그러나 모든 '세계대전'이 끝난 건 아니었으니, 지구 반대편의 마지막 적, 일본 제국은 아직도 격렬하게 저항하고 있었습니다. 이제 연합국의 승리는 의심할 바 없었죠. 문제는 어떤 방식으로 전쟁을 끝내느냐 하는 것이었습니다.

1945년 4월, 베를린 동쪽 60km 지점에 진을 친 소련군 포병부대의 모습.

전쟁이 끝나고 몇 주 후, 폐허가 된 독일 국회의사당 모습.
치열했던 전투의 흔적이 역력하다.

소련군 병사가 독일 국회의사당 옥상에서 붉은 깃발을 게양하고 있다.
제2차 세계대전 유럽 전선의 종결을 알리는 극적이고도 유명한 사진.

25장
맨해튼 프로젝트—8월의 히로시마와 나가사키

"나는 이제 죽음이요, 세계의 파괴자가 되었다."

줄리어스 로버트 오펜하이머, 트리니티 실험 성공 후 힌두교 경전을 인용하며

1945년 5월, 히틀러의 사망과 나치 독일의 패망으로 유럽 전선에서의 세계대전은 일단락되었습니다. 그러나 태평양 전선의 전쟁은 아직도 치열하기만 했는데요. 일본 제국은 전쟁에서의 패배가 확실시된 국면에서도, '조금이나마 유리한 상황에서의 협상'이라는 꿈 같은 목표를 품고 계속해서 저항하고 있었습니다. 더 격렬하게 저항해서 미국에 피해를 주어야, 조금이라도 협상 조건을 유리하게 만들 수 있으리라 기대한 것이죠. 그러나 실상은 정반대로, 미국은 일본의 무조건적인 항복만을 바라고 있었습니다. 그럼에도 일본 군부의 강력한 주장으로, 일본군은 격렬히 저항을 이어나갔어요.

오키나와 전투는 일본의 그러한 집착과도 같은 의지를 보여주는 사례였죠. 일본군은 물론이고, 오키나와의 주민들마저 집단 자결을 하면서까지 계속해서 미군에게 저항했습니다. 그런 행태가 오키나와의 수많은 동굴 진지와 산림지역에서 이어지면서, 미군에게 엄청난 피해를 강요하고 있었어요. 일본의 강경한 저항은 미국에 한 가지 걱정을 불러왔습니다. '전쟁의 판세로 보아 미국

이 이길 것은 확실한데, 과연 그때까지 얼마나 많은 병력을 희생하게 될까?' 하는 것이었죠. 그리고 그런 생각은 '승리가 확실해진 마당에, 무의미하게 병사들을 희생시키는 건 너무 아까운 일'이라는 논리로 발전하게 되었습니다.

그러한 국민감정과 더불어, 한 가지 중요한 사건이 또 있었는데요. 1945년 7월 16일, 미국이 트리니티 실험에 성공한 것이었습니다. '트리니티 실험 Trinity Test'은 미국이 극비리에 진행하던 '맨해튼 프로젝트 Manhattan Project'의 일환으로, 오펜하이머 Julius Robert Oppenheimer가 주도한 미국의 원자폭탄 폭발 실험이었죠. 인류 최초의 원폭 실험 성공으로, 이제 미국은 꿈에도 그리던 원자폭탄을 손에 넣게 되었습니다. 그리고 일본의 발악적인 저항으로 피해를 겪고 있던 상황에서, 원자폭탄을 사용하고자 하는 강한 유혹에 직면하게 됩니다.

크리스토퍼 놀런 감독의 영화 「오펜하이머」에서도 알 수 있듯이, 사실 맨해튼 프로젝트는 미국이 전쟁 중반부터 연구 개발하고 있던 것으로, 엄청난 예산과 자원이 투입되었고 많이 공들인 계획이었어요. 전쟁의 승리가 확실시된 상황에서 병력의 희생을 최소화하고 싶다는 전술적·정치적인 이유와 더불어, 미국은 인류 최초로 개발된 원자폭탄을 사용해 장엄하고 위압적으로 전쟁을 종결하는 모습을 연출하고 싶었습니다. 그렇게 함으로써 진정한 의미의 맨해튼 프로젝트가 완성되리라는 유혹에 빠지게 된 것이죠. 그처럼 당시 일본에 대한 미국의 입장은 『2차세계대전사』의 저자인 존 키건 John Keegan이 밝힌 것처럼, '굉장히 장엄하고 뭐라고 항의할 수 없을 만큼 결정적인 방식으로 전쟁을 끝내고 싶은' 유혹이 만들어 낸 결과였습니다.

하지만 그 사실을 모르던 일본은 끝까지 본토 결전을 포기하지 않았는데요. 승리의 가능성이 사라진 지 오래였지만, 정국의 주도권을 쥐고 있는 군부, 특히 육군의 주도로 본토 결전의 준비가 착착 진행되고 있었죠. 하지만 그 준비라는 것도 전 국민에게 지급할 죽창을 마련하는 정도로, 이미 일본의 전쟁 수행 능력은 고사한 지 오래였습니다. 그럼에도 상황을 오판한 일본 군부는 '본토에 상륙할 미군에 결정적인 타격을 입힌 뒤 협상으로 나선다'라는 태도를 고수하며, 더욱 격렬히 미군에게 저항했습니다.

그러한 일본의 태도에 미국은 고민에 빠졌죠. 이오지마나 오키나와, 사이판 등의 작은 섬을 공략하는 데도 막대한 피해를 보았던 미군은, 그와는 비교할 수 없을 정도로 큰 일본 본토 상륙 시 훨씬 엄청난 피해가 있을 것이라 예상했습니다. 태평양의 작은 섬들에서와는 차원이 다른 자폭 공격들과 '옥쇄'들이 이어질 게 뻔했으니까요. 그런 배경에서 입안된 '몰락 작전Operation Downfall'27은 그 이름처럼 원자폭탄 여러 발과 화학무기를 총동원한 뒤 일본에 상륙하는, 그야말로 일본을 초토화하는 작전이었습니다. 몰락 작전의 내용으로 보아, 미국이 이미 일본 본토 상륙에 대해 엄청난 고민을 하고 있었다는 것을 알 수 있죠.

일본에 먼저 손을 내민 건 의외로 미국이었습니다. 미국은 1945년 8월까지 항복할 것을 일본 측에 종용하지만, 일본은 거부합니다. 도대체 다 패배해 가는 전쟁에서 일본이 왜 그처럼 버티는지 알 수 없었던 미국은, 결국 '일본인의 완전 소멸'에 준하는 협박이 아닌 이상 정신적으로 일본을 항복시킬 수 없겠다는 생각

---

27   연합국의 일본 본토 상륙 계획. 규슈 지역 상륙작전인 올림픽 작전(Operation Olympic), 도쿄 지역 상륙작전인 코로넷 작전(Operation Coronet), 그리고 최소 여섯 발에서 일곱 발의 핵무기를 투하할 계획을 세웠으나, 일본의 무조건 항복으로 실행되지는 않았다.

에 이르게 되죠. 왜냐하면 일본은 미국이 제시한 항복 통첩인 '포츠담 선언 Potsdam Declaration'을 '묵살默殺'한다고 발표했는데, 미국은 그것을 일본이 완전히 '무시 ignore'한다는 뜻으로 간주했거든요. 일본이 말한 '묵살'에는 '입장 유보'라는 뜻이 담겨있었지만, 미국은 '무시'로 해석해 실질적인 '거부'로 받아들인 거예요. 그 일은 미국이 원자폭탄 사용을 결정하는 데 중요한 전환점이 됩니다. 미국은 이제 원자폭탄의 군사적 효과와 더불어 정치적 상징성까지 고려해, 투하 지점을 선정하는 데 심혈을 기울이기 시작했습니다.

미국은 일본의 주요 도시 중에서, 원자폭탄의 위력을 확실히 보여줄 수 있는 주요 목표 지점을 선정하는 작업에 돌입합니다. 이미 도쿄나 오사카 등의 주요 도시들은 미 항공대의 융단폭격으로 원자폭탄의 위력을 보여주지 못할 만큼 박살 난 상태였기에, 미국은 투하 지점을 선정하기까지 매우 어려움을 겪게 되는데요. 그때 선정된 주요 투하 예상 도시들은 히로시마, 고쿠라, 교토 등이었습니다. 처음에 나가사키는 포함되어 있지 않았죠.

그러나 협의를 거치던 중 교토는 폭격 대상에서 제외됩니다. 일본인의 문화적·역사적 정체성을 담고 있는 교토를 제외해야, 전후에 일본의 국민감정을 다스리는 데 더욱 도움이 되리라는 이유에서였죠. 교토의 대체자로 등장한 것이 바로 우리가 잘 알고 있는 '나가사키'였는데요. 다양하게 협의한 결과, 히로시마廣島, 고쿠라小倉, 나가사키長崎, 니가타新潟의 네 곳으로 폭격 목표가 좁혀졌고, 최대한의 효과를 거두기 위해 군인과 과학자 들로 이뤄진 회의가 이어졌어요. 해당 도시의 산과 계곡의 형태, 군수 시설과 건물 들의 위치 등을 고려, 미국은 최대한의 고심을 통해 정확한 폭발 지점을 선정했습니다.

투하 장소가 선정되었으니, 다음은 '어떻게' 투하할 것인지 그 방법에 대한 논의가 이어지기 시작했죠. 미 항공대가 운용하던 B-29 폭격기가 주인공으로 당첨되었고, 세계 역사상 처음으로 개발되어 어떤 변수가 있을지 모르기에, 그 폭격기의 조종사들은 매우 신중하게 선정되었어요. 그중에서도 첫 번째 원자폭탄 투하의 영예(!)를 안은 것은 바로 '에놀라 게이 Enola Gay'라는 이름의 기체였습니다.

1945년 8월 6일 새벽 3시경, 은빛으로 빛나는 거대한 폭격기 B-29가 티니안 Tinian 비행장에서 이륙했습니다. 원자폭탄이 기존의 폭탄과는 비교가 되지 않을 만큼 무거웠기 때문에, 이륙 순간 비행기가 기우뚱하며 천천히 하늘로 올랐습니다. 활주로가 너무 짧아 보일 정도였죠. 에놀라 게이가 세계 최초의 역사적인 임무를 수행하는 거대한 여정에 오른 순간이었습니다.

이후 아침 8시경, 청명한 히로시마 하늘에 공습경보가 울렸습니다. 히로시마 시민들과 방공 대원들은 공습에 대비하려 했지만, 평소와는 다르게 두어 대만 날아온 폭격기의 항적을 본 후 마음을 놓고 다시 생업에 들어갔어요. 대규모 폭격이 아니라, 정찰을 하러 온 폭격기로 여긴 것이었죠.

평화로운 여름날 아침, 에놀라 게이는 세계 최초의 원자폭탄을 투하합니다. 이윽고 거대한 폭발이 일어났죠. 에놀라 게이의 기체가 마구 뒤흔들리고, 엄청난 섬광이 온 세상을 감쌌어요. 세계 최초의 원자폭탄 '리틀 보이 Little Boy'가 8시 16분, 히로시마 상공에서 성공적으로 폭발한 겁니다.

엄청난 섬광, 그리고 뒤이은 폭발과 후폭풍은 그야말로 히로시마를 한순간에 파괴했습니다. 시내 곳곳에서 발생한 화재는 후폭풍으로 말미암아 계속해서 번져나갔으며, 그 때문에 폭발로 사망한 1차 사망자 말고도, 살아남아 신음하고 있는 자들에게마저 죽음의 그림자가 뻗쳤어요. 폭발로 발생한 먼지가 대기 중으로 떠올라 날은 흐렸고, 도시는 거대한 불지옥으로 변해버렸죠. 잠시 후엔 낙진이 뒤섞인 비가 내렸고, 이제 폭발에서 살아남은 사람들은 방사능의 공격에서도 살아남아야 했습니다. 단 한 발의 폭탄이, 인구 수십만의 히로시마를 한순간에 지옥으로 바꿔버린 거예요.

히로시마성廣島城 인근의 지하 벙커에 있던 한 여고생은, 여느 날과 다름없이 통신 보조원의 임무를 수행하는 중이었습니다. 원폭이 투하되자 그녀는 엄청난 폭발에 놀랐는데, 이후 밖을 내다보니 히로시마성과 막사들이 완전히 박살 나 있었죠. 대체 무슨 일인가 싶던 순간, 바깥에서 쓰러진 군인 한 명이 '전멸! 신형 폭탄에 당했다!'라고 외치는 소리를 듣게 됩니다. 그녀는 아직 살아있는 유선 회선을 통해, 인접 도시인 후쿠야마福山의 부대에 전멸 상황을 보고하는데요. 후쿠야마의 부대장이 '갑자기 전멸이라니? 이유를 말해!'라며 따졌고, 그녀는 신형 폭탄'이라고 말해주었어요. 이 일화는 현재 히로시마성 인근에 있는 지하 벙커 입구 현장 앞에 기록으로 남아있습니다.

히로시마의 원폭 투하는 미국과 일본 모두에 크나큰 충격을 주었습니다. 특히 일본이 받은 충격은 엄청난 것이었죠. 그러나 일본은 아직도 현실을 직시하지 못했는데요. 현장으로 급파된 의료 인력들과 과학자들이 히로시마의 실상을 살펴본 뒤 원자폭탄임을 확인해 주었지만, 일본 군부는 애써 무시했습니다. 정부는 강경파와 화평파로 나뉘어 격렬한 회의를 계속했으나, 결론은 나지 않았죠. 화평파는 '피해가 더 커지기 전에 빨리 항복해야 한다'라고 주장, 강경파는 '저자세로 나가면 지금 진행 중인 협상에서 더 불리해질 것'이라면서 대립했던 거예요.

그처럼 난리가 난 일본 정부의 상황에도 불구하고, 다음 재앙은 시시각각 다가오고 있었습니다. 일본 정부는 대응책을 고심했죠. 하지만 8월 8일에서 9일로 넘어가는 야심한 시각, 모호한 입장을 취하고 있던 소련이 모스크바 주재 일본 대사인 사토 나오타케佐藤尚武에게 대對일본 선전포고를 전달합니다. 이윽고 만주 지역에서 거대한 소련군의 포격이 쏟아졌고, 소련군의 대규모 전차부대가 만주 국경을 일제히 넘기 시작했죠. 소련군의 만주 전략 공세 작전 Soviet Invasion of Manchuria, 만주 침공의 시작이었어요.

관동군은 한때 '무적의 관동군'으로 불리며, 실상 100만 대군에 가까운 병력을 보유한 일본 육군의 최정예 부대였습니다. 그러나 태평양 전쟁이 시작되면서 주요 정예 부대는 미군과의 전투를 위해 파견된 남태평양에서 전멸했고, 잔존한 부대들은 그야말로 껍데기만 남아있던 오합지졸이었죠. 소련군의 침공 직전에 약 75만 명의 관동군 병력이 있다고 추정되었지만, 소련군은 이미 그들을 수적·질적으로 모두 앞서고 있었어요. 소련군은 지구 반대편에서 이미 최강의 기동전을 선보이던 독일군과 4년 내내 치고받으며 전투 교리를 체계화했고, 그것을 현장에서 실현해 낼 병력들의 숙련도와 장교들의 지휘력도 완벽했습니다. 게다가 히로시마에 원폭이 투하된 후에도 소련에 중재를 부탁하려 했던 일본 정부에 소련의 대응은 완전한 정치적 기습이기도 했죠.

세간에 알려진 바로, 소련군은 히로시마 원폭 투하 소식을 듣고 부리나케 동북아시아에서의 전후 영향력 확보를 위해 참전했다고 합니다. 그러나 사실 소련의 만주 전략 공세 작전은 1944년부터 계획된 일이었는데요. 독일과의 전쟁에서 승리가 확실시되자, 전후의 세계정책 차원에서 스탈린이 아시아에 대한 공세 작전도 준비해 두고 있었던 것이죠.

무적의 관동군이라고 불리며 일본 제국의 마지막 희망이었던 관동군은, 그야말로 추풍낙엽처럼 스러져 갔습니다. 유럽 전선에서 독일군과의 기동전으로 단련된 소련군의 적수가 되기에, 관동군은 이미 수적으로나 질적으로나 턱없이 부족했어요. 소련의 기습을 당한 일본 정부는 혼란에 빠졌습니다. 8월 9일 아침부터, 소련군의 만주 작전에 대한 방책을 마련하기 위해 어전회의가 열렸습니다. 그런데 어전회의가 진행되던 중 급보가 날아들었는데요, 또 다른 원폭이 투하되었다는 것이었죠.

8월 10일부터 일본은 늦여름의 악천후가 예상되어 있었습니다. 이를 확인한 미군은 8월 9일에 원폭을 투하하기로 결정, 규슈九州 북쪽의 고쿠라를 목표로 정했습니다. 이번에 투하될 폭탄은 '팻 맨Fat Man', 그것을 투하할 폭격기는 '복스카Bockscar'였어요. 지난 작전의 주인공 에놀라 게이는 기상 관측기로 함께 참여할 예정이었고요. 에놀라 게이는 복스카가 진입하기 전 고쿠라를 미리 정찰한 뒤, 그곳의 기상 상황을 보고하는 임무를 맡았습니다.

고쿠라의 날씨가 맑다는 소식과 달리, 막상 복스카가 고쿠라 상공에 도착했을 땐 아직도 뿌옇게 구름이 잔뜩 끼어있었습니다. 복스카는 계속해서 폭격을 위한 관측을 시도했지만, 날씨가 너무 좋지 않았죠. 시간을 계속 끌면 위험했습니다. 출발 직전에 연료 펌프에 문제가 있었고, 일본군 요격 전투기의 통신 또한 들려오기 시작했거든요. 일본군 요격기가 나타나면, 복스카는 원폭을 실은 채로 공중에서 격추될지도 모를 일이었습니다.

복스카는 고쿠라 폭격을 과감히 포기하고, 차선책이던 나가사키로 향했습니다. 나가사키에도 구름이 약간 끼어있었어요. 그런 상황을 감안하고 폭격을 강행하려던 찰나, 구름 사이로 나가사키 시가지가 모습을 드러내기 시작했죠. 나가사키로서는 불운에 불운이 거듭하면서, 운명이 그렇게 결정되고 말았습니다.

8월 9일 오전 11시 2분, 나가사키 상공에서 섬광이 번쩍였습니다. 거대한 폭발과 폭풍이 나가사키를 덮쳤고, 5만 명이 넘는 나가사키 시민들이 순식간에 사망했죠. 이후 히로시마에서의 지옥도가 다시 한번 규슈의 나가사키에서 펼쳐졌습니다. 그러한 지옥도를 뒤로하고 복스카는 연료 부족으로 오키나와에 잠시 머물렀다가, 티니안섬으로 돌아가는 데 성공합니다.

이로써 폭격 작전이 모두 마무리되었습니다. 군부의 고집으로 계속되는 전쟁에서 가공할 신형 무기를 두 번이나 얻어맞은 일본은, 이제 무엇이 되었든지 선택해야만 했죠. 나가사키의 원폭 투하는 히로시마 폭격 때와는 다른 감정을 일본군 수뇌부에게 불러일으켰는데요. 히로시마에 원자폭탄이 투하되었을 땐 상황을 제대로 인지하지 못해 혼란이 계속되었다면, 나가사키의 원폭 투하는 일본 정부가 모든 것을 포기하게 만들었습니다. 게다가 같은 날 벌어진 소련의 참전은, 마지막 남은 경우의 수를 모두 일본으로부터 앗아버리는 결과를 낳았죠.

그나마 일본에 다행스러운 점이 있었습니다. 미국이 나가사키 원폭 투하 이후 새로운 폭탄을 제조하느라 추가 폭격을 멈춘 시점에서, 다양한 외교적 라인이 급물살을 타게 되어 그나마 희생을 줄일 수 있었다는 것이죠. 결국 일본은 미국의 항복 제의를 받아들이기로 하고, 그 조건으로 단 하나, '천황제 유지'를 요구했습니다. 그 후 히로히토 천황裕仁天皇은 그 유명한 '옥음 방송玉音放送'을 녹음합니다. 그러나 일본군 내부의 일부 장교단은 아직 전쟁을 끝낼 마음이 없었는데요. 그들은 옥음 방송의 녹음본을 탈취해 방송을 막고, 전쟁을 계속하려는 계획을 세우게 됩니다.

궁성을 호위하는 일본군 제1근위사단이 8월 15일 새벽 2시를 기해 출동하기 시작했습니다. 천황의 항복 발표가 녹음된 그 레코드판을 찾아 없애버리면, 자신들만의 전쟁을 계속할 수 있으리라는 희망을 품은 채.

1945년 8월 6일, 히로시마에 투하된 '리틀 보이'가 만들어 낸 엄청난 크기의 버섯구름.

원자폭탄 투하 이후 히로시마의 모습.
저 멀리, 현재 '원폭 돔'으로 알려진 건축물의 잔해가 보인다.

26장

마지막 쿠데타 — 일본 제국 최후의 날

"지금이야말로 근위사단이 중심에 설 때입니다!"

쿠데타 주동자인 이다 마사타카(井田正孝) 중좌,
사단장에게 반란 가담을 설득하며

나가사키에 원폭이 투하된 8월 9일은 일본 제국으로서 가장 잔인한 날이었습니다. 8월 6일 히로시마에 투하된 원폭의 충격에서 벗어나기도 전, 8월 8일에서 다음 날로 이어지는 야심한 시각에 소련으로부터 선전포고문이 날아들었죠. 이후 8월 9일 이른 새벽부터 시작된 소련군의 만주 공세는, 이미 약해질 대로 약해져 버린 관동군이 막아내기엔 너무나도 버거운 재앙이었어요.

8월 9일 오전, 히로시마의 신형 폭탄 투하 및 소련군의 만주 침공에 대응책을 마련하기 위한 회의를 하던 중 급보가 날아들었습니다. '나가사키에도 미국의 신형 폭탄이 투하되었다'는 것이었죠. 히로시마와 소련군 공세에 대책을 세우지도 못했는데, 나가사키에 또 다른 원폭이 터지다니! 회의장에 있던 군 수뇌부는 아연실색했습니다. 이제 항복 여부는 회의의 안건이 될 수 없었습니다. 항복의 '조건'만이 논의될 수 있었죠.

그날 야심한 시각, 회의장에서 일본 육군은 항복에 결사 반대를 표시하며 '끝까지 본토 결전'을 주장했습니다. 그러나 육군이 줄곧 외쳐오던 '본토 결전'은 허상으로 드러났고, 신형 폭탄과 소련의 참전으로 이미 모든 희망이 깨져버린 상황에서, 본토 결전에 대한 회의장의 분위기는 비교적 냉담했습니다. 그럼에도 회의는 굉장히 격렬하게 진행되었는데, '항복 조건'에 대한 의견들이 난립했기 때문이죠.

외무대신 도고 시게노리를 위시한 관료들은 한시라도 빠르게 포츠담 선언을 수락하는 데 동의했습니다. 그 조건은 단 하나, '국체 유지'였는데요. 즉 무조건 항복하는 대신 천황제만은 유지할 수 있기를 바랐던 거예요. 제1차 세계대전에서 패전한 후 폐위당해 외국으로 쫓겨난 독일의 황제 빌헬름 2세의 전철을 밟지 않으리라는 보장이 없었기 때문이죠. 빠르게 항복할수록, 연합군에게 더 나은 조건으로 항복 협정을 체결할 수 있다는 의견이었어요.

그러나 육군대신인 아나미 고레치카阿南惟幾를 위시한 일본 군부와 장군들은 그 의견에 반대했습니다. 외무대신이 주장하는 항복 조건이 일본에 너무나 불리하다고 판단했기 때문이에요. 육군은 연합군이 아닌 일본군 주도하에 스스로 무장해제를 진행하고, 전범 재판도 일본이 자체적으로 처리하겠다는 말도 안 되는 조건을 주장했습니다. '연합국이 그 조건을 받아들일 리가 없지 않은가'라는 외무대신파의 반대로 회의는 평행선을 달렸죠. 그토록 본토 결전을 부르짖으면서도, 결국엔 대세를 뒤집을 반전의 계기도 마련하지 못한 육군의 추태가 적나라하게 드러난 장면이었어요.

결론이 나지 않은 채, 회의는 한층 더 격렬해졌습니다. 양측의 날카로운 대립이 이어지며, 회의장에는 험악한 기운이 감돌았어요. 그처럼 혼란스러운 가운데, 내각 총리대신 스즈키 간타로鈴木貫太郎가 사람들을 제지했습니다. 좌중을 조용히 시킨 뒤, 조심스럽게 회의장에 앉아있는 히로히토 천황을 물끄러미 바라보았죠. 그리고 회의 내내 한마디도 하지 않던 천황에게 '마지막 성스러운 결단'을 내려주기를 간청했습니다.

여기서 '천황의 성스러운 결단' 덕분에 종전이 결정되었다는 신화가 만들어집니다. 즉 천황의 '성단聖斷'이 있었기에, 힘들고 어려웠던 일본의 전쟁을 드디어 끝낼 수 있었다는 이야기죠. 전쟁에서 패배한 책임을 지기는커녕, 군부의 고집으로 계속되던 힘든 전쟁으로부터 천황이 구해주었다는 신화가 그렇게 탄생했습니다. 그 모두가 천황의 전쟁에 대한 책임을 없애기 위한 고도의 계산이었던 겁니다.

히로히토 천황은 천황제 유지를 조건으로 항복에 동의합니다. 천황의 최종 결정을 들은 이상, 육군도 더 이상 고집부릴 수는 없었죠. 8월 10일, 일본 정부는 미국 정부에 포츠담 선언을 수락한다는 뜻을 내비칩니다. 하지만 육군은 계속해서 불만을 표시하며, 정부의 모든 지침을 거부했어요. 그 소식을 들은 히로히토 천황은 8월 14일, 항복에 찬성하지 않는 육군과 해군 군령부를 향해 더욱 강경한 '결정'을 하달했고, 육군과 해군 군령부도 더 이상 옥쇄를 고집할 수는 없었습니다. 아무리 군부가 폭주한다고 해도, 천황이 공식적으로 심지어 두 번이나 내린 명령에 복종하지 않을 수는 없었던 것이죠.

이윽고 궁성은 천황의 목소리를 녹음하기 위한 기술진의 방문으로 어수선해졌습니다. 궁내성宮內省: 천황 및 황실 관련 사무를 총괄하던 국가 기관은 되도록 빨리 항복 선언문을 녹음하기 위해 분주히 움직였지만, 황궁의 상황은 그리 녹록지 않았는데요. 그날 점심때까지도 천황이 '최종 결정'을 내리지 못할 정도로 우왕좌왕했기 때문입니다. 그럼에도 준비는 착착 진행되어, 그날 저녁에는

'다음 날 오전에 천황의 중대 발표가 있을 예정'이라는 라디오 방송이 전국에 송출됩니다. 그리고 8월 14일 자정에 가까운 시각, 히로히토 천황의 항복서 낭독 녹음이 모두 완료되기에 이르죠. 이튿날 방송이 송출되면 모든 전쟁은 끝나게 될 터였습니다. 그러나 육군의 젊은 강경파 장교들은 이를 가만히 두고 볼 생각이 없었는데요.

사실, 일본 육군 내부의 젊은 청년 장교들은 이미 극도의 분노에 찬 상태였습니다. 그들은 아나미 고레치카 육군대신을 찾아가 면담을 요청합니다. 지금 당장 병력을 동원해 총리대신을 비롯해 항복에 찬성한 정부 인사를 모두 숙청하고, 천황을 중심으로 단결해 본토 결전을 치르자고 주장했죠. 말 그대로 쿠데타를 일으키자는 것이었어요. 그러나 아나미 육군대신이 움직이지 않자, 그들은 인근 부대에 연락을 돌리면서 쿠데타에 동조할 부대나 장교들을 찾아 나섰습니다. 쿠데타를 일으킬 땐 조용히 움직여도 모자랄 판에, 이미 이성을 잃은 것이나 다름없었죠. 게다가 천황이 이미 항복 방송을 녹음했다는 소식을 듣게 되자, 그들은 망연자실해지고 맙니다. 다시 쿠데타 세력의 장교들은 궁성 인근의 제1근위사단장을 찾아가 쿠데타를 종용하죠. 하지만 뜻대로 되지 않자 사단장과 참모장을 그 자리에서 살해하고, 독단적으로 부대를 출동시키기에 이릅니다. 목적을 잃은 장교들이 드디어 궐기한 겁니다.

궐기한 장교들은 병력을 이끌고 부대를 출발, 가장 먼저 방송국을 장악했습니다. 일단 천황의 항복 방송이 녹음된 레코드판이 방송국에 들어오는 것을 막고, 항복을 주장한 정부 주요 인사를 살해한 후 버티면 대세가 바뀌리라는 안이한 생각으로 벌인 일이었죠. 세부적인 조율이나 구체적인 계획 따위가 있을 리 만무했기에, 그들은 녹음 원본을 탈취하지도, 정부 주요 인사를 제거하지도 못했습니다. 완전히 실패한 엉성하기 짝이 없는 쿠데타였어요.

게다가 그 소식을 들은 인근의 여러 육군 부대들이 쿠데타를 진압하기 위해 출동 태세를 갖추자, 이성을 잃은 장교들은 무슨 생각이었는지 궁성으로 진입하기 시작했습니다. 그러나 천황의 침소까지는 차마 들어가지 못했죠. 아마도 2·26 사건 때와 마찬가지로, 천황에게 자신들의 충정을 호소하며 동의를 얻고자 한 최후의 발악이 아니었을까요. 상황이 그 지경에 이르자, 모든 사실을 알게 된 히로히토 천황은 격분했습니다. 천황이 격분했다는 소식을 접한 쿠데타군은 더욱더 사기가 곤두박질치고 말았죠.

8월 15일, 일본의 항복 예정일이 점차 밝아왔습니다. 오전이 끝나갈 무렵, 쿠데타군은 모든 희망을 버리고 주동자는 궁성 앞에서 자결, 나머지는 해산하고 맙니다. 이로써 일본 제국 군국주의의 마지막 발악이 모두 종료되었습니다.

사실, 천황의 옥음 방송에 대해서는 더 이야기해야 할 점들이 많습니다. 그중에서도 우리가 주목해야 하는 것은 바로 천황의 전쟁 책임에 대한 부분인데요. 당시의 천황은 지금처럼 단순히 '상징'으로서만 존재하는 게 아니었습니다. 프로이센의 카이저Kaiser처럼 초헌법적인, 법률 위에 군림하는 절대 신이었죠. 따라서 패전 이후에도 천황제를 유지하기 위해, '전쟁의 책임은 일본 정부에 있지, 상징적 존재인 천황에게는 아무런 의사결정 능력도 책임도 없다!'라는 논지에 주의해야 합니다. 개전 시에도 천황의 재가는 분명히 있었고, 종전 결정에서도 어지러운 정부의 다양한 의견을 한 번에 정리한 것이 바로 천황이었기 때문입니다.

어전회의에서 총리대신 스즈키 간타로가 천황에게 의견을 구하고, 천황은 우유부단한 신하들 사이에서 성스러운 결단을 내려 멸망의 위기로부터 일본을 구해냈다는 신화. 천황이 마치 전쟁의 소용돌이에서 일본을 구해낸 것처럼 묘사되는 이 부분은, 우리가 보다 혜안을 가지고 접근해야 할 대목입니다. '천황'이라는 존재 뒤에 숨은 채 모든 전쟁 책임이 '오로지' 일본 정부에 있다는 논리를 만들어, 전후에도 그 책임으로부터 자유롭기 위한 정치 세력의 '설계'를 헤아릴 필요가 있습니다.

 어찌 되었든, 일본 제국이 항복하면서 공식적으로는 평화 상태가 되었습니다. 그러나 아직 마무리 지어야 할 일들이 남아있었는데요. 미국과의 공식 항복 문서 조인식도 반드시 거쳐야 할 중요한 절차였죠. 하지만 그보다 시급한 문제들이 터지기 시작했습니다. 그중에서도 특히 소련과의 관계에서 이상기류가 흐르고 있었으니⋯.

히로히토 천황이 항복을 발표하는 라디오 방송을 들으며 울고 있는 일본인들.

1945년 9월 2일, 일본 외무대신 시게미쓰 마모루가 항복 문서에 서명하고 있다.

에필로그

다시 시작되는 또 다른 전쟁

> "당신은 전쟁에 관심이 없을지 몰라도,
> 전쟁은 당신에게 관심이 있다."
>
> 레프 트로츠키(Lev Trotsky)

전쟁이 막바지로 흘러가던 1945년 2월, 소련 크림반도의 얄타 Yalta에서는 세계사에 큰 족적을 남긴 연합군의 정상회담이 있었습니다. 미국의 루스벨트 대통령, 영국의 처칠 총리, 소련의 스탈린이 종전 이후의 새로운 국제질서를 위해 모였던 것이죠. 그들은 나치 독일이라는 거대한 적을 맞아 연합국의 일원으로 함께 싸웠지만, 그 정체성과 이념의 차이는 너무나 컸습니다. 서방과 소련은 전쟁 이후, 새로운 갈등의 씨앗을 자신들도 모르게 서서히 키워가고 있었습니다.

특히 영국 총리 윈스턴 처칠은 전쟁 이후 소련과 벌어질 패권 경쟁에 엄청난 경계심을 느끼고 있었어요. 처칠은 이를 루스벨트 대통령에게 지속해서 전달했으나, 소련과의 협력을 통해 정세 안정을 꾀하고 있던 루스벨트는 소련과의 협상에 적극적인 자세로 임했습니다. 그들이 가장 먼저 논의한 것은 당면한 제2차 세계대전의 전후 처리 문제였어요. 전쟁이 끝난 후 독일 동부 영토의 폴란드 할양이나, 독일 전범 재판 등에 대한 세부적인 사항을 조율

했죠. 그러나 화기애애한 협상의 뒤에선, 향후 벌어질 이념 전쟁에 대한 야욕들이 꿈틀거리고 있었습니다.

제2차 세계대전이 끝난 이듬해인 1946년 3월, 윈스턴 처칠은 미국 미주리 Missouri에 위치한 웨스트민스터 대학 Westminster College을 방문했습니다. 지난 선거에서 패배한 후 총리 자리에서 물러났기 때문에, 영국 총리라는 공식 타이틀을 내려놓은 조금은 가벼운 메시지의 방문이었죠. 그러나 그가 연단에 올라서 연설을 시작하자, 달변가이자 전직 총리로서의 무게감이 더해졌습니다. 그리고 그 연설의 내용은 그야말로 파격적이었어요.

처칠은 연설에서 그 유명한 '철의 장막 Iron Curtain'이라는 표현을 사용했습니다. 사실 그 표현은 나치 독일의 선전부 장관이었던 괴벨스가 처음 사용했지만, 처칠의 그 연설로 널리 알려지게 되었어요. 쉽게 말해 자유주의 서방 세계와 공산주의 동유럽 사이에 거대한 철의 장막이 있다고 빗댄 것이죠. 처칠은 그 연설을 통해 철의 장막 너머의 동부 유럽 국가들, 그리고 그들을 뒤에서 조종하고 있는 소련을 비난한 것이었습니다.

그렇듯 소련과의 이상기류가 흐르고 있을 무렵, 미국의 트루먼 Harry S. Truman 대통령은 한 연설에서 트루먼 독트린 Truman Doctrine을 발표합니다. 미국이 더 이상 제2차 세계대전 때처럼 고립주의에 안주하는 것이 아닌, 공산주의 세력의 팽창을 막기 위해 본격적인 개입주의로 나서겠다는 의지의 표명이었어요. 급증하고 있는 공산주의 세력을 저지하기 위해, 세계 각지에 필요한 지원과 개입을 결코 멈추지 않겠다는 것이었죠.

그러한 일환으로, 1947년 7월 미국의 마셜 플랜 Marshall Plan이 가동되기 시작합니다. 제2차 세계대전 당시 미 육군 참모총장이었다가 국무장관이 된 조지 마셜 George C. Marshall의 이름을 딴 그 계획은, 쉽게 말해 전쟁의 상흔으로 고통받고 있는 유럽 국가들에 어마어마한 재정적 지원을 한다는 것이었는데요. 전쟁의 폐허 속에서 이루어진 그러한 경제적 지원은 서유럽 국가들의 경제 성장에 엄청난 도움이 되었고, 그들 국가가 빠르게 경제적·사회적 안정을 찾는 데 발판이 되었습니다. 그처럼 노골적인 마셜 플랜에 소련이 불쾌해한 건 당연한 일이었죠. 그만큼이나 유럽에 대한 재정 지원은 공산주의 확산을 막는 큰 요인 중 하나였습니다.

이제 제2차 세계대전은 끝났습니다. 그러나 서방 세계와 동유럽 사이에는 되돌릴 수 없는 장엄하고도 엄청난 균열이 시작되고 있었죠. 향후 몇십 년간 세계의 정치 지형을 완전히 뒤바꾸게 될, 길고도 치열한 냉전冷戰, Cold War이 시작된 겁니다.

그리고 그 냉전의 첫 번째 전장은, 바로 우리가 살아가고 있는 이 한반도가 될 것이었습니다.

웨스트민스터 대학에서 '철의 장막'이라는 표현을 쓰며 연설하고 있는 처칠 전 총리.

참고 문헌

단행본

가토 요코 저, 윤현명 역, 『일본은 왜 점점 더 큰 전쟁으로 나아갔을까』, 소명출판, 2022.
가토 요코 저, 윤현명·이승혁 역, 『그럼에도 일본은 전쟁을 선택했다』, 서해문집, 2018.
게하르트 P. 그로스 저, 진중근 역, 『독일군의 신화와 진실』, 길찾기, 2016.
고케츠 아츠시 저, 박현주 역, 『쇼와천황과 일본패전』, 제이앤씨, 2010.
도베 료이치 저, 윤현명·이승혁 역, 『역설의 군대』, 소명출판, 2020.
리델 하아트 저, 황규만 역, 『롬멜전사록』, 일조각, 2003.
리처드 오버리 저, 류한수 역, 『스탈린과 히틀러의 전쟁』, 지식의 풍경, 2003.
마크 힐리 저, 이동훈 역, 『쿠르스크 1943』, 플래닛미디어, 2017.
멍고 멜빈 저, 박다솜 역, 『만슈타인』, 플래닛미디어, 2017.
박진우 저, 『천황의 전쟁 책임』, 제이앤씨, 2013.
벤저민 카터 헷 저, 이선주 역, 『히틀러를 선택한 나라』, 눌와, 2022.
앤터니 비버 저, 김규태·박리라 역, 『제2차 세계대전』, 글항아리, 2017.
앤터니 비버 저, 김병순 역, 『디데이』, 글항아리, 2011.
앤터니 비버 저, 조윤정 역, 『피의 기록, 스탈린그라드 전투』, 다른세상, 2012.
야마다 아키라 저, 윤현명 역, 『일본, 군비확장의 역사』, 어문학사, 2019.
와다 하루키 저, 이웅현 역, 『러일전쟁 I』, 한길사, 2019.
장 로페즈 외 저, 김보희 역, 『제2차 세계대전 인포그래픽』, 레드리버, 2021.
조너선 파셜·앤서니 털리 저, 이승훈 역, 『미드웨이 해전』, 일조각, 2019.
존 키건 저, 류한수 역, 『2차세계대전사』, 청어람미디어, 2016.
존 톨런드 저, 박병화·이두영 역, 『일본 제국 패망사』, 글항아리, 2019.
칼 하인츠 프리저 저, 진중근 역, 『전격전의 전설』, 일조각, 2007.
크레이그 L. 시먼즈 저, 나종남 역, 『2차대전 해전사』, 책과함께, 2024.
폰 만슈타인 저, 정주용 역, 『잃어버린 승리』, 좋은땅, 2018.
폴 록하트 저, 이수영 역, 『화력』, 레드리버, 2023.
폴 케네디 저, 강주헌 역, 이언 마셜 그림, 『대해전, 최강국의 탄생』, 한국경제신문, 2023.
폴 콜리어 외 저, 강민수 역, 『제2차 세계대전』, 플래닛미디어, 2008.
하인츠 구데리안 저, 이수영 역, 『구데리안』, 길찾기, 2014.
호사카 마사야스 저, 정선태 역, 『도조 히데키와 제2차 세계대전』, 페이퍼로드, 2022.

호사카 마사야스 저, 정선태 역, 『쇼와 육군』, 글항아리, 2016.
A. J. P. 테일러 저, 유영수 역, 『준비되지 않은 전쟁, 제2차 세계대전의 기원』, 페이퍼로드, 2020.
A. J. P. 테일러 저, 유영수 역, 『지도와 사진으로 보는 제2차 세계대전』, 페이퍼로드, 2020.
Gordon Williamson, 『Hitler's Navy: The Kriegsmarine in World War II』, Osprey Publishing(UK), 2022.
Perry Moore, 『Kursk in Normandy: Operation Goodwood 1944』, Lightning Source Inc, 2005.
NHKスペシャル取材, 『日本海軍400時間の證言』, 新潮社, 2014.
本吉隆, 『日本海軍戰史入門』, イカロス出版, 2022.
橋本拓弥, 『大本營から讀み解く太平洋戰爭』, 彩圖社, 2017.

학술논문

권주혁, 「사상 최대 레이테 해전의 전투경과 분석과 전투 교훈 고찰」, 『한국군사학논총』 vol.11(2017.6), pp. 59-95.
김성우, 「군사보안 관점에서 본 '발지전투' 패인 분석」, 『융합보안논문지』 vol.15(2015.10), pp. 25-31.
류한수, 「제2차 세계대전 시기 붉은 군대 전투 역량의 실상과 허상」, 『슬라브 연구』 vol.33.3(2017.9), pp. 31-61.
박충석, 「일본 군국주의의 형성 — 그 정치·사회적 기원을 중심으로」, 『사회과학 연구논총』 vol.4(2000.), pp. 103-125.
유지아, 「메이지 유신 150년과 천황의 '원수화'」, 『일본역사연구』 제48집(2018.12), pp. 257-280.
이정용, 「런던군축회의와 일본 해군」, 『한일군사문화연구』 제9권(2018.), pp. 139-164.

사진 출처

p.17	Public Domain / 독일 연방기록관(Bundesarchiv)
p.28	Public Domain / 영국 국립기록보관소(The National Archives UK)
p.36	Public Domain / 독일 연방기록관(Bundesarchiv)
p.44 위	Public Domain / 독일 연방기록관(Bundesarchiv)
p.44 아래	Public Domain / 미국 국립기록보관소(National Archives and Records Administration, NARA)
p.59	Public Domain / 독일 연방기록관(Bundesarchiv)
p.60	Public Domain / 독일 연방기록관(Bundesarchiv)
p.69	Public Domain / 영국 제국전쟁박물관(Imperial War Museums, IWM)
p.70	Public Domain / 영국 제국전쟁박물관(Imperial War Museums, IWM)
p.82	ⓒ독일 연방기록관(Bundesarchiv), Bild 101I-783-0109-11
p.83	ⓒ독일 연방기록관(Bundesarchiv), Bild 101I-786-0327-19
p.96	Public Domain / 제2차 세계대전 당시(1941년) 원본
p.97	ⓒ독일 연방기록관(Bundesarchiv), Bild 193-04-1-21
p.106	ⓒ독일 연방기록관(Bundesarchiv), Bild 146-1985-019-13
p.115	ⓒ독일 연방기록관(Bundesarchiv), Bild 101I-676-7970-10
p.124	Public Domain / 미국 국립기록보관소(National Archives and Records Administration, NARA)
p.132	Public Domain / Wikimedia Commons
p.133	Public Domain / Wikimedia Commons
p.141	Public Domain / Wikimedia Commons
p.153	Public Domain / Wikimedia Commons
p.154	ⓒ독일 연방기록관(Bundesarchiv), Bild 101I-808-0513-38
p.165	Public Domain / 미국 국립기록보관소(National Archives and Records Administration, NARA)
p.166	Public Domain / 미국 해군(U.S. Navy)
p.177	ⓒ독일 연방기록관(Bundesarchiv), Bild 101III-Zschaeckel-206-34
p.178	Public Domain / Wikimedia Commons
p.198-199	Public Domain / Wikimedia Commons
p.206 위	Public Domain / Wikimedia Commons
p.206 아래	Public Domain / Wikimedia Commons
p.219	Public Domain / 미국 해군(U.S. Navy)
p.228	Public Domain / 미국 국립기록보관소(National Archives and Records Administration, NARA)

p.236	ⓒ독일 연방기록관(Bundesarchiv), Bild 101I-022-2924-17
p.242	Public Domain / Wikimedia Commons
p.250	Public Domain / Joe Rosenthal, Associated Press
p.258	Public Domain / Wikimedia Commons
p.259	Public Domain / Wikimedia Commons
p.260	Public Domain / Yevgeny Khaldei
p.270	Public Domain / 미국 육군 항공대(U.S. Army Air Forces)
p.271	Public Domain / 미국 육군 전략폭격조사단(U.S. Strategic Bombing Survey)
p.278 위	Public Domain / Wikimedia Commons
p.278 아래	Public Domain / 미국 해군(U.S. Navy)
p.282	Public Domain / 미국 국립기록보관소(National Archives and Records Administration, NARA)

역사 딥 다이브 01

제2차 세계대전 이야기: 전장의 눈물, 운명의 날

2025년 6월 18일 1판 1쇄 펴냄

지은이   김휘찬
펴낸이   김철종

펴낸곳   (주)한언
출판등록 1983년 9월 30일 제1-128호
주자자소 서울시 종로구 삼일대로 453(경운동) 2층
전화번호 02)701-6911
팩스번호 02)701-4449
전자우편 haneon@haneon.com

ISBN 978-89-5596-990-0 (03900)

이 책은 저작권법에 따라 보호를 받는 저작물이므로 무단 전재와
무단 복제를 금지하며, 이 책의 전부 또는 일부를 이용하려면 반드시
저작권자와 (주)한언의 서면 동의를 받아야 합니다.

만든 사람들
기획·총괄   손성문
편집   한재희
디자인   2mm

한언의 사명선언문
Since 3rd day of January, 1998

Our Mission　― 우리는 새로운 지식을 창출, 전파하여 전 인류가 이를 공유케 함으로써 인류 문화의 발전과 행복에 이바지한다.

　　　　　　　― 우리는 끊임없이 학습하는 조직으로서 자신과 조직의 발전을 위해 쉼 없이 노력하며, 궁극적으로는 세계적 콘텐츠 그룹을 지향한다.

　　　　　　　― 우리는 정신적·물질적으로 최고 수준의 복지를 실현하기 위해 노력하며, 명실공히 초일류 사인들의 집합체로서 부끄럼 없이 행동한다.

Our Vision　　한언은 콘텐츠 기업의 선도적 성공 모델이 된다.

> 저희 한언인들은 위와 같은 사명을 항상 가슴속에 간직하고
> 좋은 책을 만들기 위해 최선을 다하고 있습니다.
> 독자 여러분의 아낌없는 충고와 격려를 부탁드립니다.
> · 한언 가족 ·

HanEon's Mission statement

Our Mission　― We create and broadcast new knowledge for the advancement and happiness of the whole human race.

　　　　　　　― We do our best to improve ourselves and the organization, with the ultimate goal of striving to be the best content group in the world.

　　　　　　　― We try to realize the highest quality of welfare system in both mental and physical ways and we behave in a manner that reflects our mission as proud members of HanEon Community.

Our Vision　　HanEon will be the leading Success Model of the content group.